TRADUCTION
DES CLASSIQUES LATINS

AVEC LE TEXTE EN REGARD

PUBLIÉE SOUS LES AUSPICES DE S. A. R. MONSIEUR LE DAUPHIN.

C. L. F. PANCKOUCKE, ÉDITEUR,
Rue des Poitevins, n° 14.

———

Toute l'édition est imprimée in-octavo *sur papier très-beau, fin et satiné, avec des caractères neufs de Firmin Didot.*

VOLUMES PUBLIÉS.

VELLEIUS PATERCULUS, 1 vol.; *traduction nouvelle* par M. Després, ancien conseiller de l'Université.

SATIRES DE JUVENAL, 2 vol.; traduction de Dusaulx, revue par M. Jules Pierrot.
Près des deux tiers de cet ouvrage ont été traduits de nouveau.

LETTRES DE PLINE LE JEUNE, tomes 1 et 2; traduction de De Sacy, revue et corrigée par M. Jules Pierrot.

FLORUS, 1 vol.; *traduction nouvelle* par M. Ragon, professeur d'histoire, avec une Notice par M. Villemain.

CORNELIUS NEPOS, 1 vol.; *traduction nouvelle* par MM. de Calonne et Pommier.

JUSTIN, 1er vol.; *traduct. nouv.* par MM. Jules Pierrot et Boitard, avec une Notice par M. Laya.

VALERE MAXIME, tomes 1 et 2; trad. nouv. par M. Frémion, professeur au collège royal de Charlemagne.

CESAR, tomes 1 et 2; trad. nouv. par M. Artaud, profes- au collège Louis-le-Grand, avec une Notice par M. Laya.

QUINTE-CURCE, 1er vol.; *traduction nouvelle* par MM. Auguste et Alphonse Trognon.

SOUS PRESSE.

PLINE LE NATURALISTE, sous la direction

de M. Cuvier; *trad. nouv.* par M. Ajasson de Grandsagne, annotée par MM. les professeurs du jardin du Roi et des membres de l'Institut.

LUCRECE, *trad. nouv. en prose* par M. de Pongerville.

OVIDE, *trad. nouv.* sous la direction de M. de Pongerville, par MM. Amar, de Pongerville, de Golbery, Léon Halevy.

VALERIUS FLACCUS, *traduction nouvelle* par M. Caussin de Parceval, membre de l'Institut.

SENEQUE LE TRAGIQUE, *traduction nouvelle* par M. Amar, conservateur de la Bibliothèque Mazarine.

CICERON, *traduction nouvelle* sous la direction de M. Champollion aîné, par MM. Andrieux, Gueroult, de Golbery, Pierrot, Matter, Stievenart, Verny, etc., etc.

ORAISONS DE CICERON, *traduct. nouvelle* par M. Gueroult jeune, profess. au collège royal de France, etc.
Cette traduction inédite a été l'occupation de toute la vie de ce professeur; elle n'appartiendra qu'à notre édition.

DE ORATORE, par M. Andrieux, membre de l'Inst.

SUETONE, *traduction nouvelle* par M. de Golbery, correspondant de l'Institut.

CESAR, 3e vol.; *traduction nouvelle* par M. Artaud.

VALERE MAXIME, 3e volume; *traduction nouvelle* par M. Frémion, professeur au collège royal de Charlemagne.

SALLUSTE, *trad. nouv.* par M. Ch. Durozoir, profess. d'hist. au collège Louis-le-Grand, suppléant de M. Lacretelle.

JUSTIN, 2e vol.; *tr. nouv.* par MM. J. Pierrot et Boitard.

LETTRES DE PLINE LE JEUNE, 3e volume; traduction de De Sacy, revue et corrigée par M. Jules Pierrot.

QUINTE-CURCE, tomes 2 et 3; *traduct. nouvelle* par MM. Auguste et Alphonse Trognon.

STACE, *traduction nouvelle* par MM. Rinn, professeur à Sainte-Barbe, et Achaintre.

Le prix de chaque volume est de SEPT FRANCS.

Il paraîtra dix à douze volumes par an. Ainsi les Souscripteurs de cette belle et unique Collection ne s'engageront qu'à une dépense d'à peu près 6 FR. *par mois.*
ON PEUT ACQUÉRIR CHAQUE AUTEUR SÉPARÉMENT.

On doit adresser les demandes à Mr C. L. F. PANCKOUCKE, éditeur, rue des Poitevins n° 14, et à tous les libraires de France et de l'étranger.
On ne paie rien d'avance.

BIBLIOTHÈQUE
LATINE-FRANÇAISE

PUBLIÉE

SOUS LES AUSPICES

DE S. A. R.

MONSIEUR LE DAUPHIN

C. L. F. PANCKOUCKE, ÉDITEUR.

PARIS, IMPRIMERIE DE C. L. F. PANCKOUCKE,
Rue des Poitevins, n. 14.

BIBLIOTHÈQUE
LATINE-FRANÇAISE

COLLECTION

DES CLASSIQUES LATINS

AVEC LA TRADUCTION EN REGARD.

PUBLIÉE

PAR JULES PIERROT

PROFESSEUR DE RHÉTORIQUE AU COLLÈGE ROYAL DE LOUIS-LE-GRAND
ET PROFESSEUR SUPPLÉANT D'ÉLOQUENCE FRANÇAISE
A LA FACULTÉ DES LETTRES DE L'ACADÉMIE DE PARIS.

TREIZIÈME LIVRAISON.

PARIS
C. L. F. PANCKOUCKE
MEMBRE DE L'ORDRE ROYAL DE LA LÉGION D'HONNEUR
ÉDITEUR, RUE DES POITEVINS, N°. 14.

M DCCC XXVIII.

LETTRES

DE

PLINE LE JEUNE

TRADUITES

PAR DE SACY

NOUVELLE ÉDITION REVUE ET CORRIGÉE

PAR JULES PIERROT

PROFESSEUR DE RHÉTORIQUE AU COLLÈGE ROYAL DE LOUIS-LE-GRAND
ET PROFESSEUR SUPPLÉANT D'ÉLOQUENCE FRANÇAISE
A LA FACULTÉ DES LETTRES DE L'ACADÉMIE DE PARIS.

TOME SECOND.

PARIS
C. L. F. PANCKOUCKE
MEMBRE DE L'ORDRE ROYAL DE LA LÉGION D'HONNEUR
ÉDITEUR, RUE DES POITEVINS, N°. 14.

M DCCC XXVIII.

LETTRES

DE

PLINE LE JEUNE.

C. PLINII CÆCILII SECUNDI
EPISTOLÆ.
LIBER SEXTUS.

I.

Plinius Tironi suo s.

Quandiu ego trans Padum, tu in Piceno, minus te requirebam: postquam ego in urbe, tu adhuc in Piceno, multo magis; seu quod ipsa loca, in quibus esse una solemus, acrius me tui commonent; seu quod desiderium absentium nihil perinde ac vicinitas acuit, quoque propius accesseris ad spem fruendi, hoc impatientius careas. Quidquid in causa, eripe me huic tormento: veni, aut ego illuc unde inconsulte properavi revertar, vel ob hoc solum, ut experiar an mihi, quum sine me Romæ cœperis esse, similes his epistolas mittas. Vale.

LETTRES
DE PLINE LE JEUNE.
LIVRE SIXIÈME.

I.

Pline à Tiron.

TANT que nous avons été, vous dans le Picenum, moi, au delà du Pô, j'ai supporté moins impatiemment votre absence; mais me voici de retour à la ville, et vous êtes encore dans le Picenum : c'est maintenant surtout que je vous regrette. Peut-être les lieux où nous avons coutume d'être ensemble me rappellent-ils plus vivement votre souvenir. Peut-être ce désir de revoir les absens augmente-t-il à mesure qu'on se rapproche d'eux, et l'impatience de posséder un bien s'irrite-t-elle d'autant plus, que l'espérance d'en jouir est plus prochaine. Quoi qu'il en soit, délivrez-moi de cette peine : venez à Rome, ou bien je retourne aux lieux que j'ai eu l'imprudence de quitter, ne fût-ce que pour éprouver, lorsque vous vous trouverez à Rome sans moi, si vous m'écrirez du style dont je vous écris. Adieu.

II.

Plinius Arriano suo s.

Soleo nonnunquam in judiciis quærere M. Regulum; nolo enim dicere, desiderare. Cur ergo quæro? Habebat studiis honorem, timebat, pallebat, scribebat: quamvis non posset dediscere illud ipsum, quod oculum modo dextrum, modo sinistrum circumlinebat, dextrum, si a petitore, alterum, si a possessore esset acturus; quod candidum splenium in hoc aut in illud supercilium transferebat; quod semper aruspices consulebat de actionis eventu, anili superstitione : sed tamen et a magno studiorum honore veniebat. Jam illa perquam jucunda una dicentibus, quod libera tempora petebat, quod audituros corrogabat. Quid enim jucundius, quam sub alterius invidia, quandiu velis, et in alieno auditorio quasi deprehensum commode dicere?

Sed utcunque se habent ista, bene fecit Regulus, quod est mortuus; melius, si ante. Nunc enim sane poterat sine malo publico vivere sub eo principe, sub quo nocere non poterat. Ideo fas est nonnunquam eum quærere. Nam postquam obiit ille, increbuit passim et invaluit consuetudo, binas vel singulas clepsydras, interdum

II.

Pline à Arrien.

Je songe quelquefois à Regulus[1] dans nos audiences, car je ne veux pas dire que je l'y regrette. Demandez-vous pourquoi j'y songe? C'est qu'il rendait hommage à l'importance de notre ministère : il tremblait, il pâlissait en parlant; il écrivait ses discours[2]. Il est vrai qu'il ne pouvait se défaire de certaines habitudes, comme de se couvrir d'un enduit tantôt l'œil droit, tantôt l'œil gauche, l'un s'il plaidait pour le demandeur, l'autre s'il parlait pour le défendeur; de transporter ainsi le bandeau blanc tour à tour de l'un à l'autre sourcil[3], de céder à des superstitions ridicules, et de consulter toujours les aruspices sur le succès de sa cause. Mais tout cela prouvait encore la haute idée qu'il avait de ses fonctions. Il était d'ailleurs fort agréable de plaider avec lui, car il demandait pour les plaidoiries un temps illimité, et se chargeait de réunir des auditeurs. Quel plaisir de pouvoir, sous la responsabilité d'un autre, discourir autant qu'on le veut, et parler avec faveur dans un auditoire assemblé pour lui seul[4] !

Quoi qu'il en soit, Regulus a bien fait de mourir, et il eût mieux fait encore de mourir plus tôt; car aujourd'hui[5], sous un empereur comme le nôtre, qui ne lui laisserait pas le pouvoir de nuire, sa vie n'aurait rien d'alarmant pour le public. Voilà pourquoi il est permis de penser quelquefois à lui. Depuis sa mort, la coutume s'est partout établie de ne donner, de ne demander même, pour plaider, que deux clepsydres, qu'une seule, et sou-

et dimidias, et dandi et petendi. Nam et qui dicunt, egisse malunt quam agere; et qui audiunt, finire quam judicare: tanta negligentia, tanta desidia, tanta denique irreverentia studiorum periculorumque est! An nos sapientiores majoribus nostris? nos legibus ipsis justiores, quæ tot horas, tot dies, tot comperendinationes largiuntur? Hebetes illi et supra modum tardi? Nos apertius dicimus, celerius intelligimus, religiosius judicamus, qui paucioribus clepsydris præcipitamus causas, quam diebus explicari solebant? O Regule, qui ambitione ab omnibus obtinebas, quod fidei paucissimi præstant!

Equidem quoties judico, quod sæpius facio quam dico, quantum quis plurimum postulat aquæ do. Etenim temerarium existimo divinare quam spatiosa sit causa inaudita, tempusque negotio finire, cujus modum ignores; præsertim quum primam religioni suæ judex patientiam debeat, quæ pars magna justitiæ est. At quædam supervacua dicuntur: etiam; sed satius est et hæc dici, quam non dici necessaria. Præterea an sint supervacua, nisi quum audieris, scire non possis.

Sed de his melius coram, ut de pluribus vitiis civitatis. Nam tu quoque amore communium soles emendari cupere, quæ jam corrigere difficile est. Nunc respiciamus domos nostras. Ecquid omnia in tua recte? in mea novi

vent qu'une demi-clepsydre[6]; car ceux qui parlent aiment mieux avoir plaidé que de plaider, et ceux qui écoutent songent plus à expédier qu'à juger : tant est grande la négligence, la paresse, le mépris de ses propres travaux, l'indifférence pour les dangers des parties! Sommes-nous plus sages que nos ancêtres? plus justes que les lois qui accordent tant d'heures, tant de jours, tant de remises? Eh! quoi, nos pères étaient-ils donc si stupides et d'un esprit si pesant? Parlons-nous avec plus de clarté, comprenons-nous plus vite, jugeons-nous plus consciencieusement, pour dépêcher les causes en moins d'heures qu'ils n'y employaient de jours[7]? Où êtes-vous, Regulus, vous qui, par l'intrigue, obteniez de tous les juges ce que très-peu d'entre eux accordent au devoir?

Pour moi, toutes les fois que je suis juge (ce qui m'arrive plus souvent que d'être avocat), je donne libéralement tout le temps qu'on me demande. Je trouve qu'il y a de la témérité à deviner combien doit durer une cause que l'on n'a point entendue, à prescrire des bornes à l'explication d'une affaire qu'on ne connaît pas; et je suis persuadé que la religion d'un bon juge lui fait compter la patience entre ses premiers devoirs, et pour une des plus importantes parties de la justice. Mais on dit beaucoup de choses inutiles : soit; et ne vaut-il pas mieux les entendre, que de ne pas laisser dire toutes celles qui peuvent être nécessaires? D'ailleurs, comment connaître leur inutilité, quand elles n'ont point encore été dites?

Je m'arrête, car il vaut mieux réserver pour nos entretiens et ces abus et beaucoup d'autres qui se font sentir à Rome : l'amour du bien public[8] vous inspire, aussi bien qu'à moi, le désir de voir réformer des usages qu'il serait fort difficile d'abolir tout à fait. Venons mainte-

nihil. Mihi autem et gratiora sunt bona, quod perseverant; et leviora incommoda, quod assuevi. Vale.

III.

Plinius Vero suo s.

GRATIAS ago, quod agellum, quem nutrici meæ donaveram, colendum suscepisti. Erat, quum donarem, centum millium nummum : postea, decrescente reditu, etiam pretium minuit, quod nunc, te curante, reparabit. Tu modo memineris commendari tibi a me non arbores et terram (quanquam hæc quoque), sed munusculum meum; quod esse quam fructuosissimum non illius magis interest, quæ accepit, quam mea, qui dedi. Vale.

IV.

Plinius Calpurniæ suæ s.

NUNQUAM sum magis de occupationibus meis questus, quæ me non sunt passæ aut proficiscentem te valetudinis causa in Campaniam prosequi, aut profectam e vestigio subsequi. Nunc enim præcipue simul esse cu-

nant à nos familles. Tout va-t-il bien dans la vôtre? Il n'y a rien de nouveau dans la mienne. Mais du caractère dont je suis, plus je jouis d'un bien, plus il me devient précieux; plus je souffre une peine, et plus elle me devient légère. Adieu.

III.

Pline à Verus.

Je vous rends grâces de la bonté que vous avez de faire valoir la petite terre que j'ai autrefois donnée à ma nourrice. Lorsque je lui en fis don, elle était estimée cent mille sesterces; ensuite la diminution du revenu en avait déprécié le fonds, qui reprendra par vos soins sa première valeur. Souvenez-vous surtout que ce ne sont ni les arbres, ni la terre, que je vous recommande (quoique je compte aussi sur vos soins pour tout cela); ce que je vous recommande, c'est le présent que j'en ai fait. Celle qui l'a reçu n'a pas plus d'intérêt à le voir fructifier, que moi qui l'ai offert. Adieu.

IV.

Pline à Calpurnie 9.

Jamais je ne me suis tant plaint de mes affaires, que lorsqu'elles ne m'ont permis, ni de vous accompagner quand votre santé vous obligea de partir pour la Campanie, ni du moins de vous suivre peu de jours après que vous fûtes partie. C'est surtout alors que j'eusse

piebam, ut oculis meis crederem, quid viribus, quid corpusculo acquireres, ecquid denique secessus voluptates regionisque abundantiam inoffensa transmitteres. Equidem etiam fortem te non sine cura desiderarem. Est enim suspensum et anxium de eo, quem ardentissime diligas, interdum nihil scire. Nunc vero me quum absentiæ, tum infirmitatis tuæ ratio incerta et varia sollicitudine exterret. Vereor omnia, imaginor omnia; quæque natura metuentium est, ea maxime mihi, quæ maxime abominor, fingo. Quo impensius rogo, ut timori meo quotidie singulis, vel etiam binis epistolis consulas. Ero enim securior, dum legam; statimque timebo, quum legero. Vale.

V.

Plinius Urso suo s.

Scripseram tenuisse Varenum, ut sibi evocare testes liceret: quod pluribus æquum, quibusdam iniquum, et quidem pertinaciter, visum; maxime Licinio Nepoti, qui sequenti senatu, quum de rebus aliis referretur, de proximo senatusconsulto disseruit, finitamque causam retractavit. Addidit etiam, petendum a consulibus, ut referrent, sub exemplo legis ambitus, de lege repetun-

désiré d'être avec vous, pour juger par mes yeux si vos forces revenaient, si ce corps délicat se rétablissait, et comment votre tempérament se trouvait, soit de la solitude, soit des douceurs et de la fécondité du pays. Quand votre santé serait bonne, je ne supporterais qu'avec chagrin votre absence; car rien n'inquiète et ne tourmente davantage, que d'être par momens sans nouvelles de ce qu'on aime le mieux. Mais, absente et malade, vous m'inquiétez, vous m'alarmez de plus d'une manière. Il n'est rien que je n'appréhende, que je n'imagine; et, comme il arrive quand on est dominé par la crainte, je suppose toujours ce que je redoute le plus [10]. Je vous conjure donc, avec la dernière instance, de prévenir mes anxiétés par une et même par deux lettres chaque jour. Je serai plus tranquille tant que je lirai; mais je retomberai dans mes premières alarmes dès que j'aurai lu. Adieu.

V.

Pline à Ursus.

JE vous ai écrit que l'on avait accordé à Varenus la permission de faire entendre ses témoins. Ce décret a paru juste au plus grand nombre des sénateurs; mais plusieurs l'ont blâmé, et ont soutenu leur avis avec opiniâtreté; entre autres, Licinius Nepos, qui, à l'assemblée suivante où l'on délibérait sur un autre sujet, a parlé du dernier sénatus-consulte, et a traité de nouveau la question jugée. Il a même ajouté, qu'il fallait prier les consuls de vouloir bien demander au sénat, si son intention

darum, an placeret in futurum ad eam legem adjici, ut, sicut accusatoribus inquirendi, testibusque denuntiandi potestas ex ea lege esset, ita reis quoque fieret.

Fuerunt quibus hæc ejus oratio, ut sera et intempestiva et præpostera, displiceret; quæ omisso contradicendi tempore castigaret peractum, cui potuisset occurrere. Jubentius quidem Celsus prætor, tanquam emendatorem senatus, et multis et vehementer increpuit. Respondit Nepos, rursusque Celsus: neuter contumeliis temperavit. Nolo referre quæ dici ab ipsis moleste tuli: quo magis quosdam e numero nostro improbavi, qui modo ad Celsum, modo ad Nepotem, prout hic vel ille diceret, cupiditate audiendi cursitabant; et nunc quasi stimularent et accenderent, nunc quasi reconciliarent componerentque, frequentius singulis, ambobus interdum propitium Cæsarem, ut in ludicro aliquo, precabantur.

Mihi quidem illud etiam peracerbum fuit, quod sunt alter alteri quid pararent indicati. Nam et Celsus Nepoti ex libello respondit, et Celso Nepos ex pugillaribus. Tanta loquacitas amicorum fuit, ut homines jurgaturi id ipsum invicem scirent, tamquam convenissent. Vale.

était qu'à l'avenir on en usât à l'égard du péculat comme à l'égard de la brigue[11]; et que, dans l'une et l'autre accusation, il fût permis à l'accusé, aussi bien qu'à l'accusateur, de produire des témoins.

Bien des gens n'ont pas goûté cette remontrance, qu'ils ont trouvée tardive et déplacée : ils demandaient pourquoi Licinius, ayant laissé passer l'occasion naturelle de s'opposer au décret, venait blâmer ce qui était fait, et ce qu'il avait pu prévenir. Jubentius Celsus[12], préteur, n'épargna ni les paroles, ni l'énergie, pour lui faire sentir qu'il ne lui appartenait pas de s'ériger en réformateur du sénat. Nepos répondit, Celsus répliqua; et ni l'un ni l'autre ne ménagea les injures. Je ne veux pas répéter ce que je n'ai pu sans chagrin leur entendre dire. Jugez si j'ai dû approuver la conduite de quelques-uns de nos sénateurs, qui, par désir de les entendre, couraient tour à tour à Celsus et à Nepos, selon que l'un ou l'autre parlait : tantôt on les voyait exciter les combattans et échauffer la dispute; tantôt ils semblaient vouloir les adoucir et les réconcilier : ils réclamaient de temps en temps la protection de César pour l'un ou pour l'autre, et quelquefois pour tous deux, comme si l'on eût été à un spectacle[13].

Mais ce qui m'a semblé le plus indigne, c'est que chacun était instruit de ce que son adversaire devait dire contre lui; car Celsus tenait à la main sa réponse écrite sur une feuille, et Nepos avait sa réplique tracée sur ses tablettes. L'indiscrétion de leurs amis les a si bien servis[14], que ces deux hommes, qui se devaient quereller, savaient d'avance tous le détail de leur querelle, comme s'ils l'eussent concertée[15]. Adieu.

VI.

Plinius Fundano suo s.

Si quando, nunc præcipue cuperem esse te Romæ, et sis rogo. Opus est mihi voti, laboris, sollicitudinis socio. Petit honores Julius Naso: petit cum multis, cum bonis; quos ut gloriosum, sic est difficile superare. Pendeo ergo, et exerceor spe, afficior metu, et me consularem esse non sentio. Nam rursus mihi videor omnium, quæ decucurri, candidatus. Meretur hanc curam longa mei caritate. Est mihi cum illo non sane paterna amicitia, neque enim esse potuit per meam ætatem. Solebat tamen vixdum adolescentulo mihi pater ejus cum magna laude monstrari. Erat non studiorum tantum, verum etiam studiosorum amantissimus; ac prope quotidie ad audiendos, quos tunc ego frequentabam, Quintilianum et Niceten Sacerdotem ventitabat: vir alioqui clarus et gravis, et qui prodesse filio memoria sui debeat. Sed multi nunc in senatu, quibus ignotus ille, multi quibus notus; sed nonnisi viventes reverentur: quo magis huic, omissa gloria patris, in qua magnum ornamentum, gratia infirma, ipsi enitendum, ipsi laborandum est.

VI.

Pline à Fundanus [16].

Jamais je ne vous ai tant souhaité à Rome qu'en ce moment, et je vous conjure d'y venir. J'ai besoin d'un ami qui s'associe à mes désirs, à mes fatigues, à mes inquiétudes. Jules Nason aspire aux honneurs, et se met sur les rangs : il a beaucoup de concurrens; il en a d'un mérite qui ne fera pas moins d'obstacle à ses prétentions que d'honneur à ses succès. A mon anxiété, à mes alternatives d'espérance et de crainte [17], je ne croirais pas avoir jamais été consul : il me semble que je sollicite pour la première fois les charges que j'ai remplies. Nason mérite cet empressement par l'attachement sincère qu'il m'a voué depuis long-temps. Mon amitié pour lui n'est pas un bien qu'il ait hérité de son père; car son père et moi nous étions d'âges trop différens pour avoir pu être amis. Toutefois, dans mon enfance, on me le montrait avec vénération. Il n'aimait pas seulement les lettres, il chérissait ceux qui les cultivaient; on le voyait presque tous les jours assister aux leçons de Quintilien et de Nicètes Sacerdos, alors mes professeurs. C'était d'ailleurs un homme qui avait un nom et de la considération : sa mémoire devrait aujourd'hui servir très-utilement son fils. Mais dans le sénat, beaucoup de personnes ne l'ont pas connu, et beaucoup d'autres, qui l'ont connu, ne font cas que des vivans. Nason doit donc, sans trop compter sur la gloire de son père qui lui donnera plus de lustre que de crédit, ne rien attendre que de lui-même, de ses soins, de ses efforts.

Quod quidem semper, quasi provideret hoc tempus, sedulo fecit; paravit amicos; quos paraverat, coluit: me certe, ut primum sibi judicare permisit, ad amorem imitationemque delegit. Dicenti mihi sollicitus assistit, assidet recitanti: primis etiam et quum maxime nascentibus opusculis meis interest, nunc solus, ante cum fratre, cujus nuper amissi ego suscipere partes, ego vicem debeo implere. Doleo enim et illum immatura morte indignissime raptum, et hunc optimi fratris adjumento destitutum, solisque amicis relictum.

Quibus ex causis exigo ut venias, et suffragio meo turim jungas. Permultum interest mea, te ostentare, tecum circumire. Ea est auctoritas tua, ut putem me efficacius tecum etiam meos amicos rogaturum. Abrumpe, si qua te retinent: hoc tempus meum, hoc fides, hoc etiam dignitas postulat. Suscepi candidatum; et suscepisse me notum est: ego ambio, ego periclitor. In summa, si datur Nasoni quod petit, illius honor; si negatur, mea repulsa est. Vale.

Il semble qu'il ait prévu la position où il se trouve, et qu'elle ait toujours réglé sa conduite. Il s'est fait des amis, et il les a cultivés : il s'est attaché à moi, et m'a choisi pour modèle dès qu'il a été en état de pouvoir choisir. Toutes les fois que je plaide, il s'empresse de venir m'écouter : il assiste à toutes mes lectures. Quand je compose quelque nouvel ouvrage, il le voit, pour ainsi dire, naître et grandir [18] : il partageait ma confiance avec un frère qu'il a récemment perdu, et dont je dois prendre la place. Quel sujet de regret pour moi ! l'un est fatalement enlevé avant le temps ; l'autre est privé de l'appui du meilleur des frères, et abandonné à la protection de ses seuls amis.

J'exige donc de votre attachement que vous veniez au plus tôt appuyer mon suffrage du vôtre. Il est d'une grande importance pour moi de vous montrer partout, et d'aller partout avec vous. On a pour vous tant de déférence, que mes prières, soutenues des vôtres, seront plus efficaces, même auprès de mes amis. Rompez tous les engagemens qui pourraient vous retenir : vous devez ce sacrifice aux intérêts, à la confiance, et j'ajouterai à l'honneur d'un ami. J'ai pris le candidat sous ma protection, et tout le monde le sait : c'est donc moi qui sollicite, c'est moi que menace la chance d'un refus. En un mot, si on accorde à Nason ce qu'il demande, l'avantage en sera tout à lui ; s'il ne l'obtient pas, c'est moi qui subirai la honte du mauvais succès. Adieu.

VII.

Plinius Calpurniæ suæ s.

Scribis, te absentia mea non mediocriter affici; unumque habere solatium, quod pro me libellos meos teneas, sæpe etiam in vestigio meo colloces. Gratum est, quod nos requiris, gratum, quod his fomentis acquiescis. Invicem ego epistolas tuas lectito, atque identidem in manus quasi novas sumo; sed eo magis ad desiderium tui accendor. Nam cujus litteræ tantum habent suavitatis, hujus sermonibus quantum dulcedinis inest! Tu tamen frequentissime scribe, licet hoc ita me delectet, ut torqueat. Vale.

VIII.

Plinius Prisco suo s.

Attilium Crescentem et nosti et amas. Quis enim illum spectatior paulo aut non novit, aut non amat? Hunc ego non ut multi, sed arctissime diligo. Oppida nostra unius diei itinere dirimuntur: ipsi amare invicem, qui est flagrantissimus amor, adolescentuli cœpimus. Mansit hic postea, nec refrixit judicio, sed invaluit. Sciunt qui alterutrum nostrum familiarius intuentur.

VII.

Pline à Calpurnie.

Vous me mandez que mon absence vous cause beaucoup d'ennui, que vous ne trouvez de soulagement qu'à lire mes ouvrages, et souvent à les mettre à ma place, auprès de vous. Vos regrets me flattent, et la manière dont vous les calmez ne me flatte pas moins. Pour moi, je lis, je relis vos lettres, et les reprends de temps en temps, comme si je venais de les recevoir : mais elles ne servent qu'à rendre plus vif le chagrin que j'ai de ne point vous voir. Quelle douceur ne doit-on point trouver dans la conversation d'une personne dont les lettres ont tant de charmes ! Ne laissez pas pourtant de m'écrire souvent, quoique ce plaisir ne soit pas pour moi sans tourment. Adieu.

VIII.

Pline à Priscus [9].

Vous connaissez Attilius Crescens; vous l'aimez : car y a-t-il à Rome quelque personne de considération qui ne le connaisse et qui ne l'aime? Quant à moi, je n'ai pas seulement pour lui l'affection que tout le monde lui porte; je l'aime avec une tendresse particulière. Les villes où nous sommes nés ne sont qu'à une journée l'une de l'autre. Notre amitié a commencé dès nos plus jeunes années; et ce sont là les amitiés les plus vives : le temps

Nam et ille amicitiam meam latissima prædicatione circumfert, et ego præ me fero quam sit mihi curæ modestia, quies, securitas ejus. Quin etiam quum insolentiam cujusdam tribunatum plebis inituri vereretur, idque indicasset mihi, respondi:

Οὔτις, ἐμεῦ ζῶντος καὶ ἐπὶ χθονὶ δερκομένοιο,
Σοὶ κοίλης παρὰ νηυσὶ βαρείας χεῖρας ἐποίσει.

Quorsus hæc? Ut scias, non posse Attilium, me incolumi, injuriam accipere. Iterum dices, Quorsus hæc? Debuit ei pecuniam Valerius Varus: hujus est heres Maximus noster, quem et ipse amo; sed conjunctius tu. Rogo ergo, exigo etiam pro jure amicitiæ, cures, ut Attilio meo salva sit non sors modo, sed etiam usura plurium annorum. Homo est alieni abstinentissimus, sui diligens: nullis quæstibus sustinetur, nullus illi, nisi ex frugalitate, reditus. Nam studia, quibus plurimum præstat, ad voluptatem tantum et gloriam exercet. Gravis est ei vel minima jactura, quia reparare, quod amiseris, gravius est. Exime hunc illi, exime hunc mihi scrupulum: sine me suavitate ejus, sine leporibus perfrui. Neque enim possum tristem videre, cujus hilaritas me tristem esse non patitur. In summa, nosti facetias hominis, quas velim attendas, ne in bilem et amaritudinem vertat injuria. Quam vim habeat offensus, crede ei, quam in

et la raison n'ont fait que l'augmenter. Tous ceux qui nous connaissent le savent parfaitement; car il se vante partout de ma tendresse pour lui, et je ne laisse ignorer à personne combien son honneur, son repos et sa fortune m'intéressent. C'est au point que pour le rassurer un jour contre un homme qui allait exercer la charge de tribun, et dont il pouvait craindre quelque insulte, je lui dis [20] :

> Ah ! tant que je vivrai, jamais sur ces rivages
> Ne craignez d'un mortel les impuissans outrages [21].

Pourquoi tout cela ? pour vous apprendre que, moi vivant, Attilius ne recevra jamais d'offense. Encore une fois, me direz-vous, où voulez-vous en venir ? Le voici. Valerius Varus devait de l'argent à Attilius : il est mort, en laissant Maxime pour son héritier. Quoique Maxime soit de mes amis, il est encore plus des vôtres. Je vous conjure donc, et j'exige de vous, au nom de notre amitié, que vous fassiez en sorte qu'Attilius soit entièrement remboursé de tout ce qui lui est dû, non-seulement en principal, mais en intérêts échus depuis plusieurs années. C'est un homme très-éloigné d'envier le bien d'autrui; mais il ne néglige pas le sien, et n'exerce aucun emploi lucratif. Sa frugalité fait tout son revenu; car il ne s'attache aux belles-lettres, où il excelle, que pour son plaisir ou pour sa gloire. La plus petite perte lui est d'autant plus onéreuse, qu'il lui est difficile de la réparer. Délivrez-nous l'un et l'autre de cette inquiétude : ne m'empêchez pas de jouir de la douceur et des agrémens de sa conversation; car je souffre à voir de la tristesse à celui dont la gaieté ne me laisse jamais triste. Enfin, vous connaissez son enjouement; prenez garde, je vous supplie, qu'une injus-

amore habet. Non feret magnum et liberum ingenium cum contumelia damnum. Verum ut ferat ille, ego meum damnum, meam contumeliam vindicabo : sed non tanquam pro mea, hoc est, gravius, irascar.

Quanquam quid denuntiationibus et quasi minis ago? Quin potius, ut cœperam, rogo, oro, des operam, ne ille se, quod validissime vereor, a me, ego me neglectum a te putem. Dabis autem, si hoc perinde curæ est tibi, quam illud mihi. Vale.

IX.

Plinius Tacito suo s.

COMMENDAS mihi Julium Nasonem candidatum. Nasonem mihi? quid si me ipsum? Fero tamen et ignosco. Eumdem enim commendassem tibi, si, te Romæ morante, ipse abfuissem. Habet hoc sollicitudo, quod omnia necessaria putat. Tu tamen censeo alios roges; ego precum tuarum minister, adjutor, particeps ero. Vale.

tice ne le change en chagrin et en colère. Par la vivacité de sa tendresse, jugez quelle serait la vivacité de son ressentiment. Une âme si grande et si fière ne pardonnera pas une infidélité à la fois si outrageante et si contraire à ses intérêts ; et s'il pouvait la pardonner, je la poursuivrais, moi, comme une atteinte à mes propres intérêts, comme un outrage personnel, ou plutôt, j'en serais plus indigné que si j'en souffrais moi-même.

Après tout, pourquoi ces plaintes et ces menaces anticipées? Il est bien plus sûr de finir comme j'ai commencé, et de vous supplier de mettre tout en usage, pour ne pas donner sujet de croire, ni à lui (ce que je crains plus qu'on ne peut dire) que j'ai négligé ses affaires, ni à moi que vous avez négligé les miennes. Vous en viendrez à bout, si vous tenez autant à remplir un de ces devoirs, que je tiens à remplir l'autre. Adieu.

IX.

Pline à Tacite.

Vous me recommandez Jules Nason, qui aspire aux charges publiques. A moi, me recommander Nason! c'est comme si vous me recommandiez à moi-même. Je vous excuse pourtant, et vous le pardonne ; car je vous aurais fait la même recommandation, si, vous étant à Rome, j'en eusse été absent. Voilà les inquiétudes de l'amitié : elle croit tout nécessaire. Cependant, je vous le conseille, sollicitez tout autre que moi : je seconderai, je soutiendrai vos instances, auxquelles je m'associe. Adieu.

X.

Plinius Albino suo s.

Quum venissem in socrus meæ villam Alsiensem, quæ aliquando Rufi Virginii fuit, ipse mihi locus optimi illius et maximi viri desiderium non sine dolore renovavit. Hunc enim incolere secessum, atque etiam senectutis suæ nidulum vocare consueverat. Quocunque me contulissem, illum animus, illum oculi requirebant. Libuit etiam monumentum ejus videre, et vidisse pœnituit. Est enim adhuc imperfectum : nec difficultas operis in causa, modici, ac potius exigui; sed inertia ejus, cui cura mandata est. Subit indignatio cum miseratione, post decimum mortis annum reliquias, neglectumque cinerem sine titulo, sine nomine jacere, cujus memoria orbem terrarum gloria pervagetur. At ille mandaverat caveratque, ut divinum illud et immortale factum versibus inscriberetur :

> Hic situs est Rufus, pulso qui Vindice quondam,
> Imperium asseruit non sibi, sed patriæ.

Tam rara in amicitiis fides, tam parata oblivio mortuorum, ut ipsi nobis debeamus etiam conditoria exstruere, omniaque heredum officia præsumere. Nam cui

X.

Pline à Albin.

J'ai été chez ma belle-mère, à sa maison d'Alsium, qui appartenait autrefois à Virginius Rufus[22]. Ce lieu a renouvelé ma douleur et mes regrets, en me rappelant un si grand homme. Il se plaisait dans cette retraite, qu'il appelait l'asile de sa vieillesse. Partout où se portaient mes pas, mon cœur, mes yeux le cherchaient. J'ai même désiré de voir son tombeau, et j'ai regretté de l'avoir vu, car il n'est pas encore achevé, et on ne peut s'excuser sur la difficulté du travail; le monument est plus que modeste : il faut accuser la négligence de celui à qui le soin en a été confié. J'entre dans une colère mêlée de compassion, quand je vois tant d'indifférence pour les restes d'un homme dont la gloire est répandue par toute la terre; quand je vois ses cendres, dix ans après sa mort, abandonnées, sans inscription et sans honneur. Il s'était pourtant occupé lui-même de son tombeau : il avait ordonné qu'on y gravât ces vers, qui rappellent une action sublime, dont la mémoire ne périra pas[23] :

> Ci-gît Rufus, dont la victoire
> De Vindex punit l'attentat,
> Et qui ne voulut d'autre gloire
> Que la liberté de l'état.

Il faut si peu compter sur les amis, les morts sont sitôt oubliés, que c'est à nous de songer à notre tombeau; et de devancer les soins de nos héritiers. Car comment ne pas craindre ce que nous voyons arriver à Vir-

non est verendum, quod videmus accidisse Virginio? cujus injuriam ut indigniorem, sic etiam notiorem ipsius claritas facit. Vale.

XI.

Plinius Maximo suo s.

O DIEM lætum! adhibitus in consilium a præfecto urbis, audivi ex diverso agentes duos, Fuscum Salinatorem et Numidium Quadratum, egregium par, nec modo temporibus nostris, sed litteris ipsis ornamento futurum. Mira utrique probitas, constantia salva, decorus habitus, os planum, vox virilis, tenax memoria, magnum ingenium, judicium æquale: quæ singula mihi voluptati fuerunt; atque inter hæc illud, quod et ipsi me ut rectorem, ut magistrum intuebantur, et iis qui audiebant, me æmulari, meis instare vestigiis videbantur. O diem (repetam enim) lætum, notandumque mihi candidissimo calculo! quid enim aut publice lætius, quam clarissimos juvenes nomen et famam ex studiis petere, aut mihi optatius, quam me ad recta tendentibus quasi exemplar esse propositum? Quod gaudium ut perpetuo capiam deos oro: ab iisdem, teste te, peto, ut omnes qui me imitari tanti putabunt, meliores esse quam me velim. Vale.

ginius, dont la célébrité rend plus indigne et plus notoire à la fois l'outrage qu'il a reçu. Adieu.

XI.

Pline à Maxime.

O JOUR heureux! le préfet de la ville m'ayant appelé à siéger avec lui[24], j'ai entendu plaider, l'un contre l'autre, deux jeunes gens d'une grande espérance, Fuscus Salinator et Numidius Quadratus. Ce sont des esprits distingués, qui feront honneur à notre siècle et aux lettres elles-mêmes. Ils ont l'un et l'autre une extrême délicatesse de sentimens, qui n'ôte rien à la fermeté de leur caractère; un air noble, une prononciation nette[25], une voix mâle, une mémoire sûre, beaucoup d'esprit, et autant de discernement que d'esprit. Tout cela m'a causé un véritable plaisir; mais ce qui m'en a fait le plus, c'est qu'ils avaient tous deux les yeux attachés sur moi, comme sur leur guide, comme sur leur maître, et qu'au jugement des auditeurs, ils semblaient vouloir m'imiter et marcher sur mes traces. O jour heureux! je ne puis m'empêcher de le répéter, ô jour que je dois compter entre les plus fortunés de ma vie! est-il rien de plus intéressant pour le public, que de voir des jeunes gens, d'une naissance illustre, chercher à se faire une réputation et un nom par les lettres? Est-il rien de plus doux pour moi, que de me voir choisir pour modèle par ceux qui veulent se former à la vertu? Puissé-je éternellement goûter une telle joie! et puissé-je toujours désirer, je

XII.

Plinius Fabato prosocero suo s.

Tu vero non debes suspensa manu commendare mihi, quos tuendos putas. Nam et te decet multis prodesse, et me suscipere quidquid ad curam tuam pertinet. Itaque Vectio Prisco quantum plurimum potuero praestabo, praesertim in arena mea, hoc est, apud centumviros. Epistolarum, quas mihi, ut ais, aperto pectore scripsisti, oblivisci me jubes: at ego nullarum libentius memini. Ex illis enim vel praecipue sentio quantopere me diligas, quum sic exegeris mecum, ut solebas cum tuo filio. Nec dissimulo hoc mihi jucundiores eas fuisse, quod habebam bonam causam, quum summo studio curassem, quod tu curari volebas. Proinde etiam atque etiam rogo, ut mihi semper eadem simplicitate, quoties cessare videbor (videbor dico, numquam enim cessabo), convicium facias, quod et ego intelligam a summo amore proficisci, et tu non meruisse me gaudeas. Vale.

vous prends à témoin de mon vœu, que tous ceux qui me jugeront digne d'être imité, soient meilleurs que moi[26]! Adieu.

XII.

Pline à Fabatus, aïeul de sa femme.

Vous ne devez pas me recommander avec ménagement ceux que vous jugez dignes de votre protection. Il vous sied d'être utile à beaucoup de gens, et à moi d'acquitter toutes les obligations dont vous pouvez être chargé. Comptez que je rendrai à Vectius Priscus tous les services dont je serai capable, particulièrement sur mon terrain, c'est-à-dire, au tribunal des centumvirs. Vous m'ordonnez d'oublier les lettres que vous m'avez, dites-vous, écrites à cœur ouvert; mais il n'en est point dont je conserve plus chèrement le souvenir. Je leur dois le plaisir de sentir combien vous m'aimez, lorsque je vois que vous en usez avec moi comme vous le faisiez avec votre fils. Je l'avoue même, elles m'ont flatté d'autant plus, que je n'avais rien à me reprocher; car j'avais exactement satisfait à tous les devoirs que vous vous vouliez m'imposer. Je vous supplie donc et je vous conjure de vouloir bien me traiter toujours avec la même franchise, et de ne pas m'épargner les reproches quand vous me croirez coupable de négligence; je dis quand vous me croirez, car je ne le serai jamais réellement[27]. Nous en aurons tous deux le plaisir de connaître, moi que ces reproches viennent de l'excès de votre tendresse, vous, que je ne les ai pas mérités. Adieu.

XIII.

Plinius Urso suo s.

Unquamne vidisti quemquam tam laboriosum et exercitum, quam Varenum meum? cui quod summa contentione impetraverat, defendendum et quasi rursus petendum fuit. Bithyni senatusconsultum apud consules carpere ac labefactare sunt ausi, atque etiam absenti principi criminari : ab illo ad senatum remissi, non destiterunt. Egit Claudius Capito irreverenter magis quam constanter, ut qui ipsum senatusconsultum apud senatum accusaret. Respondit Fronto Catius graviter et firme: senatus ipse mirificus. Nam illi quoque, qui prius negarant Vareno quæ petebat, eadem danda, postquam erant data, censuerunt. Singulos enim, integra re, dissentire fas esse; peracta, quod pluribus placuisset, cunctis tuendum. Acilius tantum Rufus, et cum eo septem, an octo? septem immo, in priore sententia perseverarunt. Erant in hac paucitate nonnulli, quorum temporaria gravitas, vel potius gravitatis imitatio ridebatur. Tu tamen æstima quantum nos in ipsa pugna certaminis maneat, cujus quasi prælusio atque præcursio has contentiones excitavit. Vale.

XIII.

Pline à Ursus.

Avez-vous jamais vu un homme plus tourmenté, plus persécuté que mon ami Varenus? il a été obligé de soutenir, et, pour ainsi dire, de demander encore une fois ce qu'il avait déjà obtenu avec beaucoup de peine[28]. Les Bithyniens ont eu l'audace, non-seulement de se plaindre aux consuls de la décision du sénat, mais encore d'en parler fort mal à l'empereur, qui n'était pas présent quand ce décret fut rendu. L'empereur les renvoya devant le sénat; ils n'en poursuivirent pas moins leur requête. Claudius Capiton parla le premier, je ne dirai pas avec fermeté, mais sans ménagement, en homme qui accusait un décret du sénat dans le sénat même. Fronto Catius répondit avec force et sagesse. Le sénat lui-même s'est admirablement conduit; car ceux qui, avant le décret, avaient été d'avis de rejeter les demandes de Varenus, ont déclaré qu'on ne pouvait pas refuser après avoir accordé : ils ont pensé, que, lorsque l'affaire était indécise, chacun avait pu opiner selon ses lumières, mais qu'après la décision, l'avis qui avait prévalu devait être l'avis de tout le monde. Il n'y eut qu'Acilius Rufus, et avec lui sept ou huit autres, soyons exacts, sept autres seulement, qui persistèrent dans leur premier sentiment. Il y en avait dans ce petit nombre dont la gravité de circonstance, ou, pour mieux dire, le faux semblant de gravité paraissait fort risible. Jugez pourtant, par tout ce que nous coûte cette espèce d'escarmouche, quels assauts j'aurai à soutenir dans le véritable combat[29]! Adieu.

XIV.

Plinius Maurico suo s.

Sollicitas me in Formianum. Veniam ea conditione, ne quid contra commodum tuum facias; qua pactione invicem mihi caveo. Neque enim mare et litus, sed te, otium, libertatem sequor : alioqui satius est in urbe remanere. Oportet enim omnia aut ad alienum arbitrium, aut ad suum facere : mei certe stomachi hæc natura est, ut nihil nisi totum et merum velit. Vale.

XV.

Plinius Romano suo s.

Mirificæ rei non interfuisti : ne ego quidem, sed me recens fabula excepit. Passienus Paulus, splendidus eques romanus, et in primis eruditus, scribit elegos; gentilitium hoc illi. Est enim municeps Propertii, atque etiam inter majores suos Propertium numerat. Is quum recitaret, ita cœpit dicere, «Prisce, jubes?» Ad hoc Javolenus Priscus (aderat enim ut Paulo amicissimus) : «Ego vero non jubeo.» Cogita qui risus hominum, qui joci. Est omnino Priscus dubiæ sanitatis : interest tamen of-

XIV.

Pline à Mauricus [30].

Vous me pressez d'aller vous voir à votre maison de Formium. J'irai, à condition que vous ne vous gênerez en rien pour moi, condition réciproque dont je prétends bien profiter à mon tour : car ce ne sont ni vos mers, ni vos rivages ; c'est vous, c'est le loisir, c'est la liberté que je cherche. Sans cela, il vaudrait mieux demeurer à Rome. Il n'y a point de milieu ; il faut tout faire à son gré, ou tout au gré d'autrui. Tel est mon caractère ; je ne veux rien à demi. Adieu.

XV.

Pline à Romanus.

Voici une scène assez plaisante, dont vous n'avez pas été témoin : j'étais absent aussi ; mais elle venait de se passer quand je suis arrivé à Rome. Passienus Paulus, chevalier romain distingué et fort savant, fait des vers élégiaques : c'est un goût de famille. Il est du pays de Properce, et même il le compte entre ses ancêtres. Il lisait en public un ouvrage qui commençait par ces mots : *Priscus, vous ordonnez....* A cela, Javolenus Priscus [31], qui assistait à la lecture, comme intime ami de Paulus, se presse de répondre : *Moi ! je n'ordonne rien.* Imaginez-vous les éclats de rire et les plaisanteries qui suivirent. Il faut convenir que Javolenus n'a pas l'esprit fort sain.

ficiis, adhibetur consiliis, atque etiam jus civile publice respondet : quo magis, quod tunc fecit, et ridiculum et notabile fuit. Interim Paulo aliena deliratio aliquantum frigoris attulit. Tam sollicite recitaturis providendum est, non solum ut sint ipsi sani, verum etiam ut sanos adhibeant. Vale.

XVI.

Plinius Tacito suo s.

Petis ut tibi avunculi mei exitum scribam, quo verius tradere posteris possis : gratias ago ; nam video morti ejus, si celebretur a te, immortalem gloriam esse propositam. Quamvis enim pulcherrimarum clade terrarum, ut populi, ut urbes, memorabili casu, quasi semper victurus, occiderit : quamvis ipse plurima opera et mansura condiderit; multum tamen perpetuitati ejus scriptorum tuorum æternitas addet. Equidem beatos puto, quibus deorum munere datum est aut facere scribenda, aut scribere legenda; beatissimos vero quibus utrumque. Horum in numero avunculus meus et suis libris et tuis erit. Quo libentius suscipio, deposco etiam quod injungis.

Cependant il remplit des fonctions publiques : on le choisit pour conseiller dans nos tribunaux; son opinion est même légalement admise dans les débats judiciaires [32], ce qui rend encore et plus ridicule et plus remarquable ce qu'il fit alors. Cette extravagance, dont Paulus n'était pas responsable, ne laissa pas de répandre du froid sur sa lecture; tant il importe à ceux qui doivent lire leurs ouvrages en public, non-seulement d'être sensés eux-mêmes, mais encore de n'avoir que des gens sensés pour auditeurs! Adieu.

XVI.

Pline à Tacite.

Vous me demandez des détails sur la mort de mon oncle, afin d'en transmettre plus fidèlement le récit à la postérité : je vous en remercie; car je ne doute pas qu'une gloire impérissable ne s'attache à ses derniers momens, si vous en retracez l'histoire. Quoiqu'il ait péri dans un désastre qui a ravagé la plus heureuse contrée de l'univers; quoiqu'il soit tombé avec des peuples et des villes entières, victime d'une catastrophe mémorable, qui doit éterniser sa mémoire; quoiqu'il ait élevé lui-même tant de monumens durables de son génie, l'immortalité de vos ouvrages ajoutera beaucoup à celle de son nom. Heureux les hommes auxquels il a été donné de faire des choses dignes d'être écrites, ou d'en écrire qui soient dignes d'être lues! plus heureux encore ceux à qui les dieux ont départi ce double avantage! Mon oncle tiendra son rang entre les derniers, et par vos écrits et par les siens [33]. J'entreprendrai donc volontiers la tâche que vous m'imposez, ou, pour mieux dire, je la réclame.

Erat Miseni, classemque imperio præsens regebat. Nonum kalend. septembres, hora fere septima, mater mea indicat ei, apparere nubem inusitata et magnitudine et specie. Usus ille sole, mox frigida, gustaverat jacens, studebatque : poscit soleas, ascendit locum, ex quo maxime miraculum illud conspici poterat. Nubes (incertum procul intuentibus ex quo monte, Vesuvium fuisse postea cognitum est) oriebatur, cujus similitudinem et formam non alia magis arbor quam pinus expresserit. Nam longissimo velut trunco elata in altum, quibusdam ramis diffundebatur; credo, quia recenti spiritu evecta, deinde senescente eo destituta, aut etiam pondere suo victa, in latitudinem vanescebat; candida interdum, interdum sordida et maculosa, prout terram cineremve sustulerat.

Magnum propiusque noscendum, ut eruditissimo viro, visum. Jubet liburnicam aptari : mihi, si venire una vellem, facit copiam. Respondi studere me malle; et forte ipse quod scriberem dederat. Egrediebatur domo; accipit codicillos Rectinæ Cæsii Bassi, imminenti periculo exterritæ (nam villa ejus subjacebat, nec ulla, nisi navibus, fuga); ut se tanto discrimini eriperet, orabat. Vertit ille consilium, et quod studioso animo inchoaverat, obit maximo. Deducit quadriremes, ascendit ipse

Il était à Misène, où il commandait la flotte [34]. Le neuvième jour avant les calendes de septembre, vers la septième heure, ma mère [35] l'avertit qu'il paraissait un nuage d'une grandeur et d'une forme extraordinaire. Après sa station au soleil et son bain d'eau froide [36], il s'était jeté sur un lit, où il avait pris son repas ordinaire, et il se livrait à l'étude. Aussitôt il se lève, et monte en un lieu d'où il pouvait aisément observer ce prodige. La nuée s'élançait dans l'air, sans qu'on pût distinguer à une si grande distance de quelle montagne elle était sortie; l'évènement fit connaître ensuite que c'était du mont Vésuve [37]. Sa forme approchait de celle d'un arbre, et particulièrement d'un pin : car s'élevant vers le ciel comme sur un tronc immense, sa tête s'étendait en rameaux. J'imagine qu'un vent souterrain poussait d'abord cette vapeur avec impétuosité, mais que l'action du vent ne se faisant plus sentir à une certaine hauteur, ou le nuage s'affaissant sous son propre poids, il se répandait en surface. Il paraissait tantôt blanc, tantôt noirâtre, et tantôt de diverses couleurs, selon qu'il était plus chargé ou de cendre ou de terre.

Ce prodige surprit mon oncle, et, dans son zèle pour la science, il voulut l'examiner de plus près. Il fait appareiller un bâtiment léger, et me laisse la liberté de le suivre. Je lui répondis que j'aimais mieux étudier; il m'avait par hasard donné lui-même quelque chose à écrire. Il sortait de chez lui, lorsqu'il reçoit un billet de Rectine, femme de Cæsius Bassus. Effrayée de l'imminence du péril (car sa maison était située au pied du Vésuve, et elle ne pouvait s'échapper que par la mer), elle le priait de lui porter secours [38]. Alors il change de but [39], et poursuit par dévouement ce qu'il n'avait d'abord en-

non Rectinæ modo, sed multis (erat enim frequens amœnitas oræ) laturus auxilium. Properat illuc unde alii fugiunt; rectumque cursum, recta gubernacula in periculum tenet, adeo solutus metu, ut omnes illius mali motus, omnes figuras, ut deprehenderat oculis, dictaret enotaretque.

Jam navibus cinis inciderat, quo propius accederet, calidior et densior; jam pumices etiam, nigrique et ambusti et fracti igne lapides; jam vadum subitum, ruinaque montis litora obstantia. Cunctatus paulum an retro flecteret, mox gubernatori ut ita faceret monenti : « Fortes, inquit, fortuna juvat : Pomponianum pete. » Stabiis erat, diremptus sinu medio. Nam sensim circumactis curvatisque litoribus mare infunditur. Ibi, quanquam nondum periculo appropinquante, conspicuo tamen, et, quum cresceret, proximo, sarcinas contulerat in naves, certus fugæ, si contrarius ventus resedisset, quo tunc avunculus meus secundissimo invectus, complectitur trepidantem, consolatur, hortatur; utque timorem ejus sua securitate leniret, deferri se in balineum jubet, lotus accubat, cœnatque hilaris, aut, quod est æque magnum, similis hilari.

trepris que par désir de s'instruire. Il fait préparer des quadrirèmes, et y monte lui-même pour aller secourir Rectine et beaucoup d'autres personnes qui avaient fixé leur habitation dans ce site attrayant. Il se dirige à la hâte vers des lieux d'où tout le monde s'enfuit : il va droit au danger, l'esprit tellement libre de crainte, qu'il dictait la description des divers accidens et des scènes changeantes que le prodige offrait à ses yeux.

Déjà sur ses vaisseaux volait une cendre plus épaisse et plus chaude, à mesure qu'ils approchaient [40] ; déjà tombaient autour d'eux des pierres calcinées et des cailloux tout noirs, tout brûlés, tout brisés par la violence du feu. La mer abaissée tout à coup n'avait plus de profondeur [41], et le rivage était inaccessible par l'amas de pierres qui le couvrait. Mon oncle fut un moment incertain s'il retournerait : mais il dit bientôt à son pilote qui l'engageait à revenir : *La fortune favorise le courage : menez-nous chez Pomponianus.* Pomponianus était à Stabie [42], de l'autre côté d'un petit golfe, formé par la courbure insensible du rivage. Là, à la vue du péril qui était encore éloigné, mais qui s'approchait incessamment, Pomponianus avait fait porter tous ses meubles sur des vaisseaux, et n'attendait, pour s'éloigner, qu'un vent moins contraire. Mon oncle, favorisé par ce même vent, aborde chez lui, l'embrasse, calme son agitation, le rassure, l'encourage ; et, pour dissiper, par sa sécurité, la crainte de son ami, il se fait porter au bain. Après le bain, il se met à table, et mange avec gaieté [43], ou, ce qui ne suppose pas moins de force d'âme, avec toutes les apparences de la gaieté.

Interim e Vesuvio monte pluribus locis latissimæ flammæ, altaque incendia relucebant, quorum fulgor et claritas tenebris noctis excitabatur. Ille agrestium trepidatione igni relictas desertasque villas per solitudinem ardere, in remedium formidinis, dictitabat. Tum se quieti dedit, et quievit verissimo quidem somno : nam meatus animæ, qui illi propter amplitudinem corporis gravior et sonantior erat, ab iis qui limini obversabantur, audiebatur. Sed area, ex qua diæta adibatur, ita jam cinere, mixtisque pumicibus oppleta surrexerat, ut, si longior in cubiculo mora, exitus negaretur. Excitatus procedit, seque Pomponiano, ceterisque qui pervigilarant, reddit. In commune consultant, intra tecta subsistant, an in aperto vagentur. Nam crebris vastisque tremoribus tecta nutabant, et quasi emota sedibus suis, nunc huc nunc illuc abire aut referri videbantur. Sub dio rursus, quanquam levium exesorumque, pumicum casus metuebatur: quod tamen periculorum collatio elegit; et apud illum quidem ratio rationem, apud alios timorem timor vicit. Cervicalia capitibus imposita linteis constringunt. Id munimentum adversus decidentia fuit.

Jam dies alibi, illic nox omnibus noctibus nigrior densiorque, quam tamen faces multæ variaque lumina solvebant. Placuit egredi in litus, et e proximo aspicere

Cependant on voyait luire, de plusieurs endroits du mont Vésuve, de larges flammes et un vaste embrasement, dont les ténèbres augmentaient l'éclat. Pour rassurer ceux qui l'accompagnaient, mon oncle leur disait que c'étaient des maisons de campagne abandonnées au feu par les paysans effrayés [44]. Ensuite, il se coucha, et dormit réellement d'un profond sommeil, car on entendait de la porte le bruit de sa respiration, que la grosseur de son corps rendait forte et retentissante [45]. Cependant la cour par où l'on entrait dans son appartement commençait à se remplir de cendres et de pierres, et pour peu qu'il y fût resté plus long-temps, il ne lui eût plus été possible de sortir. On l'éveille; il sort, et va rejoindre Pomponianus et les autres qui avaient veillé. Ils tiennent conseil, et délibèrent s'ils se renfermeront dans la maison, ou s'ils erreront dans la campagne; car les maisons étaient tellement ébranlées par les violens tremblemens de terre qui se succédaient, qu'elles semblaient arrachées de leurs fondemens, poussées tour à tour dans tous les sens, puis ramenées à leur place. D'un autre côté, on avait à craindre, hors de la ville, la chute des pierres, quoiqu'elles fussent légères et desséchées par le feu. De ces périls, on choisit le dernier. Dans l'esprit de mon oncle, la raison la plus forte prévalut sur la plus faible; dans l'esprit de ceux qui l'entouraient, une crainte l'emporta sur une autre. Ils attachent donc des oreillers autour de leur tête : c'était une sorte de rempart contre les pierres qui tombaient.

Le jour recommençait ailleurs ; mais autour d'eux régnait toujours la plus sombre et la plus épaisse des nuits, éclairée cependant par l'embrasement et des feux de toute espèce [46]. On voulut s'approcher du rivage, pour exami-

ecquid jam mare admitteret, quod adhuc vastum et adversum permanebat. Ibi super abjectum linteum recubans, semel atque iterum frigidam poposcit, hausitque: deinde flammæ, flammarumque prænuntius odor sulfuris, alios in fugam vertunt, excitant illum. Innixus servulis duobus assurrexit, et statim concidit, ut ego conjecto, crassiore caligine spiritu obstructo clausoque stomacho, qui illi natura invalidus, angustus, et frequenter interæstuans erat. Ubi dies redditus (is ab eo, quem novissime viderat, tertius), corpus inventum est integrum, illæsum, opertumque, ut fuerat indutus: habitus corporis quiescenti, quam defuncto, similior.

Interim Miseni ego et mater. Sed nihil ad historiam, nec tu aliud quam de exitu ejus scire voluisti. Finem ergo faciam : unum adjiciam, omnia me, quibus interfueram, quæque statim, quum maxime vera memorantur, audiveram, vere persecutum : tu potissima excerpes. Aliud est enim epistolam, aliud historiam; aliud amico, aliud omnibus scribere. Vale.

ner si la mer permettait quelque tentative : mais on la trouva toujours orageuse et contraire. Là, mon oncle se coucha sur un drap étendu, demanda de l'eau froide, et en but deux fois. Bientôt des flammes[47] et une odeur de soufre qui en annonçait l'approche, mirent tout le monde en fuite, et forcèrent mon oncle à se lever. Il se lève appuyé sur deux jeunes esclaves, et au même instant il tombe mort[48]. J'imagine que cette épaisse fumée arrêta sa respiration et le suffoqua : il avait naturellement la poitrine faible, étroite et souvent haletante. Lorsque la lumière reparut (trois jours après le dernier qui avait lui pour mon oncle), on retrouva son corps entier, sans blessure; rien n'était changé dans l'état de son vêtement, et son attitude était celle du sommeil plutôt que de la mort.

Pendant ce temps, ma mère et moi nous étions à Misène.... Mais cela n'intéresse plus l'histoire, et vous n'avez voulu savoir que ce qui concerne la mort de mon oncle. Je finis donc, et je n'ajoute plus qu'un mot; c'est que je ne vous ai rien dit, ou que je n'aie vu ou que je n'aie appris dans ces momens où la vérité des évènemens n'a pu encore être altérée. C'est à vous de choisir ce que vous jugerez le plus important. Il est bien différent d'écrire une lettre ou une histoire; d'écrire pour un ami, ou pour la postérité. Adieu.

XVII.

Plinius Restituto suo s.

Indignatiunculam, quam in cujusdam amici auditorio cepi, non possum mihi temperare, quominus apud te, quia non contingit coram, per epistolam effundam. Recitabatur liber absolutissimus: hunc duo aut tres, ut sibi et paucis videntur, diserti, surdis mutisque similes audiebant. Non labra diduxerunt, non moverunt manum, non denique assurrexerunt saltem lassitudine sedendi. Quæ tanta gravitas? quæ tanta sapientia? quæ immo pigritia, arrogantia, sinisteritas, ac potius amentia, in hoc totum diem impendere, ut offendas, ut inimicum relinquas, ad quem tanquam amicissimum veneris? Disertior ipse es, tanto magis ne invideris; nam qui invidet minor est. Denique sive plus, sive minus, sive idem præstas, lauda vel inferiorem, vel superiorem, vel parem; superiorem, quia nisi laudandus ille est, non potes ipse laudari; inferiorem aut parem, quia pertinet ad tuam gloriam quam maximum videri, quem præcedis vel exæquas. Equidem omnes, qui aliquid in studiis faciunt, venerari etiam mirarique soleo. Est enim res difficilis, ardua, fastidiosa, et quæ eos, a quibus contemnitur, dedignetur. Nisi forte aliud judicas tu; quan-

XVII.

Pline à Restitutus [49].

Il faut absolument que j'épanche dans votre cœur la petite indignation qui vient de me saisir chez un de nos amis : que je vous l'écrive au moins, puisque je ne puis vous conter l'affaire de vive voix. On lisait un ouvrage excellent. Deux ou trois auditeurs, hommes de talent, si l'on s'en rapporte à eux et à quelques-uns de leurs amis, écoutaient froidement : on les eût dits sourds et muets. Pas un mouvement de lèvres, pas un geste : ils ne se levèrent pas même une fois au moins par fatigue d'être assis. Est-ce gravité? est-ce sévérité de goût? ou n'est-ce point plutôt paresse et orgueil? Quel travers! et pour dire encore mieux, quelle folie d'employer une journée tout entière à offenser un homme, à s'en faire un ennemi, lorsqu'on n'est venu chez lui qu'en témoignage d'intime amitié [50]. Êtes-vous plus habile que lui, raison de plus pour n'être pas jaloux; on n'est jaloux que du talent qui nous efface. Que vous ayez plus de mérite, que vous en ayez moins, que vous en ayez autant, louez ou votre inférieur, ou votre maître, ou votre égal : votre maître, parce que s'il ne mérite point d'éloges, vous n'en sauriez mériter vous-même; votre inférieur ou votre égal, parce que votre gloire est intéressée à élever celui qui marche au dessous ou à côté de vous. Quant à moi, j'ai toujours du respect et de l'admiration pour ceux qui tentent de se distinguer dans les lettres. C'est une carrière qui offre tant de difficultés, de peines, de dégoûts, et le succès semble y dédaigner celui qui le

quam quis uno te reverentior hujus operis, quis benignior æstimator? Qua ratione ductus, tibi potissimum indignationem meam prodidi, quem habere socium maxime poteram. Vale.

XVIII.

Plinius Sabino suo s.

Rogas ut agam Firmanorum publicam causam; quod ego, quanquam plurimis occupationibus distentus, annitar. Cupio enim et ornatissimam coloniam advocationis officio, et te gratissimo tibi munere obstringere. Nam quum familiaritatem nostram, ut soles prædicare, ad præsidium ornamentumque tibi sumpseris, nihil est quod negare debeam, præsertim pro patria petenti. Quid enim precibus aut honestius piis, aut efficacius amantis? Proinde Firmanis tuis, ac jam potius nostris, obliga fidem meam; quos labore et studio meo dignos quum splendor ipsorum, tum hoc maxime pollicetur, quod credibile est optimos esse, inter quos tu talis exstiteris. Vale.

dédaigne[51]. Peut-être ne serez-vous pas de mon sentiment ; et cependant personne plus que vous n'est ami de la littérature, personne ne rend plus de justice aux ouvrages d'autrui. C'est pour cela que je vous ai fait la confidence de ma colère, certain qu'aucun autre ne pourrait mieux la partager. Adieu.

XVIII.

Pline à Sabinus[52].

Vous me priez de plaider la cause des Firmiens[53]; je le ferai, quoique je sois surchargé d'affaires. J'ai un désir trop vif d'attacher à ma clientèle cette illustre colonie, et de vous rendre un service qui vous soit agréable. Est-ce à vous que je refuserais quelque chose, à vous qui daignez publier que vous avez recherché dans mon amitié un honneur et un appui tout ensemble? D'ailleurs c'est pour votre patrie que vous sollicitez; et s'il n'est rien de plus puissant que les prières d'un ami, il n'est rien de plus glorieux que celles d'un bon citoyen. Vous pouvez donc m'engager à vos Firmiens, ou plutôt aux nôtres. Quand la considération dont jouit leur ville ne mériterait pas seule mon dévouement et mes soins, je ne pourrais me défendre d'une haute estime pour un pays qui a produit un homme aussi estimable que vous. Adieu.

XIX.

Plinius Nepoti suo s.

Scis tu accessisse pretium agris, præcipue suburbanis? Causa subitæ caritatis, res multis agitata sermonibus proximis comitiis honestissimas voces senatui expressit : « Candidati ne conviventur, ne mittant munera, ne pecunias deponant. » Ex quibus duo priora tam aperte quam immodice fiebant; hoc tertium, quanquam occultaretur, pro comperto habebatur. Homullus deinde noster vigilanter usus hoc consensu senatus, sententiæ loco postulavit, ut consules desiderium universorum notum principi facerent, peterentque sicut aliis vitiis, huic quoque providentia sua occurreret. Occurrit. Nam sumptus candidatorum, fœdos illos et infames, ambitus lege restrinxit; eosdem patrimonii tertiam partem conferre jussit in ea, quæ solo continerentur, deforme arbitratus, ut erat, honorem petituros, urbem Italiamque non pro patria, sed pro hospitio aut stabulo, quasi peregrinantes, habere. Concursant ergo candidati certatim : quidquid venale audiunt, emptitant; quoque sint plura venalia, efficiunt. Proinde, si pœnitet te Italicorum prædiorum, hoc vendendi tempus, tam hercule quam in provinciis

XIX.

Pline à Nepos [54].

Savez-vous que les terres ont augmenté de prix, particulièrement aux environs de Rome? La cause de cette augmentation subite est un désordre dont on a souvent parlé, et qui, dans les derniers comices, avait provoqué une décision du sénat, qu'on ne saurait trop approuver [55]. Par cette décision, il est défendu aux candidats de donner des repas, d'envoyer des présens, de consigner de l'argent. De ces abus, les deux premiers étaient venus à un excès que l'on ne prenait pas même la peine de déguiser; l'autre se cachait un peu plus, mais n'était pas moins notoire. Homullus, notre ami, profita de cette disposition du sénat: quand son tour d'opiner fut venu, il supplia les consuls de vouloir bien faire connaître à l'empereur le vœu général, et lui demander, après tant de désordres sagement arrêtés, la répression de ce nouvel abus. L'abus a été réprimé: une loi contre la brigue a proscrit les dépenses des candidats, les dépenses scandaleuses qui les déshonoraient; elle les oblige en même temps à placer le tiers de leur bien en fonds de terre. Le prince était justement indigné que tout en aspirant aux charges de l'état, on regardât Rome et l'Italie, non comme sa patrie, mais comme une hôtellerie, comme un séjour étranger qu'on habite en passant. De là, grand mouvement parmi les candidats. Tout ce qui est à vendre, ils l'achètent; et leur empressement inspire à d'autres l'envie de vendre. Ainsi, êtes-vous dégoûté de vos terres d'Ita-

comparandi, dum iidem candidati illic vendunt, ut hic emant. Vale.

XX.

Plinius Cornelio Tacito suo s.

Ais te adductum litteris, quas exigenti tibi de morte avunculi mei scripsi, cupere cognoscere, quos ego Miseni relictus (id enim ingressus abruperam) non solum metus, verum etiam casus pertulerim.

> Quanquam animus meminisse horret...,
> Incipiam........

Profecto avunculo, ipse reliquum tempus studiis (ideo enim remanseram) impendi: mox balineum, coena, somnus inquietus et brevis. Praecesserat per multos dies tremor terrae minus formidolosus, quia Campaniae solitus: illa vero nocte ita invaluit, ut non moveri omnia, sed verti crederentur. Irrumpit cubiculum meum mater: surgebam invicem, si quiesceret, excitaturus. Residimus in area domus, quae mare a tectis modico spatio dividebat. Dubito constantiam vocare an imprudentiam debeam; agebam enim duodevicesimum annum: posco li-

lie, saisissez cette double occasion de vous en défaire, et d'en acquérir de nouvelles dans les provinces de l'empire, où nos magistrats futurs s'empressent de vendre, pour acheter ici. Adieu.

XX.

Pline à Tacite.

La lettre dans laquelle je vous ai donné les détails que vous me demandiez sur la mort de mon oncle [56], vous a, dites-vous, inspiré le désir de connaître les alarmes et les dangers même auxquels je fus exposé à Misène, où j'étais resté : car c'est là que j'avais suspendu mon récit.

> Bien qu'au seul souvenir, je sois saisi d'horreur,
> Je commence. . . . .

Après le départ de mon oncle, je continuai l'étude qui m'avait empêché de le suivre. Vint ensuite le bain, le repas ; je dormis quelques instans d'un sommeil agité. Depuis bon nombre de jours, un tremblement de terre s'était fait sentir : il nous avait peu effrayés, on y est habitué en Campanie [57]. Il redoubla pendant cette nuit avec tant de violence, qu'on eût dit, non pas seulement une agitation, mais un bouleversement général. Ma mère entra brusquement dans ma chambre : je me levais pour aller l'éveiller, si elle eût été endormie. Nous nous asseyons dans la cour, qui ne forme qu'une étroite séparation entre la maison et la mer. Comme je n'avais que dix-huit ans, je ne sais si je dois appeler fermeté ou im-

brum Titi Livii, et quasi per otium lego, atque etiam, ut cœperam, excerpo. Ecce amicus avunculi, qui nuper ad eum ex Hispania venerat, ut me et matrem sedentes, me vero etiam legentem videt, illius patientiam, securitatem meam corripit: nihilo segnius ego intentus in librum.

Jam hora diei prima, et adhuc dubius et quasi languidus dies; jam quassatis circumjacentibus tectis, quanquam in aperto loco, angusto tamen, magnus et certus ruinæ metus. Tum demum excedere oppido visum : sequitur vulgus attonitum, quodque in pavore simile prudentiæ, alienum consilium suo præfert, ingentique agmine abeuntes premit et impellit. Egressi tecta consistimus : multa ibi miranda, multas formidines patimur. Nam vehicula quæ produci jusseramus, quanquam in planissimo campo, in contrarias partes agebantur, ac ne lapidibus quidem fulta, in eodem vestigio quiescebant. Præterea mare in se resorberi, et tremore terræ quasi repelli videbatur. Certe processerat litus, multaque animalia maris siccis arenis detinebat. Ab altero latere nubes atra et horrenda, ignei spiritus tortis vibratisque discursibus rupta, in longas flammarum figuras dehiscebat : fulgoribus illæ et similes et majores erant.

prudence ce que je fis alors : je demandai un Tite-Live; je me mis à le lire, comme dans le plus grand calme, et je continuai à en faire des extraits, ainsi que j'avais commencé. Un ami de mon oncle, nouvellement arrivé d'Espagne pour le voir, nous trouve, ma mère et moi, assis tranquillement, et moi tenant un livre : il nous reproche, à ma mère son sang-froid, à moi ma confiance. Je n'en continuai pas moins ma lecture avec attention.

Nous étions à la première heure du jour, et cependant il ne paraissait encore qu'une lumière faible et douteuse. Les murs, autour de nous, étaient ébranlés de si violentes secousses, qu'il devenait dangereux de rester dans un lieu si étroit, quoiqu'il fût découvert. Nous prenons le parti de quitter la ville : le peuple épouvanté s'enfuit avec nous; et comme, dans la peur, on met souvent sa prudence à préférer les idées des autres aux siennes, on nous suit en foule, on nous presse, on nous pousse. Dès que nous sommes hors de la ville, nous nous arrêtons; et là, nouveaux prodiges, nouvelles frayeurs. Les voitures que nous avions emmenées avec nous, étaient, quoiqu'en pleine campagne, entraînées dans tous les sens, et l'on ne pouvait, même avec des pierres, les fixer à la même place. La mer semblait refoulée sur elle-même, et comme chassée du rivage par l'ébranlement de la terre[58]. Ce qu'il y a de certain, c'est que le rivage était agrandi, et que beaucoup de poissons étaient demeurés à sec sur le sable. De l'autre côté, une nuée noire et horrible, déchirée par des feux qui s'élançaient en serpentant, s'ouvrait et laissait échapper de longs sillons de flammes, semblables à des éclairs, et plus grands même que des éclairs.

Tum vero ille idem ex Hispania amicus acrius et instantius : « Si frater, inquit, tuus, si tuus avunculus vivit, vult esse vos salvos : si periit, superstites voluit : proinde quid cessatis evadere? » Respondimus : « Non commissuros nos, ut de salute illius incerti, nostræ consuleremus. » Non moratus ultra proripit se, effusoque cursu periculo aufertur. Nec multo post, illa nubes descendere in terras, operire maria. Cinxerat Capreas et absconderat : Miseni quod procurrit, abstulerat. Tum mater orare, hortari, jubere, « quoquo modo fugerem; posse enim juvenem : se et annis et corpore gravem bene morituram, si mihi causa mortis non fuisset. » Ego contra, « salvum me, nisi una, non futurum. » Deinde manum ejus amplexus, addere gradum cogo : paret ægre, incusatque se quod me moretur.

Jam cinis, adhuc tamen rarus. Respicio : densa caligo tergis imminebat, quæ nos, torrentis modo infusa terræ, sequebatur. « Deflectamus, inquam, dum videmus, ne in via strati, comitantium turba in tenebris obteramur. » Vix consederamus, et nox non quasi illunis aut nubila, sed qualis in locis clausis lumine exstincto : audires ululatus feminarum, infantium quiritatus, clamores virorum : alii parentes, alii liberos, alii conjuges vocibus

Alors l'ami dont j'ai parlé revint à la charge et plus vivement que la première fois. *Si votre frère, si votre oncle est vivant*, nous dit-il, *il souhaite sans doute que vous vous sauviez ; et s'il est mort, il a souhaité que vous puissiez lui survivre. Qu'attendez-vous donc pour partir ?* Nous lui répondîmes *que nous ne pourrions songer à notre sûreté, tant que nous serions incertains du sort de son ami*. L'Espagnol part sans tarder davantage, et cherche son salut dans une fuite précipitée. Presque aussitôt la nue s'abaisse sur la terre, et couvre les mers ; elle dérobait à nos yeux l'île de Caprée, qu'elle enveloppait, et nous cachait la vue du promontoire de Misène. Ma mère me conjure, me presse, m'ordonne de me sauver, de quelque manière que ce soit : elle me dit que la fuite est facile à mon âge ; que pour elle, affaiblie et appesantie par les années, elle mourrait contente, si elle n'était pas cause de ma mort. Je lui déclare qu'il n'y a de salut pour moi qu'avec elle ; je lui prends la main, je l'oblige à doubler le pas : elle m'obéit à regret, et s'accuse de ralentir ma marche.

La cendre commençait à tomber sur nous, quoiqu'en petite quantité. Je tourne la tête, et j'aperçois derrière nous une épaisse fumée qui nous suivait, en se répandant sur la terre comme un torrent. *Pendant que nous voyons encore, quittons le grand chemin*, dis-je à ma mère, *de peur d'être écrasés dans les ténèbres par la foule qui se presse sur nos pas*. A peine nous étions-nous arrêtés [59], que les ténèbres s'épaissirent encore : on n'eût pas dit seulement une nuit sombre et chargée de nuages, mais l'obscurité d'une chambre où toutes les lumières seraient éteintes. On n'entendait que les gémis-

requirebant, vocibus noscitabant : hi suum casum, illi suorum miserabantur : erant qui metu mortis mortem precarentur. Multi ad deos manus tollere, plures nusquam jam deos ullos, æternamque illam et novissimam noctem mundo interpretabantur. Nec defuerunt qui fictis mentitisque terroribus vera pericula augerent. Aderant qui Miseni illud ruisse, illud ardere, falso, sed credentibus nuntiabant.

Paulum reluxit, quod non dies nobis, sed adventantis ignis indicium videbatur : et ignis quidem longius substitit; tenebræ rursus, cinis rursus multus et gravis : hunc identidem assurgentes excutiebamus ; operti alioquin, atque etiam oblisi pondere essemus. Possem gloriari non gemitum mihi, non vocem parum fortem in tantis periculis excidisse, nisi me cum omnibus, omnia mecum perire, misero, magno tamen, mortalitatis solatio credidissem. Tandem illa caligo tenuata quasi in fumum nebulamve decessit : mox dies vere; sol etiam effulsit, luridus tamen, qualis esse, quum deficit, solet. Occursabant trepidantibus adhuc oculis mutata omnia, altoque cinere, tanquam nive, obducta.

semens des femmes, les plaintes des enfans, les cris des hommes. L'un appelait son père, l'autre son fils, l'autre sa femme; ils ne se reconnaissaient qu'à la voix. Celui-là s'alarmait pour lui-même, celui-ci pour les siens. On en vit à qui la crainte de la mort faisait invoquer la mort même. Ici, on levait les mains au ciel; là, on se persuadait qu'il n'y avait plus de dieux [60], et que cette nuit était la dernière, l'éternelle nuit qui devait ensevelir le monde. Plusieurs ajoutaient aux dangers réels des craintes imaginaires et chimériques : ils disaient qu'à Misène tel édifice s'était écroulé, que tel autre était en feu; bruits mensongers, mais qui étaient accueillis comme des vérités.

Il parut une lueur qui nous annonçait, non le retour du jour, mais l'approche du feu qui nous menaçait : il s'arrêta pourtant loin de nous. L'obscurité revient, et la pluie de cendre recommence, et plus forte et plus épaisse. Nous étions réduits à nous lever de temps en temps pour secouer nos habits; sans cette précaution, nous étions engloutis et étouffés sous cette masse brûlante [61]. Je pourrais me vanter qu'au milieu de si affreux dangers, il ne m'échappa ni une plainte ni une parole qui annonçât de la faiblesse : mais j'étais soutenu par cette pensée triste et consolante à la fois, que tout l'univers périssait avec moi. Enfin, cette noire vapeur se dissipa peu à peu, comme une fumée ou comme un nuage. Bientôt après nous revîmes le jour, et le soleil même, mais pâle, et tel qu'il apparaît dans une éclipse. Tout se montrait changé à nos yeux troublés encore; des monceaux de cendre, comme une neige épaisse, couvrait tous les objets.

Regressi Misenum, curatis utcunque corporibus, suspensam dubiamque noctem spe ac metu exegimus : metus prævalebat. Nam et tremor terræ perseverabat, et plerique lymphati terrificis vaticinationibus et sua et aliena mala ludificabantur. Nobis tamen ne tunc quidem, quanquam et expertis periculum, et exspectantibus, abeundi consilium, donec de avunculo nuntius.

Hæc, nequaquam historia digna, non scripturus leges; et tibi, scilicet qui requisisti, imputabis, si digna ne epistola quidem videbuntur. Vale.

XXI.

Plinius Caninio suo s.

Sum ex iis qui mirer antiquos; non tamen, ut quidam, temporum nostrorum ingenia despicio. Neque enim quasi lassa et effœta natura, ut nihil jam laudabile pariat. Atque adeo nuper audii Virginium Romanum paucis legentem comœdiam, ad exemplar veteris comœdiæ scriptam, tam bene, ut esse quandoque possit exemplar. Nescio an noris hominem, quanquam nosse debes.

On retourne à Misène. Chacun s'y rétablit de son mieux, et nous y passons une nuit entre la crainte et l'espérance; mais la crainte l'emportait toujours, car le tremblement de terre continuait. On ne voyait que gens effrayés qui semblaient se plaire à redoubler leurs terreurs et celles des autres par de sinistres prédictions. Cependant, quoique nous eussions couru des dangers, et des dangers dont nous attendions le retour, il ne nous vint pas une seule fois la pensée de nous éloigner, avant d'avoir appris des nouvelles de mon oncle.

Vous lirez ces détails; mais vous ne les ferez point entrer dans votre ouvrage : ils sont indignes de l'histoire. Vous n'imputerez qu'à vous seul qui les avez exigés, si vous n'y trouvez même rien qui soit digne d'une lettre. Adieu.

XXI.

Pline à Caninius.

J'ADMIRE les anciens, mais sans dédaigner, comme certains esprits, les génies de notre siècle. Je ne puis croire que la nature soit épuisée et ne produise plus rien de bon. Je suis donc allé dernièrement entendre Virginius Romanus : il lisait à un petit nombre d'amis une comédie composée sur le modèle de la comédie ancienne[62] : l'ouvrage est si remarquable, qu'il pourra quelque jour servir lui-même de modèle. Je ne sais si vous connaissez Romanus, quoique vous deviez bien le connaître. C'est

Est enim probitate morum, ingenii elegantia, operum varietate monstrabilis. Scripsit mimiiambos tenuiter, argute, venuste, atque in hoc genere eloquentissime. Nullum est enim genus, quod absolutum non possit eloquentissimum dici. Scripsit comoedias, Menandrum aliosque aetatis ejusdem aemulatus: licet has inter Plautinas Terentianasque numeres. Nunc primum se in vetere comoedia, sed non tanquam inciperet, ostendit. Non illi vis, non granditas, non subtilitas, non amaritudo, non dulcedo, non lepos defuit. Ornavit virtutes, insectatus est vitia: fictis nominibus decenter, veris usus est apte. Circa me tantum benignitate nimia modum excessit, nisi quod tamen poetis mentiri licet. In summa, extorquebo ei librum, legendumque, immo ediscendum, mittam tibi. Neque enim dubito futurum, ut non deponas, si semel sumpseris. Vale.

XXII.

Plinius Tironi suo s.

Magna res acta est omnium, qui sunt provinciis praefuturi, magna omnium qui se simpliciter credunt amicis. Lustricus Bruttianus quum Montanum Atticinum,

un homme distingué et par sa vertu, et par l'élégance de son esprit, et par la variété de ses talens. Il a composé des *mimiambes* [63], qui ont tant de légèreté, de finesse et de grâce, qu'on peut dire qu'ils sont très-éloquemment écrits dans leur genre; car il n'est point de genre où l'éloquence n'ait sa place, lorsqu'on y excelle. Il a fait des comédies dans le goût de Ménandre et des autres poètes de ce temps-là : vous pourrez marquer leur rang entre celles de Térence et de Plaute. C'est la première fois qu'il s'est essayé dans l'ancienne comédie, quoique ces nouvelles productions ne ressemblent pas à des essais. Force, grandeur, délicatesse, sel, douceur, grâce, rien ne lui manque. Il donne de l'attrait à la vertu et flétrit le vice : ses allusions sont faites avec goût; et s'il nomme ses personnages, c'est toujours avec convenance. Je n'ai à lui reprocher qu'un excès de prévention pour moi : mais après tout, il est permis aux poètes de mentir. Enfin, je tâcherai de lui enlever sa pièce, et je vous l'enverrai pour la lire, ou plutôt pour l'apprendre, car je suis sûr que vous ne pourrez plus la quitter, si vous la lisez une fois. Adieu.

XXII.

Pline à Tiron.

Il vient de se passer une chose qui intéresse infiniment et ceux qui sont destinés au gouvernement des provinces, et ceux qui se livrent trop aveuglément à leurs amis. Lustricus Bruttianus ayant découvert plu-

comitem suum, in multis flagitiis deprehendisset, Cæsari scripsit. Atticinus flagitiis addidit, ut quem deceperat, accusaret. Recepta cognitio est : fui in consilio, egit uterque pro se, egit autem carptim, et κατὰ κεφάλαια, quo genere veritas statim ostenditur. Protulit Bruttianus testamentum suum, quod Atticini manu scriptum esse dicebat. Hoc enim et arcana familiaritas, et querendi de eo, quem sic amasset, necessitas indicabatur. Enumeravit crimina fœda manifestaque. Ille quum diluere non posset, ita regessit, ut, dum defenditur, turpis, dum accusat, sceleratus probaretur. Corrupto enim scribæ servo, interceperat commentarios, interciderat, que, ac per summum nefas utebatur adversus amicum crimine suo. Fecit pulcherrime Cæsar : non enim de Bruttiano, sed statim de Atticino perrogavit. Damnatus et in insulam relegatus : Bruttiano justissimum integritatis testimonium redditum, quem quidem etiam constantiæ gloria secuta est. Nam defensus expeditissime, accusavit vehementer; nec minus acer, quam bonus et sincerus, apparuit.

Quod tibi scripsi, ut te sortitum provinciam præmonerem, plurimum tibi credas, nec cuiquam satis fidas; deinde scias, si quis forte te, quod abominor, fallat, pa-

sieurs crimes de Montanus Atticinus, son lieutenant, en informa l'empereur. Atticinus renchérit sur tout ce qu'il avait fait, et accusa celui qu'il avait trompé. Le procès a été instruit; j'étais du nombre des juges : l'un et l'autre ont plaidé leur cause, mais brièvement, et en se bornant à exposer les chefs et les argumens principaux [64]; c'est le moyen le plus court de connaître la vérité. Bruttianus représenta son testament, qu'il disait écrit de la main d'Atticinus. Rien ne pouvait mieux prouver, et l'étroite liaison qui était entr'eux, et la nécessité qui forçait Bruttianus à se plaindre d'un homme qu'il avait tant aimé. Tous les chefs d'accusation parurent à la fois révoltans et d'une évidence manifeste. Atticinus ne pouvant se justifier, récrimina contre Bruttianus [65] : pendant sa défense, il parut à tous un homme déshonoré; il parut un scélérat, lorsqu'il osa accuser à son tour. Il avait corrompu l'esclave du secrétaire de Bruttianus; et après avoir, par cet artifice, surpris et altéré les registres, il portait la lâcheté jusqu'à tourner contre son ami le crime qu'il avait commis lui-même. La conduite de l'empereur fut admirable. Sans daigner rien prononcer pour absoudre Bruttianus, il passa tout d'un coup à Atticinus, le condamna et le relégua dans une île. On a rendu un éclatant témoignage à l'intégrité de Bruttianus : sa fermeté même lui a fait honneur; car, après s'être justifié en très-peu de mots, il a vivement soutenu l'accusation qu'il avait intentée, et il a montré autant de vigueur que de loyauté et de franchise [66].

Je vous écris tout ceci pour vous avertir que, dans le gouvernement où vous êtes appelé, vous devez compter sur vous-même plus que sur tout autre; et en même temps pour vous apprendre, que si l'on venait à vous tromper

ratam ultionem, qua tamen ne sit opus, etiam atque etiam attende. Neque enim tam jucundum est vindicare, quam decipi miserum. Vale.

XXIII.

Plinius Triario suo s.

Impense petis, ut agam causam pertinentem ad curam tuam, pulchram alioquin et famosam : faciam, sed non gratis. Qui fieri potest, inquis, ut non gratis tu? Potest : exigam enim mercedem honestiorem gratuito patrocinio. Peto, atque etiam paciscor, ut simul agat Cremutius Ruso. Solitum hoc mihi, et jam in pluribus claris adolescentibus factitatum : nam mire concupisco, bonos juvenes ostendere foro, assignare famae. Quod si cui, praestare Rusoni meo debeo, vel propter natales ipsius, vel propter eximiam mei caritatem; quem magni aestimo in iisdem judiciis, ex iisdem etiam partibus, conspici, audiri. Obliga me; obliga, antequam dicat; nam, quum dixerit, gratias ages. Spondeo sollicitudini tuae, spei meae, magnitudini causae suffecturum. Est indolis optimae, brevi producturus alios, si interim provectus fuerit a nobis. Neque enim cuiquam tam clarum statim

(ce qu'aux dieux ne plaise!), vous avez ici une vengeance prête. Mais il faut mettre tous vos soins à n'en pas avoir besoin : car, après tout, il y a encore moins de douceur à être vengé[67], que de chagrin à être trompé. Adieu.

XXIII.

Pline à Triarius.

Vous me priez avec instance de me charger d'une cause à laquelle vous prenez un grand intérêt, et qui d'ailleurs a de l'importance et de l'éclat. Je m'en chargerai; mais il vous en coûtera quelque chose. Quoi! direz-vous, se peut-il que Pline... Oui, cela se peut : car le salaire que j'exige me fera plus d'honneur qu'une plaidoirie gratuite. Voici donc mon marché : Crémutius Ruson plaidera avec moi. J'ai coutume d'en agir ainsi, et c'est un bon office que j'ai déjà rendu à plusieurs jeunes gens de grande famille. J'ai un désir extrême d'introduire au barreau les jeunes orateurs, et de contribuer à leur réputation. Mon cher Ruson, plus que personne, avait droit à ce service : je le dois à sa naissance, je le dois à l'affection qu'il me porte. Je m'estimerai heureux de le faire paraître dans les mêmes causes et plaider pour les mêmes parties que moi. Obligez-moi de bonne grâce; hâtez-vous de m'obliger avant qu'il plaide; car dès qu'il aura plaidé, vous ne pourrez plus que me remercier. Je vous garantis qu'il répondra parfaitement à vos désirs, à ma confiance et à la grandeur de la cause. Il a les plus rares dispositions, et dès que je l'aurai produit, il sera bientôt lui-même

ingenium est, ut possit emergere, nisi illi materia, occasio, fautor etiam commendatorque contingat. Vale.

XXIV.

Plinius Macro suo s.

Quam multum interest, quid a quo fiat! Eadem enim facta claritate vel obscuritate facientium aut tolluntur altissime, aut humillime deprimuntur. Navigabam per Larium nostrum, quum senior amicus ostendit mihi villam, atque etiam cubiculum, quod in lacum prominet. «Ex hoc, inquit, aliquando municeps nostra cum marito se præcipitavit.» Causam requisivi. Maritus ex diutino morbo circa velanda corporis ulceribus putrescebat: uxor, ut inspiceret, exegit; neque enim quemquam fidelius indicaturum, possetne sanari. Vidit, desperavit: hortata est ut moreretur, comesque ipsa mortis, dux imo, et exemplum, et necessitas fuit. Nam se cum marito ligavit, abjecitque in lacum. Quod factum ne mihi quidem, qui municeps, nisi proxime auditum est; non quia minus illo clarissimo Arriæ facto, sed quia minor ipsa. Vale.

en état de produire les autres. Car il ne faut pas s'attendre, quelque supérieur que soit le génie d'un homme, qu'il puisse se tirer de la foule et se distinguer si la matière, si l'occasion lui manque, ou même un protecteur et un patron. Adieu.

XXIV.

Pline à Macer.

Combien la différence des personnes n'en met-elle pas dans le jugement qu'on porte de leur conduite ! combien les mêmes actions ne sont-elles pas élevées ou rabaissées, suivant le nom illustre ou obscur de celui qui les a faites ! Je me promenais dernièrement sur le lac de Côme, avec un vieillard de mes amis. Il me montra une maison, et même une chambre qui s'avance sur le lac : *C'est de là*, me dit-il, *qu'un jour une femme de notre pays s'est précipitée avec son mari.* J'en demandai la raison. Depuis long-temps le mari était tourmenté par des ulcères aux parties secrètes du corps. Sa femme le pria de permettre qu'elle examinât son mal, il l'assura que personne ne lui dirait plus sincèrement qu'elle s'il devait espérer de guérir. Elle ne l'eut pas plutôt vu, qu'elle en désespéra. Elle l'exhorte à se donner la mort, se décide à l'accompagner, lui montre le chemin, lui donne l'exemple, et le met dans la nécessité de le suivre : après s'être étroitement liée avec lui, elle se jette et l'entraîne dans le lac. Ce fait ne m'est connu que depuis peu de temps, moi qui suis de la ville ! Et cependant est-

5.

XXV.

Plinius Hispano suo s.

Scribis Robustum, splendidum equitem romanum, cum Attilio Scauro, amico meo, Ocriculum usque commune iter peregisse, deinde nusquam comparuisse: petis ut Scaurus veniat, nosque, si potest, in aliqua inquisitionis vestigia inducat. Veniet; vereor ne frustra: suspicor enim tale nescio quid Robusto accidisse, quale aliquando Metilio Crispo municipi meo. Huic ego ordines impetraveram, atque etiam proficiscenti quadraginta millia nummum ad instruendum se ornandumque donaveram; nec postea aut epistolas ejus, aut aliquem de exitu nuntium accepi. Interceptusne sit a suis, an cum suis, dubium: certe non ipse, non quisquam ex servis ejus apparuit. Utinam ne in Robusto idem experiamur! Tamen arcessamus Scaurum. Demus hoc tuis, demus optimi adolescentis honestissimis precibus, qui pietate mira, mira etiam sagacitate, patrem quaerit. Dii faveant, ut sic inveniat ipsum, quemadmodum jam, cum quo fuisset, invenit. Vale.

il moins digne de mémoire que le dévouement tant vanté d'Arria? Non; mais Arria avait un nom plus illustre. Adieu.

XXV.

Pline à Hispanus.

Vous me mandez que Robustus, l'un de nos chevaliers romains les plus distingués, a fait route avec Attilius Scaurus, mon ami, jusqu'à Ocriculum[68], et que, depuis, on ne l'a plus revu. Vous me priez de faire venir Scaurus, pour nous aider à retrouver les traces de son compagnon de voyage. Il viendra; mais je crains fort que ce ne soit inutilement. J'appréhende que Robustus n'ait eu le même sort que Métilius Crispus, mon compatriote. Je lui avais obtenu de l'emploi dans l'armée; je lui avais même donné à son départ quarante mille sesterces pour se monter et s'équiper; et je n'ai reçu depuis ni lettre de lui, ni nouvelles de sa mort. On ne sait s'il a été tué par ses gens, ou avec eux. Ce qui est certain, c'est que ni lui ni aucun d'eux n'a reparu. Je souhaite de tout mon cœur qu'il n'en soit pas de même de Robustus. Cependant prions Scaurus de venir : c'est le moins qu'on puisse accorder à vos instances, aux touchantes prières d'un fils, dont l'ardeur à rechercher son père est à la fois si tendre et si ingénieuse. Puissent les dieux le lui faire retrouver, comme il a retrouvé déjà celui qui l'accompagnait! Adieu.

XXVI.

Plinius Serviano suo s.

Gaudeo, et gratulor, quod Fusco Salinatori filiam tuam destinasti. Domus patricia, pater honestissimus, mater pari laude : ipse est studiosus, litteratus, etiam disertus; puer simplicitate, comitate juvenis, senex gravitate: neque enim amore decipior. Amo quidem effuse (ita officiis, ita reverentia meruit), judico tamen, et quidem tanto acrius, quanto magis amo : tibique, ut qui exploraverim, spondeo habiturum te generum, quo melior fingi ne voto quidem potuit. Superest, ut avum te quam maturissime similium sui faciat. Quam felix tempus illud, quo mihi liberos illius, nepotes tuos, ut meos vel liberos vel nepotes, ex vestro sinu sumere, et quasi pari jure tenere continget! Vale.

XXVII.

Plinius Severo suo s.

Rogas ut cogitem quid designatus consul in honorem principis censeas. Facilis inventio, non facilis electio:

XXVI.

Pline à Servianus.

Je suis ravi que vous destiniez votre fille à Fuscus Salinator, et je ne puis trop vous en féliciter. Sa famille est patricienne, son père est un homme honorable, et sa mère n'a pas moins de droits à l'estime. Pour lui, il chérit l'étude, il est instruit dans les lettres, il est même éloquent : il a la simplicité d'un enfant, l'enjouement d'un jeune homme, la sagesse d'un vieillard; et ma tendresse pour lui ne m'abuse point. Je l'aime infiniment, sans doute, et il s'en est rendu digne par son dévouement, par son respect. Mais mon amitié ne me rend point aveugle; je le juge d'autant plus sévèrement que je l'aime davantage. J'ai appris à le connaître à fond, et je puis vous répondre que vous aurez en lui le meilleur gendre que vous puissiez même espérer. Il ne lui reste plus qu'à vous rendre bientôt grand-père de petits-enfans qui lui ressemblent. Qu'il sera doux pour moi, le temps où je pourrai prendre entre vos bras ses enfans et vos petits-enfans, pour les tenir dans les miens avec la même tendresse que s'ils étaient à moi! Adieu.

XXVII.

Pline à Sévère.

Vous me priez d'examiner quels honneurs vous pourriez décerner à l'empereur, lorsque vous prendrez pos-

est enim ex virtutibus ejus larga materia. Scribam tamen, vel, quod malo, coram indicabo, si prius hæsitationem meam ostendero. Dubito, num idem tibi suadere, quod mihi, debeam. Designatus ego consul, omni hac, etsi non adulatione, specie tamen adulationis, abstinui: non tanquam liber et constans, sed tanquam intelligens principis nostri; cujus videbam hanc esse præcipuam laudem, si nihil quasi ex necessitate decernerem. Recordabar etiam plurimos honores pessimo cuique delatos; a quibus hic optimus separari non alio modo magis poterat, quam diversitate censendi; quod ipsum dissimulatione et silentio non præterii, ne forte non judicium illud meum, sed oblivio videretur. Hoc tunc ego : sed non omnibus eadem placent, nec conveniunt quidem. Præterea, faciendi aliquid vel non faciendi vera ratio quum hominum ipsorum, tum rerum etiam ac temporum conditione mutatur. Nam recentia opera maximi principis præbent facultatem nova, magna, vera censendi. Quibus ex causis, ut supra scripsi, dubito, an idem nunc tibi, quod tunc mihi, suadeam. Illud non dubito, debuisse me in parte consilii tui ponere, quod ipse fecissem. Vale.

session du consulat[69]. Il est aussi aisé de trouver, que difficile de bien choisir; car ses vertus fournissent une ample matière. Je vous écrirai pourtant ce que je pense, ou plutôt je vous le dirai de vive voix, après vous avoir exposé d'abord mon incertitude. Je ne sais si le parti que j'ai pris moi-même est celui que je dois vous conseiller. Désigné consul, je crus devoir supprimer un éloge, qui n'était certainement pas une flatterie, mais qui pouvait en avoir l'apparence : en cela, je n'affectais ni liberté ni hardiesse; mais je connaissais le prince, et je savais que la louange la plus digne de lui, c'était de ne lui en accorder aucune par nécessité. Je me souvenais que l'on avait profané les plus grands honneurs, en les décernant aux plus méchans princes, et qu'on ne pouvait mieux distinguer le nôtre qu'en ne le traitant pas comme eux. Ce que je pensais, je le dis ouvertement, de peur que mon silence ne passât pour oubli, plutôt que pour discrétion. Voilà ce que je crus devoir faire alors; mais les mêmes choses ne plaisent pas et ne conviennent pas à tout le monde. D'ailleurs, les motifs qui déterminent nos actions changent avec les hommes, les choses, les temps; et l'on ne peut nier que les derniers exploits de notre prince[70] n'offrent une juste occasion de lui déférer des distinctions nouvelles, des honneurs éclatans. J'en reviens donc à ce que je disais d'abord : je ne sais si je dois vous conseiller de faire ce que j'ai fait; mais je sais bien que pour vous guider dans votre conduite, j'ai dû vous rappeler celle que j'ai tenue moi-même[71]. Adieu.

XXVIII.

Plinius Pontio suo s.

Scio, quæ tibi causa fuerit impedimento, quominus præcurrere adventum meum in Campaniam posses: sed quanquam absens, totus huc migrasti; tantum mihi copiarum tam urbanarum quam rusticarum nomine tuo oblatum est! quas omnes improbe quidem, accepi tamen. Nam me tui, ut ita facerem, rogabant; et verebar, ne et mihi et illis irascereris, si non fecissem. In posterum, nisi adhibueris modum, ego adhibebo. Etiam tuis denuntiavi, si rursus tam multa attulissent, omnia relaturos. Dices, oportere me tuis rebus, ut meis, uti: etiam; sed perinde illis ac meis parco. Vale.

XXIX.

Plinius Quadrato suo s.

Avidius Quietus, qui me unice dilexit, et quo non minus gaudeo, probavit, ut multa alia Thraseæ (fuit enim familiaris), ita hoc sæpe referebat, præcipere solitum suscipiendas esse causas, aut amicorum, aut destitutas, aut ad exemplum pertinentes. Cur amicorum?

XXVIII.

Pline à Pontius.

Je sais les raisons qui vous ont empêché d'arriver avant moi dans la Campanie; mais tout absent que vous êtes, je vous y ai trouvé tout entier, tant on m'a prodigué en votre nom les provisions que peuvent fournir et la ville et la campagne⁷². Moi, en homme avide, j'ai tout pris : vos gens me pressaient avec instance, et je craignais d'ailleurs, en refusant, de vous irriter contre moi et contre eux. Une autre fois, mettez des bornes à votre profusion, ou j'en mettrai moi-même. J'ai d'avance averti vos domestiques que s'il leur arrivait encore de m'apporter tant de choses, ils remporteraient tout. Vous me direz que je dois user de votre bien comme s'il était à moi : sans doute; aussi l'épargnerai-je comme le mien. Adieu.

XXIX.

Pline à Quadratus.

Avidius Quietus, qui avait pour moi tant d'amitié, et qui m'honorait d'une estime dont le souvenir ne m'est pas moins cher, me parlait souvent de Thraséas, avec lequel il avait été intimement lié. Entre autres choses, il rappelait que ce grand homme prescrivait à l'orateur de se charger de trois sortes de causes, de celles de ses

non eget interpretatione. Cur destitutas? quod in illis maxime et constantia agentis et humanitas cerneretur. Cur pertinentes ad exemplum? quia plurimum referret bonum an malum induceret. Ad haec ego genera causarum, ambitiose fortasse, addam tamen claras et illustres. Æquum enim est agere nonnunquam gloriæ et famæ, id est, suam causam.

Hos terminos, quia me consuluisti, dignitati ac verecundiæ tuæ statuo. Nec me præterit usum et esse et haberi optimum dicendi magistrum. Video etiam multos parvo ingenio, litteris nullis, ut bene agerent, agendo consecutos. Sed et illud, quod vel Pollionis, vel tanquam Pollionis accepi, verissimum experior: commode agendo factum est, ut sæpe agerem; sæpe agendo, ut minus commode. Quia scilicet assiduitate nimia facilitas magis quam facultas, nec fiducia, sed temeritas paratur. Nec vero Isocrati, quominus haberetur summus orator, offecit, quod infirmitate vocis, mollitie frontis, ne in publico diceret impediebatur. Proinde multum lege, scribe, meditare, ut possis, quum voles, dicere: dices quum velle debebis.

Hoc fere temperamentum ipse servavi. Nonnunquam necessitati, quæ pars rationis est, parui. Egi enim quasdam a senatu jussus, quæ tertio in numero fuerunt ex

amis, des causes abandonnées 73, et de celles qui intéressent l'exemple. De celles de ses amis, cela n'a pas besoin d'explication : des causes abandonnées, parce que c'est là que se montrent surtout et la grandeur d'âme et la générosité d'un avocat ; des causes qui intéressent l'exemple, parce qu'il n'est pas indifférent que l'exemple donné soit bon ou mauvais. J'ajouterai à ces trois genres de causes, celles qui ont de l'éclat ; car il est juste de plaider quelquefois pour sa réputation et pour sa gloire, c'est-à-dire de plaider sa propre cause.

Voilà, puisque vous me demandez mon avis, quelles règles je voudrais tracer à un homme de votre rang et de votre délicatesse. Je sais que l'usage passe pour le meilleur maître d'éloquence, et qu'il l'est en effet ; je vois même beaucoup d'hommes, sans littérature, parvenir à bien plaider en plaidant souvent. Mais pour moi, j'éprouve la vérité de ce que disait Pollion, ou de ce qu'on lui a fait dire : « Bien plaider m'a fait plaider souvent ; plaider souvent m'a fait plaider moins bien. » C'est qu'en effet l'habitude donne plus de facilité que de talent : au lieu de confiance, c'est de la présomption qu'elle inspire. Isocrate, avec sa faible voix et sa timidité naturelle, n'a pu parler en public : en a-t-il moins passé pour un grand orateur ? Lisez donc, écrivez, méditez, pour être en état de parler quand vous le voudrez, et vous parlerez quand il vous conviendra de le vouloir.

Voilà la règle que j'ai presque toujours suivie : j'ai quelquefois obéi à la nécessité, qui tient elle-même sa place entre les meilleures raisons. J'ai plaidé des causes par ordre du sénat ; c'étaient de celles que Thraséas a

illa Thraseæ divisione, hoc est, ad exemplum pertinentes. Adfui Bæticis contra Bæbium Massam. Quæsitum est an danda esset inquisitio : data est. Adfui rursus iisdem querentibus de Cæcilio Classico. Quæsitum est, an provinciales, ut socios ministrosque proconsulis, plecti oporteret : pœnas luerunt. Accusavi Marium Priscum, qui, lege repetundarum damnatus, utebatur clementia legis, cujus severitatem immanitate criminum excesserat : relegatus est. Tuitus sum Julium Bassum, ut incustoditum nimis et incautum, ita minime malum : judicibus acceptis, in senatu remansit. Dixi proxime pro Vareno, postulante ut sibi invicem evocare testes liceret : impetratum est. In posterum opto ut ea potissimum jubear, quæ me deceat vel sponte fecisse. Vale.

XXX.

Plinius Fabato suo s.

Debemus mehercule natales tuos perinde ac nostros celebrare, quum lætitia nostrorum ex tuis pendeat, cujus diligentia et cura hic hilares, istic securi sumus. Villa Camilliana, quam in Campania possides, est quidem vetustate vexata; ea tamen quæ sunt pretiosiora,

comprises dans sa troisième classe, et qui étaient importantes pour l'exemple [74]. J'ai soutenu les peuples de la Bétique [75] contre Bébius Massa. Il s'agissait de savoir si on leur permettrait d'informer : la permission leur en fut donnée. J'ai prêté mon ministère aux mêmes peuples dans l'accusation qu'ils ont intentée contre Cécilius Classicus [76]. Il était question d'examiner si les officiers de la province devaient être punis comme complices et ministres du proconsul : ils l'ont été. J'ai accusé Marius Priscus [77] : condamné pour péculat, il se retranchait derrière une loi trop douce, et dont la sévérité était loin d'égaler l'énormité de ses crimes : il a été exilé. J'ai défendu Julius Bassus [78] ; je fis voir qu'il avait été plus imprudent que coupable : on lui a donné des juges, et il a conservé sa place au sénat. Enfin, j'ai plaidé dernièrement pour Varénus [79], qui demandait à produire aussi des témoins : il l'a obtenu. Puisse-t-on toujours ainsi ne m'ordonner de plaider que des causes dont je pourrais avec honneur me charger volontairement [80] ! Adieu.

XXX.

Pline à Fabatus [81].

Nous devons en vérité célébrer votre jour natal comme le jour même de notre naissance, puisque tout le bonheur de nos jours dépend des vôtres, et que nous vous sommes redevables de notre repos à Rome, et de notre sûreté à Côme. Votre maison de Campanie, ancien domaine de Camillius, a été maltraitée par le temps : ce-

aut integra manent, aut levissime læsa sunt. Attendimus ergo, ut quam saluberrime reficiantur. Ego videor habere multos amicos, sed hujus generis, cujus et tu quæris, et res exigit, prope neminem. Sunt enim omnes togati et urbani : rusticorum autem prædiorum administratio poscit durum aliquem et agrestem, cui nec labor ille gravis, nec cura sordida, nec tristis solitudo videatur. Tu de Rufo honestissime cogitas : fuit enim filio tuo familiaris. Quid tamen nobis ibi præstare possit ignoro : velle plurimum credo. Vale.

XXXI.

Plinius Corneliano suæ s.

Evocatus in consilium a Cæsare nostro ad Centumcellas (hoc loco nomen), longe maximam cepi voluptatem. Quid enim jucundius, quam principis justitiam, gravitatem, comitatem in secessu quoque, ubi hæc maxime recluduntur, inspicere? Fuerunt variæ cognitiones, et quæ virtutes judicis per plures species experirentur. Dixit causam Claudius Ariston, princeps Ephesiorum, homo munificus, et innoxie popularis : inde invidia, et ab dissimillimis delator immissus : itaque absolutus vindicatus-

pendant les parties du bâtiment qui ont le plus de prix sont encore entières, ou fort peu endommagées. Nous songeons donc à le faire parfaitement rétablir. Je crois avoir beaucoup d'amis : mais de l'espèce dont vous les cherchez, et tels que l'affaire présente les demande, je n'en ai presque pas un seul. Ce sont tous gens de robe, que leurs emplois attachent à la ville, tandis que l'inspection des terres veut un campagnard endurci à ce genre de travail, qui ne trouve ni la fatigue trop pénible, ni l'emploi trop vil, ni la solitude trop ennuyeuse. Vous avez raison de songer à Rufus, puisqu'il a été l'ami de votre fils [82]. J'ignore cependant quels services il pourra nous rendre en cette occasion : je crois seulement qu'il a le plus vif désir de nous être utile [83]. Adieu.

XXXI.

Pline à Cornélien.

L'EMPEREUR a daigné m'appeler au conseil qu'il a tenu en son palais, nommé palais des Cent-Chambres [84]. Rien ne peut se comparer au plaisir que j'y ai goûté. Quel bonheur de voir la justice, la majesté, l'affabilité du prince, surtout dans le secret, où ces vertus se révèlent davantage! On a jugé différens procès, propres à exercer de plus d'une manière la sagesse et la capacité du juge. Claudius Ariston, le plus éminent citoyen d'Éphèse, y a été entendu : c'est un homme bienfaisant, et qui, sans intrigue, est devenu populaire. De là, les envieux : suscité par des gens qui ne lui ressemblent guère, un délateur

que est. Sequenti die audita est Galitta, adulterii rea. Nupta hæc tribuno militum honores petituro, et suam et mariti dignitatem centurionis amore maculaverat: maritus legato consulari, ille Cæsari scripserat. Cæsar, excussis probationibus, centurionem exauctoravit, atque etiam relegavit. Supererat crimini, quod nisi duorum esse non poterat, reliqua pars ultionis; sed maritum, non sine aliqua reprehensione patientiæ, amor uxoris retardabat : quam quidem, etiam post delatum adulterium, domi habuerat, quasi contentus æmulum removisse. Admonitus, ut perageret accusationem, peregit invitus; sed illam damnari, etiam invito accusatore, necesse erat. Damnata, et Juliæ legis pœnis relicta est. Cæsar et nomen centurionis, et commemorationem disciplinæ militaris sententiæ adjecit, ne omnes ejusmodi causas revocare ad se videretur.

Tertio die inducta cognitio est, multis sermonibus et vario rumore jactata, de Julii Tironis codicillis, quos ex parte veros esse constabat, ex parte falsi dicebantur. Substituebantur crimini Sempronius Senecio, eques romanus, et Eurythmus, Cæsaris libertus et procurator. Heredes, quum Cæsar esset in Dacia, communiter epistola scripta, petierant, ut susciperet cognitionem : susceperat. Reversus diem dederat : et, quum ex heredibus quidam, quasi reverentia Eurythmi, omitterent accusa-

est venu l'accuser. Ariston a été absous et vengé. Le jour suivant, on a jugé Galitta, accusée d'adultère. Mariée à un tribun des soldats, à un homme qui allait bientôt solliciter les charges publiques, elle avait déshonoré le rang de son mari et le sien, par le commerce qu'elle avait eu avec un centurion. Le mari en avait écrit au lieutenant consulaire, et celui-ci au prince. L'empereur, après avoir pesé toutes les preuves, cassa le centurion, et l'exila. Il restait encore à punir la moitié du crime, qui, de sa nature, est nécessairement le crime de deux. Mais l'amour retenait le mari, dont la faiblesse fut blâmée : car, même après avoir accusé sa femme d'adultère, il l'avait gardée chez lui, comme si c'était assez pour lui que son rival fût éloigné. On l'avertit qu'il devait achever ses poursuites : il ne les acheva qu'à regret. Mais, malgré l'accusateur, il fallait condamner l'accusée : aussi fut-elle condamnée, et abandonnée aux peines portées par la loi Julia [85]. L'empereur, dans la sentence qu'il prononça, eut soin de nommer le centurion, et de rappeler qu'il agissait dans l'intérêt de la discipline militaire, pour ne pas paraître évoquer à son tribunal toutes les causes d'adultère [86].

Le troisième jour, on s'occupa d'une affaire qui avait occupé et partagé les esprits [87] : on informa relativement aux codicilles de Julius Tiron, dont une partie était reconnue vraie, et dont l'autre, disait-on, était fausse. Sempronius Sénécion, chevalier romain, et Eurythmus, affranchi de l'empereur, et l'un de ses agens, étaient accusés. Les héritiers, par une lettre écrite en commun, avaient supplié le prince, pendant son expédition contre les Daces, de vouloir bien se réserver la connaissance de cette affaire : il se l'était réservée. De retour à Rome, il leur avait donné jour pour les entendre. Quelques-uns

tionem, pulcherrime dixerat : *Nec ille Polycletus est, nec ego Nero.* Indulserat tamen petentibus dilationem; cujus tempore exacto, consederat auditurus. A parte heredum intraverunt duo : omnino postularunt, ut omnes heredes agere cogerentur, quum detulissent omnes, aut sibi quoque desistere permitteretur. Locutus est Cæsar summa gravitate, summa moderatione; quumque advocatus Senecionis et Eurythmi dixisset suspicionibus relinqui reos, nisi audirentur : « Non curo, inquit, an isti suspicionibus relinquantur : ego relinquor. » Dein, conversus ad nos, Ἐπίστασθε, quid facere debeamus : isti enim queri volunt, quod sibi licuerit non accusare. Tum ex consilii sententia jussit denuntiari heredibus omnibus, aut agerent, aut singuli approbarent causas non agendi, alioquin se vel de calumnia pronuntiaturum.

Vides quam honesti, quam severi dies, quos jucundissimæ remissiones sequebantur. Adhibebamur quotidie cœnæ; erat modica, si principem cogitares : interdum ἀκροάματα audiebamus; interdum jucundissimis sermonibus nox ducebatur. Summo die abeuntibus nobis (quam diligens in Cæsare humanitas!) xenia sunt missa. Sed mihi, ut gravitas cognitionum, consilii honor, suavitas simplicitasque convictus, ita locus ipse perjucundus fuit.

des héritiers ayant voulu, comme par respect pour Eurythmus, se désister de l'accusation, l'empereur dit cette belle parole : *Il n'est point Polyclète, et je ne suis pas Néron*[88]. Il avait pourtant accordé un délai aux accusateurs, après lequel il voulut prononcer. Il ne parut que deux héritiers, qui se bornèrent à demander que, tous ayant intenté l'accusation, tous fussent obligés de la soutenir; ou qu'il leur fût permis à eux-mêmes, comme aux autres, de l'abandonner. L'empereur parla avec autant de modération que de noblesse; et l'avocat de Sénécion et d'Eurythmus ayant dit que l'on ne pouvait refuser d'entendre les accusés, sans les livrer à toute la malignité des soupçons : *Ce qui m'inquiète*, dit-il, *ce n'est pas qu'ils y soient livrés; c'est de m'y voir livré moi-même.* Après cela, se tournant vers nous : *Voyez*, dit-il, *ce que nous avons à faire : car ces gens-là se plaignent d'avoir eu le droit de ne pas accuser*[89]. Alors, de l'avis du conseil, il prononça, ou que tous les héritiers seraient tenus de poursuivre l'accusation, ou que chacun d'eux produirait les motifs de son désistement; sinon qu'ils seraient condamnés eux-mêmes comme calomniateurs.

Vous voyez quelles occupations nobles et austères remplissaient ces jours, qui s'achevaient dans les délassemens les plus agréables. L'empereur nous admettait toujours à sa table, très-frugale pour un si grand prince. Quelquefois il faisait jouer des scènes fort piquantes[90]; d'autres fois la conversation se prolongeait avec charme dans la nuit. Le dernier jour, avant notre départ, il prit soin (tant sa bonté est attentive!) de nous envoyer à chacun des présens. Autant j'étais charmé de la dignité qui règne dans ces jugemens, de l'honneur d'y être consulté, de la

Villa pulcherrima cingitur viridissimis agris : imminet litori, cujus in sinu fit quum maxime portus. Hujus sinistrum brachium firmissimo opere munitum est; dextrum elaboratur. In ore portus insula assurgit, quæ illatum vento mare objacens frangat, tutumque ab utroque latere decursum navibus præstet. Assurgit autem arte visenda. Ingentia saxa latissima navis provehit : hæc alia super alia dejecta ipso pondere manent, ac sensim, quodam velut aggere construuntur. Eminet jam et apparet saxeum dorsum; impactosque fluctus in immensum elidit et tollit. Vastus illic fragor, canumque circa mare. Saxis deinde pilæ adjiciuntur; quæ procedenti tempore enatam insulam imitentur. Habebit hic portus etiam nomen auctoris, eritque vel maxime salutaris. Nam per longissimum spatium litus importuosum hoc receptaculo utetur. Vale.

XXXII.

Plinius Quintiliano suo s.

Quamvis et ipse sis continentissimus, et filiam tuam ita institueris, ut decebat filiam tuam, Tutilii neptem, quum tamen sit nuptura honestissimo viro, Nonio Celeri,

douce et familière société du prince, autant j'étais ravi de la beauté même du lieu. Représentez-vous un magnifique palais, environné de vertes campagnes dominant le rivage, où un port se construit en ce moment [91]. Des ouvrages très-solides en fortifient déjà la partie gauche; on travaille à l'autre côté. Devant le port s'élève une île, destinée à rompre les flots que les vents y poussent avec violence, et à protéger des deux côtés le passage des vaisseaux. Elle s'élève, formée avec un art digne d'attirer les regards. D'énormes pierres y sont apportées sur un large vaisseau : jetées sans cesse l'une sur l'autre [92], elles demeurent fixées par leur propre poids, et s'ammoncèlent peu à peu en forme de digue. Déjà apparaît et grandit la tête du rocher, qui brise et lance au loin dans les airs les flots impétueux dont il est assailli. La mer s'agite autour avec fracas, blanchissante d'écume. On lie cette masse de pierres par des constructions [93] faites pour donner un jour à cet ouvrage toutes les apparences d'une île naturelle. Ce port s'appellera du nom de celui qui l'a construit [94], et il sera fort commode; car c'est une retraite sur une côte qui s'étend très-loin, et qui n'en offrait aucune. Adieu.

XXXII.

Pline à Quintilien.

QUOIQUE vous soyez d'une modération extrême, et que vous ayez donné à votre fille les vertus qui convenaient à la fille de Quintilien, et à la petite-fille de Tutilius, cependant aujourd'hui qu'elle épouse Nonius Ce-

cui ratio civilium officiorum necessitatem quamdam nitoris imponit, debet secundum conditiones mariti veste, comitatu (quibus non quidem augetur dignitas, ornatur tamen) instrui. Te porro animo beatissimum, modicum facultatibus scio : itaque partem oneris tui mihi vindico, et tanquam parens alter puellæ nostræ, confero quinquaginta millia nummum; plus collaturus, nisi à verecundia tua sola mediocritate munusculi impetrari posse confiderem, ne recusares. Vale.

XXXIII.

Plinius Romano suo s.

TOLLITE cuncta, inquit, cœptosque auferte labores.

Seu scribis aliquid, seu legis, tolli, auferri jube; et accipe orationem meam, ut illi arma, divinam. Num superbius potui? Revera, ut inter meas, pulchram : nam mihi satis est certare mecum. Est hæc pro Accia Variola, et dignitate personæ, et exempli raritate, et judicii magnitudine insignis. Nam femina splendide nata, nupta prætorio viro, exheredata ab octogenario patre, intra undecim dies, quam ille novercam ei, amore captus, induxerat, quadruplici judicio bona paterna repetebat. Sedebant judices centum et octoginta; tot enim quatuor

ler, homme de distinction, et à qui ses charges dans l'état impose une sorte d'obligation de vivre avec éclat, il faut qu'elle règle sa toilette et son train sur le rang de son mari : ces accessoires extérieurs n'ajoutent pas au mérite, mais ils le font valoir. Or, je sais que si vous êtes riche des biens de l'âme, vous l'êtes peu de ceux de la fortune[95]. Je prends donc sur moi une partie de vos obligations; et, comme un second père, je donne à notre chère fille cinquante mille sesterces. Je ne me bornerais pas là, si je n'étais persuadé que la médiocrité du présent pourra seule déterminer votre délicatesse à le recevoir. Adieu.

XXXIII.

Pline à Romanus[96].

Suspendez, leur dit-il, vos travaux commencés.

Et vous aussi, que vous écriviez, que vous lisiez, abandonnez, éloignez tout, pour prendre mon divin plaidoyer, comme les ouvriers de Vulcain pour forger les armes d'Énée. Pouvais-je plus fièrement débuter? Aussi s'agit-il du meilleur de mes plaidoyers[97]; car c'est bien assez pour moi que de lutter avec moi-même. Je l'ai composé pour Accia Variola. Le rang de la personne, la singularité de la cause, la solennité du jugement, lui donnent de l'intérêt. Cette femme, d'une naissance illustre, mariée à un homme qui avait été préteur, s'était vue déshéritée par un père octogénaire, onze jours après qu'entraîné par une folle passion il avait donné une belle-mère à sa

consiliis conscribuntur : ingens utrinque advocatio, et numerosa subsellia : præterea densa circumstantium corona latissimam judicium multiplici circulo ambibat. Ad hoc, stipatum tribunal, atque etiam ex superiore basilicæ parte, qua feminæ, qua viri, et audiendi, quod erat difficile, et quod facile, visendi studio imminebant. Magna exspectatio patrum, magna filiarum, magna etiam novercarum.

Secutus est varius eventus. Nam duobus consiliis vicimus, totidem victi sumus. Notabilis prorsus res et mira: eadem in causa, iisdem judicibus, iisdem advocatis, eodem tempore tanta diversitas accidit casu quidem, sed non ut casus videretur. Victa est noverca, ipsa heres ex parte sexta. Victus Suberinus, qui exheredatus a patre, singulari impudentia alieni patris bona vindicabat, non ausus sui petere.

Hæc tibi exposui, primum ut ex epistola scires, quæ ex oratione non poteras : deinde (nam detegam artes) ut orationem libentius legeres, si non legere tibi, sed interesse judicio videreris ; quam, sit licet magna, non despero gratiam brevissime impetraturam. Nam et copia rerum, et arguta divisione, et narratiunculis pluribus,

fille : elle revendiquait sa succession devant les quatre tribunaux des centumvirs réunis. Cent quatre-vingts juges siégeaient dans cette affaire : c'est tout ce qu'en renferment les quatre tribunaux 98. De part et d'autre, les avocats remplissaient en grand nombre les sièges qui leur avaient été destinés; la foule des auditeurs environnait de cercles redoublés la vaste enceinte du tribunal. On se pressait même autour des juges, et les galeries hautes de la basilique étaient remplies les unes de femmes, les autres d'hommes, avides d'entendre, ce qui n'était pas facile, et de voir, ce qui était fort aisé. Grande était l'attente des pères, des filles, et même des belles-mères.

Les avis se partagèrent : deux tribunaux furent pour nous, et les deux autres contre. C'est chose remarquable et surprenante qu'une même cause, plaidée par les mêmes avocats, entendue par les mêmes juges, ait été dans le même temps si diversement jugée : ce fut un effet du hasard, mais on eût dit que le hasard ne s'en était point mêlé 99. Enfin, la belle-mère a perdu son procès; elle était instituée héritière pour un sixième. Suberinus 100 n'a pas eu plus de succès; lui qui, après avoir été déshérité par son propre père, sans avoir jamais osé se plaindre, avait l'impudence de venir demander la succession du père d'un autre.

Je vous ai donné ces détails, d'abord pour vous apprendre par cette lettre ce que vous ne pourrez apprendre par mon plaidoyer; et puis, je vous avouerai mon artifice, pour vous mettre en état de lire mon discours avec plus de plaisir, quand vous croirez moins lire un plaidoyer qu'assiter à un jugement. Quoiqu'il soit long, j'espère qu'il vous plaira autant que s'il était des plus courts; car l'abondance des choses, l'ordre dans

et eloquendi varietate renovatur. Sunt multa (non auderem nisi tibi dicere) elata, multa pugnantia, multa subtilia. Intervenit enim acribus illis et erectis frequens necessitas computandi, ac pæne calculos tabulamque poscendi, ut repente in privati judicii formam centumvirale vertatur. Dedimus vela indignationi, dedimus iræ, dedimus dolori; et in amplissima causa, quasi magno mari pluribus ventis sumus vecti. In summa, solent quidam ex contubernalibus nostris existimare hanc orationem (iterum dicam) præcipuam, ut inter meas, ὡς ὑπὲρ Κτησιφῶντος esse. An vere, tu facillime judicabis, quia tam memoriter tenes omnes, ut conferre cum hac, dum hanc solam legis, possis. Vale.

XXXIV.

Plinius Maximo suo s.

RECTE fecisti, quod gladiatorium munus Veronensibus nostris promisisti, a quibus olim amaris, suspiceris, ornaris. Inde etiam uxorem carissimam tibi et probatissimam habuisti; cujus memoriæ aut opus aliquod, aut spectaculum, atque hoc potissimum, quod maxime fu-

lequel elles sont placées, les courtes narrations dont il est semé, et la variété de l'expression, semblent le renouveler sans cesse. Vous y trouverez tour-à-tour (je n'aurais pas le front de le dire à d'autres) de l'élévation, de la vigueur, de la simplicité : car j'ai souvent été obligé de mêler à ces choses fortes et élevées des calculs très-minutieux; il n'eût presque fallu, pour traiter ces parties de la cause, que demander des jetons et un registre : le tribunal des centumvirs semblait changé tout à coup en tribunal domestique [101]. J'ai donné l'essor à mon indignation, à ma colère, à ma douleur, et, dans une si grande cause, j'ai manœuvré, comme en pleine mer, sous plusieurs vents différens. En un mot, la plupart de mes amis regardent ce plaidoyer (je le dirai encore une fois) comme le meilleur que j'aie jamais fait. C'est mon chef-d'œuvre; c'est ma harangue pour Ctésiphon [102]. Vous en jugerez mieux que personne, vous qui connaissez si bien mes plaidoyers : il vous suffira de lire celui-ci, pour le comparer à tous les autres. Adieu.

XXXIV.

Pline à Maxime.

Vous avez fort bien fait de promettre un combat de gladiateurs à nos chers habitans de Vérone [103], qui depuis long-temps vous aiment, vous respectent, vous honorent. Votre épouse, d'ailleurs, était de Vérone : ne deviez-vous pas à la mémoire d'une femme que vous aimiez et que vous estimiez tant, quelque monument pu-

neri, debebatur. Præterea, tanto consensu rogabaris, ut negare non constans, sed durum videretur. Illud quoque egregium, quod tam facilis, tam liberalis in edendo fuisti. Nam per hæc etiam magnus animus ostenditur. Vellem Africanæ, quas coemeras plurimas, ad præfinitum diem occurrissent : sed licet cessaverint illæ, tempestate detentæ, tu tamen meruisti, ut acceptum tibi fieret, quod quominus exhiberes, non per te stetit. Vale.

blic, quelque spectacle, et celui-ci surtout qui convient si bien à des funérailles? D'ailleurs, on vous le demandait si unanimement, qu'il y aurait eu plus de dureté que de fermeté à repousser le vœu général. Ce qui ajoute encore à votre générosité, c'est que vous y ayez satisfait de si bonne grâce et avec tant d'éclat : car la noblesse de l'âme se montre jusque dans ce genre de munificence. J'aurais voulu que les panthères d'Afrique [104], que vous aviez achetées en si grand nombre, fussent arrivées à temps. Mais quoiqu'elles aient manqué à la fête, retenues par les orages, vous méritez pourtant qu'on vous en ait toute l'obligation, puisqu'il n'a pas tenu à vous de les y faire paraître. Adieu.

C. PLINII CÆCILII SECUNDI
EPISTOLÆ.
LIBER SEPTIMUS.

I.

Plinius Restituto suo s.

Terret me hæc tua pertinax valetudo, et quanquam te temperantissimum noverim, vereor tamen, ne quid illi etiam in mores tuos liceat. Proinde moneo, patienter resistas : hoc laudabile, hoc salutare. Admittit humana natura, quod suadeo. Ipse certe sic agere sanus cum meis soleo : « Spero quidem, si forte in adversam valetudinem incidero, nihil me desideraturum vel pudore vel pœnitentia dignum : si tamen superaverit morbus, denuntio, ne quid mihi detis, nisi permittentibus medicis; sciatisque, si dederitis, ita vindicaturum, ut solent alii, quæ negantur. » Quin etiam quum perustus ardentissima febri, tandem remissus unctusque acciperem a medico potionem, porrexi manum, utque tangeret, dixi,

LETTRES

DE PLINE LE JEUNE.

LIVRE SEPTIÈME.

I.

Pline à Restitutus[1].

L'opiniatreté de votre maladie m'épouvante; et quoique je vous connaisse très-sobre, je crains qu'elle ne vous permette pas d'être toujours assez maître de vous. Je vous exhorte donc à résister avec courage : la tempérance est à la fois le plus noble et le plus salutaire des remèdes. Ce que je vous conseille n'est point au dessus des forces humaines[2]. Voici ce que j'ai toujours dit, en bonne santé, aux gens de ma maison : « Je me flatte que s'il m'arrive d'être malade, je ne voudrai rien que je puisse rougir ou regretter d'avoir voulu; mais si la force du mal venait à l'emporter sur ma résolution, je vous l'ordonne expressément, ne me donnez rien sans la permission des médecins; et sachez-le bien, si vous cédiez à mes prières, j'en aurais autant de ressentiment contre vous, que d'autres en ont contre ceux qui leur résistent. » Je me souviens même qu'un jour, après une fièvre brûlante, dans un moment où mon corps affaibli était humide de sueur[3],

admotumque jam labris poculum reddidi. Postea quum vicesimo valetudinis die balineo præpararer, mussantesque medicos repente vidissem, causam requisivi. Responderunt posse me tuto lavari, non tamen omnino sine aliqua suspicione. Quid', inquam, necesse est? Atque ita spe balinei, cui jam videbar inferri, placide leniterque dimissa, ad abstinentiam rursus, non secus ac modo ad balineum, animum vultumque composui. Quæ tibi scripsi, primum ut te non sine exemplo monerem; deinde ut in posterum ipse ad eamdem temperantiam astringerer, quum me hac epistola, quasi pignore, obligavissem. Vale.

II.

Plinius Justo suo s.

QUEMADMODUM congruit, ut simul et affirmes te assiduis occupationibus impediri, et scripta nostra desideres, quæ vix ab otiosis impetrare aliquid perituri temporis possunt? Patiar ergo æstatem inquietam vobis exercitamque transcurrere, et hieme demum, quum credibile erit noctibus saltem vacare te posse, quæram quid potissimum ex nugis meis tibi exhibeam. Interim abunde est,

le médecin m'offrit à boire : je lui tendis la main, en l'invitant à la toucher; et aussitôt je rendis la coupe qu'il avait déjà approchée de mes lèvres. Quelque temps après, le vingtième jour de ma maladie, je me disposais à entrer dans le bain, lorsque je vis tout à coup les médecins parler bas entre eux. Je demandai ce qu'ils disaient : ils me répondirent qu'ils croyaient le bain sans danger, mais qu'ils ne pouvaient cependant se défendre de quelque inquiétude. *Quelle nécessité de se presser,* leur dis-je? et aussitôt je renonçai tranquillement à l'espoir du bain, où il me semblait déjà me voir porter : je repris mon régime d'abstinence, du même cœur et du même visage que je me préparais tout à l'heure à le quitter. Je vous mande tout ceci pour soutenir mes conseils par mes exemples, et pour m'obliger moi-même par cette lettre à la retenue que je prescris. Adieu.

II.

Pline à Justus [4].

Comment se peut-il que vous soyez, comme vous le mandez, accablé d'affaires, et qu'en même temps vous me pressiez de vous envoyer mes ouvrages, qui obtiennent à peine de ceux qui ne sont point occupés quelques momens d'un temps inutile? Je laisserai donc passer l'été, pendant lequel les affaires vous assiègent et vous tourmentent, et lorsque le retour de l'hiver me permettra de croire que vous pouvez du moins disposer de vos nuits, je chercherai parmi mes bagatelles ce que je puis vous

si epistolæ non sunt molestæ. Sunt autem, et ideo breviores erunt. Vale.

III.

Plinius Præsenti suo s.

Tantane perseverantia tu modo in Lucania, modo in Campania? Ipse enim, inquis, Lucanus, uxor Campana. Justa causa longioris absentiæ, non perpetuæ tamen. Quin ergo aliquando in urbem redis? ubi dignitas, honor, amicitiæ tam superiores, quam minores. Quousque regnabis? quousque vigilabis, quum voles? dormies quamdiu voles? quousque calcei nusquam? toga feriata? liber totus dies? Tempus est, te revisere molestias nostras, vel ob hoc solum, ne voluptates istæ satietate languescant. Saluta paulisper, quo sit tibi jucundius salutari: terere in hac turba, ut te solitudo delectet.

Sed quid imprudens, quem revocare conor, retardo? Fortasse enim his ipsis admoneris, ut te magis ac magis otio involvas; quod ego non abrumpi, sed intermitti volo. Ut enim si cœnam tibi facerem, dulcibus cibis acres acutosque miscerem, ut obtusus illis et oblitus stoma-

offrir. Jusque là ce sera assez pour moi, que mes lettres ne vous soient pas importunes; et comme elles ne peuvent manquer de l'être, je les ferai courtes. Adieu.

III.

Pline à Présens [5].

Serez-vous donc éternellement tantôt en Lucanie, tantôt en Campanie? Vous êtes, dites-vous, Lucanien, et votre femme est Campanienne. C'est un juste motif de prolonger votre absence, mais non pas de la perpétuer. Que ne revenez-vous donc à Rome, où vous rappellent et la considération dont vous jouissez, et votre gloire et vos amis de tout rang? Jusqu'à quand trancherez-vous du souverain? prétendez-vous toujours veiller et dormir à votre gré? passer les journées sans prendre un instant la chaussure de la ville et la toge [6]? jouir de votre liberté à toute heure [7]? Il est temps de revenir un peu goûter de nos ennuis, quand ce ne serait que pour ne pas nuire à vos plaisirs par l'habitude. Venez faire des saluts à nos citadins, pour recevoir plus agréablement ceux qu'on vous fera. Venez vous faire presser dans la foule, afin de mieux jouir ensuite des douceurs de la solitude.

Mais quelle est mon imprudence? je vous arrête, en voulant vous rappeler [8]. Peut-être tout ce que je vous dis ne fera que vous engager davantage à vous envelopper dans votre repos. Je veux, au reste, non pas que vous y renonciez, mais que vous l'interrompiez quelquefois. Dans un repas, je joindrais à des mets doux d'autres mets piquans, pour réveiller par ceux-ci l'appétit assoupi par

chus his excitaretur, ita nunc hortor, ut jucundissimum genus vitæ nonnullis interdum quasi acoribus condias. Vale.

IV.

Plinius Pontio suo s.

Ais legisse te hendecasyllabos meos : requiris etiam quemadmodum cœperim scribere, homo, ut tibi videor, severus, ut ipse fateor, non ineptus. Nunquam a poetice (altius enim repetam) alienus fui : quin etiam quatuordecim natus annos Græcam tragœdiam scripsi. Qualem? inquis. Nescio : tragœdia vocabatur. Mox quum e militia rediens, in·Icaria insula ventis detinerer, latinos elegos in illud ipsum mare ipsamque insulam feci. Expertus sum me aliquando et heroo; hendecasyllabis nunc primum, quorum hic natalis, hæc causa est. Legebantur in Laurentino mihi libri Asinii Galli de comparatione patris et Ciceronis : incidit epigramma Ciceronis in Tironem suum : dein quum meridie (erat enim æstas) dormiturus me recepissem, nec obreperet somnus, cœpi reputare maximos oratores hoc studii genus, et in oblectationibus habuisse, et in laude posuisse. Intendi animum, contraque opinionem meam, post longam desuetudinem, perquam exiguo

les premiers : j'agis de même, en vous conseillant de mêler aux délices d'une vie tranquille quelques occupations pénibles, qui puissent, pour ainsi dire, en relever le goût. Adieu.

IV.

Pline à Pontius 9.

Vous avez lu, dites-vous, mes hendécasyllabes : vous voulez même savoir comment un homme si austère, selon vous, et qui, je dois l'avouer, ne me paraît point à moi-même trop frivole, s'est avisé d'écrire en ce genre. Je vous répondrai, en reprenant les choses de plus haut, que je ne me suis jamais senti d'éloignement pour la poésie; je fis même une tragédie grecque à quatorze ans. Quelle était-elle, dites-vous?...... Je n'en sais rien : on l'appelait une tragédie. Peu après, comme je revenais de l'armée, retenu par les vents contraires dans l'île d'Icarie [10], je m'amusai à faire des vers élégiaques, et contre la mer et contre l'île. J'ai aussi essayé quelquefois de composer en vers héroïques. Pour les hendécasyllabes, ce sont ici les premiers qui m'échappent : en voici l'occasion. On me lisait, à ma maison du Laurentin, l'ouvrage d'Asinius Gallus [11], où il établit un parallèle entre son père et Cicéron : il se présenta, dans la lecture, une épigramme de ce dernier sur son cher Tiron. M'étant retiré ensuite, vers le milieu du jour, pour dormir (nous étions alors en été), et ne pouvant fermer l'œil, je vins à penser que les plus grands orateurs avaient aimé la poésie, et s'étaient honorés de la cultiver. Je

temporis momento, id ipsum quod me ad scribendum sollicitaverat, his versibus exaravi:

> Quum libros Galli legerem, quibus ille parenti
> Ausus de Cicerone dare est palmamque decusque,
> Lascivum inveni lusum Ciceronis, et illo
> Spectandum ingenio, quo seria condidit, et quo
> Humanis salibus, multo varioque lepore
> Magnorum ostendit mentes gaudere virorum.
> Nam queritur quod fraude mala frustratus amantem
> Paucula coenato sibi debita suavia Tiro
> Tempore nocturno subtraxerit. His ego lectis,
> Cur post hæc, inquam, nostros celamus amores?
> Nullumque in medium timidi damus? atque fatemur
> Tironisque dolos, Tironis nosse fugaces
> Blanditias, et furta novas addentia flammas?

Transii ad elegos; hos quoque non minus celeriter explicui : addidi alios facilitate corruptus : deinde in urbem reversus, sodalibus legi. Probaverunt. Dein plura metra, si quid otii, maxime in itinere, tentavi. Postremo placuit exemplo multorum unum separatim hendecasyllaborum volumen absolvere, nec poenitet. Legitur, describitur, cantatur etiam; et a Græcis quoque, quos latine hujus libelli amor docuit, nunc cithara, nunc lyra personatur.

Sed quid ego tam gloriose? quanquam poetis furere concessum est; et tamen non de meo, sed de aliorum judicio loquor, qui sive judicant, sive errant, me delec-

tendis les ressorts de mon esprit, et, contre mon attente, je parvins en quelques instans, malgré une si longue interruption de ce genre d'exercice, à tracer en vers les motifs mêmes qui m'avaient engagé à composer des vers :

> Un jour lisant l'ouvrage où Gallus, sans façon,
> Ose bien préférer son-père à Cicéron [12],
>   Je vis que ce grand personnage,
> Ce Cicéron si grave, aimait le badinage,
> Et riait quelquefois avec son cher Tiron.
> Il se plaint, en amant, qu'une perfide adresse
>   Le frustre d'un baiser promis.
> Qui doute, dis-je alors, que d'un peu de tendresse,
> Après un tel exemple, il ne nous soit permis
>   D'égayer la triste sagesse?
> Imitons Cicéron; montrons à notre tour
> Que nous savons les vols et les ruses d'amour [13].

De là je passai à des vers élégiaques, qui ne me coûtèrent pas davantage. J'en ajoutai d'autres, séduit par la facilité que je trouvais à composer. De retour à Rome, je les lus à mes amis, qui les louèrent. Depuis, dans mes heures de loisir, particulièrement en chemin, j'ai fait des vers de toute sorte de mesures. Enfin, je me suis décidé, à l'exemple de beaucoup d'autres, à donner un volume séparé d'hendécasyllabes, et je n'ai pas lieu de m'en repentir. On les lit, on les transcrit, on les chante : les Grecs même, à qui ces vers ont donné du goût pour notre langue, les accompagnent tour-à-tour de leurs cithares et de leurs lyres.

Mais pourquoi parler de moi avec tant de vanité?.... Que voulez-vous, un peu de folie se pardonne aux poètes : d'ailleurs, ce n'est point la bonne opinion que j'ai de

tant. Unum precor, ut posteri quoque aut errent similiter, aut judicent. Vale.

V.

Plinius Calpurniæ suæ s.

INCREDIBILE est quanto desiderio tui tenear. In causa amor primum; deinde, quod non consuevimus abesse. Inde est quod magnam partem noctium in imagine tua vigil exigo : inde quod interdiu, quibus horis te visere solebam, ad diætam tuam ipsi me, ut verissime dicitur, pedes ducunt; quod denique æger et mœstus, ac similis excluso, a vacuo limine recedo. Unum tempus his tormentis caret, quo in foro et amicorum litibus conteror. Æstima tu quæ vita mea sit, cui requies in labore, in miseria curisque solatium. Vale.

VI.

Plinius Macrino suo s.

RARA et notabilis res contigit Vareno, sit licet adhuc dubia. Bithyni accusationem ejus, ut temere inchoatam,

mes vers, mais celle qu'en ont les autres, que je rappelle ici; et que leurs éloges soient mérités ou non, ils me font plaisir. Je ne forme qu'un souhait; c'est que la postérité, à tort ou à raison, en juge comme eux. Adieu.

V.

Pline à Calpurnie [14].

On ne saurait croire à quel point je souffre de votre absence : d'abord parce que je vous aime; ensuite, parce que nous n'avons pas l'habitude d'être séparés. De là vient que je passe une grande partie des nuits à penser à vous; que pendant le jour et aux heures où j'avais coutume de vous voir, mes pieds, comme on dit, me portent d'eux-mêmes à votre appartement; et que, ne vous y trouvant pas, j'en reviens aussi triste et aussi honteux que si l'on m'avait refusé la porte. Le seul temps où je suis affranchi de ces tourmens, c'est lorsque, au barreau, les affaires de mes amis viennent m'assaillir et m'accabler [15]. Jugez quelle est la vie d'un homme, qui ne trouve de repos que dans le travail, de soulagement que dans les soins et les fatigues. Adieu.

VI.

Pline à Macrinus.

Il vient de se présenter dans l'affaire de Varenus [16] un incident fort rare et fort remarquable, quoique le dé-

omisisse narrantur; narrantur dico? adest provinciæ legatus : attulit decretum concilii ad Cæsarem, attulit ad multos principes viros, attulit etiam ad nos, Vareni advocatos. Perstat tamen idem ille Magnus : quin etiam Nigrinum, optimum virum, pertinacissime exercet. Per hunc a consulibus postulabat, ut Varenus exhibere rationes cogeretur. Assistebam Vareno jam tantum ut amicus, et tacere decreveram. Nihil enim tam contrarium, quam si advocatus a senatu datus, defenderem ut reum, cui opus esset ne reus videretur. Quum tamen, finita postulatione Nigrini, consules ad me oculos retulissent : *Scietis*, inquam, *constare nobis silentii nostri rationem, quum veros legatos provinciæ audieritis.* Contra Nigrinus : *Ad quem missi sunt?* Ego : *Ad me quoque : habeo decretum provinciæ.* Rursus ille : *Potest tibi liquere.* Ad hoc ego : *Si tibi ex diverso liquet, potest et mihi, quod est melius in causa, liquere.* Tum legatus Polyænus causas abolitæ accusationis exposuit, postulavitque ne cognitioni Cæsaris præjudicium fieret. Respondit Magnus; iterumque Polyænus : ipse raro et breviter interlocutus, multum me intra silentium tenui.

Accepi enim, non minus interdum oratorium esse ta-

nouement en soit encore douteux. On dit que les Bithyniens ont renoncé à leur accusation, et qu'ils la déclarent mal fondée. Et pourquoi employer ce mot *on dit?* Un député est arrivé de Bithynie, apportant un décret du conseil de cette province : il l'a remis à César ; il l'a remis à nombre de personnages distingués ; il nous l'a remis à nous-mêmes, avocats de Varenus. Cependant Magnus, l'accusateur dont je vous ai parlé, persiste toujours, et il ne cesse même, dans son opiniâtreté, de pousser en avant Nigrinus, qui, par lui-même, est un homme de bien. Il lui a fait demander aux consuls, que Varenus fût forcé de produire ses registres. J'accompagnais Varenus seulement comme ami, et j'avais résolu de me taire. Nommé avocat par le sénat, rien ne me semblait plus contradictoire que de défendre, comme accusé, celui qui ne devait plus paraître tel. Les consuls ayant cependant tourné les yeux sur moi, quand Nigrinus eut fini de parler : *Vous connaîtrez,* leur dis-je, *que nous ne nous taisons pas sans raison, quand vous aurez entendu les véritables députés de Bithynie.* — *A qui ont-ils été envoyés,* demanda Nigrinus ? — *A moi-même, entre autres personnes,* répondis-je : *j'ai en main le décret de la province.* — *Alors vous n'en êtes que mieux éclairé sur l'affaire,* reprit Nigrinus. — *Si vous l'êtes, vous, dans des intérêts opposés,* répliquai-je, *je puis l'être aussi sur ce qu'il est à propos de faire dans l'intérêt de mon ami* [17]. Alors le député Polyénus expliqua la raison du désistement des Bithyniens, et il pria de ne rien préjuger dans une cause soumise à l'empereur. Magnus répondit ; Polyénus répliqua : j'entremêlai quelques mots à leurs discours, et du reste je gardai un profond silence.

Je l'ai appris, en effet ; il y a souvent autant d'élo-

cere, quam dicere : atque adeo repeto, quibusdam me capitis reis, vel magis silentio, quam oratione accuratissima profuisse. Mater amisso filio (quid enim prohibet, quanquam alia ratio scribendæ epistolæ fuerit, de studiis disputare?) libertos ejus, eosdemque coheredes suos, falsi, et veneficii reos detulerat ad principem, judicemque impetraverat Julium Servianum. Defenderam reos ingenti quidem cœtu. Erat enim causa notissima, præterea utrinque ingenia clarissima. Finem cognitioni quæstio imposuit, quæ secundum reos dedit. Postea mater adiit principem : affirmavit se novas probationes invenisse. Præceptum est Serviano, ut vacaret finitam causam retractanti, si quid novi afferret. Aderat matri Julius Africanus, nepos Julii oratoris (quo audito, Passienus Crispus dixit, *Bene, mehercule, bene : sed quo tam bene?*). Hujus nepos, juvenis ingeniosus, sed parum callidus, quum multa dixisset, assignatumque tempus implesset : *Rogo*, inquit, *Serviane, permittas mihi unum versum adjicere*. Tum ego, quum omnes me, ut diu responsurum, intuerentur, *Respondissem*, inquam, *si unum illum versum Africanus adjecisset, in quo non dubito omnia nova fuisse*. Non facile me repeto tantum consecutum assensum agendo, quantum tunc non agendo.

quence à se taire qu'à parler, et je me souviens que dans
certaines affaires capitales, j'ai mieux servi les accusés par
mon silence, que je n'aurais pu le faire par le discours le
mieux travaillé. Qu'il me soit permis de m'arrêter sur cette
vérité qui intéresse notre art, quoique j'aie pris la plume
dans un autre but. Une mère, à la mort de son fils, avait
accusé de faux et d'empoisonnement, devant le prince, les
affranchis de ce même fils qui les avait institués cohéritiers avec elle : Julius Servianus lui est donné pour juge.
Je défendis les accusés devant une assemblée nombreuse,
car la cause avait fait du bruit et devait être plaidée par
des orateurs en renom. Pour terminer l'affaire, on ordonna la question, qui fut en faveur des accusés. Bientôt
la mère se présente à l'empereur, et lui assure qu'elle a
découvert de nouvelles preuves. Servianus reçoit l'ordre
de revoir le procès déjà fini, et de s'assurer si en effet
on produisait quelque nouvel indice. Julius Africanus
plaidait pour la mère : c'était le petit-fils de ce Julius
l'orateur, qui fit dire à Passienus Crispus, devant lequel
il venait de parler : *Bien, fort bien, en vérité : mais
pourquoi si bien*[18]*?* Son petit-fils[19] avait de l'esprit,
mais peu d'adresse. Après avoir long-temps plaidé et
rempli la mesure de temps qui lui avait été assignée, il
avait dit : *Je vous supplie, Servianus, de me permettre
d'ajouter quelques mots*[20]. Tous les yeux se tournèrent
bientôt sur moi, dans la croyance que je ferais une longue réplique[21] : *J'aurais répondu*, dis-je alors, *si Africanus eût ajouté ces quelques mots, qui sans doute
eussent renfermé tout ce qu'il avait promis de nouveau*.
Je ne me souviens point d'avoir jamais reçu tant d'applaudissemens en plaidant, que j'en reçus alors en ne
plaidant pas.

Similiter nunc et probatum et exceptum est, quod pro Vareno hactenus non tacui. Consules, ut Polyænus postulabat, omnia integra principi servaverunt; cujus cognitionem suspensus exspecto. Nam dies ille nobis pro Vareno aut securitatem et otium dabit, aut intermissum laborem renovata sollicitudine injunget. Vale.

VII.

Plinius Saturnino suo s.

Et proxime Prisco nostro, et rursus, quia ita jussisti, gratias egi, libentissime quidem. Est enim mihi perjucundum, quod viri optimi mihique amicissimi adeo cohæsistis, ut invicem vos obligari putetis. Nam ille quoque præcipuam se voluptatem ex amicitia tua capere profitetur, certatque tecum honestissimo certamine mutuæ caritatis, quam ipsum tempus augebit. Te negotiis distineri ob hoc moleste fero, quod deservire studiis non potes: si tamen alteram litem per judicem, alteram, ut ais, ipse finieris, incipies primum illic otio frui, deinde satiatus ad nos reverti. Vale.

Aujourd'hui mon silence, dans l'affaire de Varenus, a eu même succès [22]. Les consuls, comme le demandait Polyénus, ont réservé au prince l'entière connaissance de la cause, et j'attends sa décision avec une extrême inquiétude. Car ce jour, ou me rendra, pour Varenus, la sécurité et le repos, ou me rejettera dans mes premiers travaux et dans mes premières alarmes. Adieu.

VII.

Pline à Saturninus.

Selon votre vœu, j'ai renouvelé deux fois à Priscus, ces jours derniers, les assurances de votre gratitude : c'est un devoir dont je me suis acquitté de bien bon cœur. Je suis ravi que deux hommes de votre mérite, et que j'aime tant, soient si étroitement unis et se croient mutuellement engagés l'un envers l'autre [23] : car, de son côté, Priscus publie que rien ne lui est plus doux au monde que votre amitié. Il y a entre vous un noble combat de tendresse réciproque, et le temps ne fera que resserrer les nœuds de votre union. Je regrette bien vivement que vous soyez retenu par vos affaires, et que vous ne puissiez vous donner à vos amis [24]. Cependant, si l'on juge un de vos procès, et que vous-même vous coupiez court à l'autre, comme vous le dites, vous pourriez jouir d'abord, dans le lieu où vous êtes, des douceurs du repos, et après vous en être rassasié, revenir ici. Adieu.

VIII.

Plinius Prisco suo s.

Exprimere non possum, quam jucundum sit mihi, quod Saturninus noster summas tibi apud me gratias aliis super alias epistolis agit. Perge ut cœpisti, virumque optimum quam familiarissime dilige, magnam voluptatem ex amicitia ejus percepturus, nec ad breve tempus. Nam quum omnibus virtutibus abundat, tum hac præcipue, quod habet maximam in amore constantiam. Vale.

IX.

Plinius Fusco suo s.

Quæris quemadmodum in secessu, quo jamdiu frueris, putem te studere oportere. Utile in primis, et multi præcipiunt, vel ex græco in latinum, vel ex latino vertere in græcum : quo genere exercitationis proprietas splendorque verborum, copia figurarum, vis explicandi, præterea imitatione optimorum similia inveniendi facultas paratur : simul quæ legentem fefellissent, transferentem fugere non possunt : intelligentia ex hoc et judicium acquiritur.

VIII.

Pline à Priscus.

Notre cher Saturninus m'écrit lettre sur lettre pour me charger auprès de vous des témoignages de sa vive reconnaissance : je ne puis exprimer le plaisir qu'il me fait. Continuez comme vous avez commencé : aimez-le tendrement ; c'est un excellent homme, dont l'amitié sera pour vous pleine de charmes, et vous promet une longue jouissance : car s'il possède toutes les vertus, il est surtout d'une rare constance dans ses affections. Adieu.

IX.

Pline à Fuscus [25].

Vous me demandez un plan d'étude à suivre dans la retraite dont vous jouissez depuis long-temps. Un des exercices les plus utiles et que beaucoup de personnes recommandent, c'est de traduire du grec en latin, ou du latin en grec. Par-là vous acquérez la justesse et la beauté de l'expression, la richesse des figures, la facilité de vous expliquer ; et, dans cette imitation des auteurs les plus excellens, vous puisez insensiblement le talent d'écrire comme eux. Ajoutez qu'en traduisant, on saisit bien des choses qui eussent échappé en lisant : la traduction ouvre l'esprit et forme le goût.

Nihil obfuerit, quæ legeris hactenus, ut rem argumentumque teneas, quasi æmulum scribere, lectisque conferre, ac sedulo pensitare, quid tu, quid ille commodius. Magna gratulatio, si nonnulla tu; magnus pudor, si cuncta ille melius. Licebit interdum et notissima eligere, et certare cum electis. Audax hæc, non tamen improba, quia secreta, contentio: quanquam multos videmus ejusmodi certamina sibi cum multa laude sumpsisse, quosque subsequi satis habebant, dum non desperant, antecessisse.

Poteris et quæ dixeris, post oblivionem retractare, multa retinere, plura transire, alia interscribere, alia rescribere. Laboriosum istud et tædio plenum, sed difficultate ipsa fructuosum, recalescere ex integro, et resumere impetum fractum omissumque, postremo, nova velut membra peracto corpori intexere, nec tamen priora turbare.

Scio nunc tibi esse præcipuum studium orandi; sed non ideo semper pugnacem hunc et quasi bellatorium stilum suaserim. Ut enim terræ variis mutatisque seminibus, ita ingenia nostra nunc hac, nunc illa meditatione recoluntur. Volo interdum aliquem ex historia locum apprehendas: volo epistolam diligentius scribas.

Vous pouvez encore choisir dans vos lectures un morceau dont vous ne prendrez que le sujet, pour le traiter vous-même avec l'intention d'établir une lutte entre l'auteur et vous : vous comparerez ensuite son ouvrage et le vôtre, et vous examinerez soigneusement dans quel endroit vous l'avez surpassé, dans quel autre il vous est supérieur. Quelle joie d'apercevoir qu'on a eu quelquefois l'avantage! quelle honte salutaire, si l'on est toujours demeuré au dessous! Il ne sera pas inutile non plus de faire un choix des plus beaux passages, et de chercher à les égaler. Comme cette lutte est secrète, elle suppose plus de courage que de témérité. Il est même nombre de personnes pour lesquelles ces sortes de combats n'ont pas été sans gloire : elles n'aspiraient qu'à suivre leurs modèles, et, pleines d'une noble confiance, elles les ont devancés.

Vous pourrez encore, quand vous aurez perdu le souvenir de votre ouvrage, le remanier, en conserver une partie, retrancher l'autre, intercaler, changer à votre gré. Rien, je l'avoue, n'est plus pénible, plus ennuyeux, mais aussi plus utile par sa difficulté même, que de s'échauffer sur nouveaux frais, de rendre à son esprit une ardeur épuisée et qu'on a laissée s'éteindre [26], enfin d'ajouter, sans troubler l'ordre déjà établi, de nouveaux membres à un corps qui semblait achevé.

Je sais que votre étude principale est l'éloquence du barreau : mais cependant je ne vous conseillerais pas de vous en tenir toujours à ce style de controverse et de combat. Comme les champs se plaisent à changer de semences, nos facultés intellectuelles demandent aussi à être exercées par différentes études. Je voudrais, tantôt que votre esprit s'attachât à quelque sujet historique,

Nam saepe in orationes quoque non historicae modo, sed prope poeticae descriptionis necessitas incidit; et pressus sermo purusque ex epistolis petitur. Fas est et carmine remitti, non dico continuo et longo (id enim perfici nisi in otio non potest), sed hoc arguto et brevi, quod apte quantaslibet occupationes curasque distinguit. Lusus vocantur; sed hi lusus non minorem interdum gloriam, quam seria consequuntur: atque adeo (cur enim te ad versus non versibus adhor or?),

> Ut laus est cerae, mollis cedensque sequatur
>   Si doctos digitos, jussaque fiat opus;
> Et nunc informet Martem, castamve Minervam,
>   Nunc Venerem effingat, nunc Veneris puerum;
> Utque sacri fontes non sola incendia sistunt,
>   Saepe etiam flores vernaque prata juvant;
> Sic hominum ingenium flecti ducique per artes
>   Non rigidas docta mobilitate decet.

Itaque summi oratores, summi etiam viri sic se aut exercebant aut delectabant, imo delectabant exercebantque. Nam mirum est ut his opusculis animus intendatur remittaturque. Recipiunt enim amores, odia,

tantôt que vous écrivissiez une lettre avec soin[27] : car, dans les plaidoyers même, il est souvent nécessaire de tracer des tableaux historiques, et, pour dire plus, des descriptions demi-poétiques[28]. Quant aux lettres, elles nous donnent un style concis et châtié. On peut encore se délasser en composant des vers : je ne parle pas de ces ouvrages de longue haleine, qu'il n'est permis d'entreprendre qu'à ceux qui jouissent d'un plein loisir; mais de ces petites pièces légères, dont la composition peut trouver sa place dans l'intervalle des occupations les plus graves. C'est ce qu'on nomme des jeux : mais ces jeux quelquefois ne font pas moins d'honneur que des écrits plus sérieux. Je vous dirai donc, pour vous conseiller en vers de cultiver la poésie :

>   Ainsi qu'on voit la cire obéissante,
>   Entre les mains de l'habile ouvrier,
>   Et s'arrondir et se plier,
> A ses moindres désirs facile et complaisante,
>   Devenir Mars et Pallas tour-à-tour,
>   Ou Vénus, ou son fils l'Amour;
> Comme l'eau de la flamme apaise la furie,
>   Ou va par différens canaux,
>   Coulant à travers les roseaux,
>   Rafraichir la verte prairie;
>   Il faut de même que l'esprit
>   Se prête à différent caprice,
>   Et que docile, il obéisse
>   Aux règles que l'art lui prescrit.

C'est ainsi que les grands orateurs, et même que les plus grands hommes s'exerçaient ou se délassaient; ou plutôt, c'est ainsi qu'ils se délassaient et s'exerçaient tout ensemble. On ne saurait croire combien ces petits ouvrages raniment et reposent l'esprit. L'amour, la haine, la colère,

iras, misericordiam, urbanitatem, omnia denique, quæ in vita, atque etiam in foro causisque versantur. Inest his quoque eadem quæ aliis carminibus utilitas, quod metri necessitate devincti, soluta oratione lætamur, et quod facilius esse comparatio ostendit, libentius scribimus.

Habes plura etiam fortasse, quam requirebas; unum tamen omisi. Non enim dixi quæ legenda arbitrarer; quanquam dixi, quum dicerem, quæ scribenda. Tu memineris sui cujusque generis auctores diligenter eligere. Aiunt enim, *multum legendum esse, non multa.* Qui sint hi, adeo notum pervulgatumque est, ut demonstratione non egeant; et alioquin tam immodice epistolam extendi, ut, dum tibi, quemadmodum studere debeas, suadeo, studendi tempus abstulerim. Quin ergo pugillares resumis, et aliquid ex his, vel istud ipsum, quod cœperas, scribis. Vale.

X.

Plinius Macrino suo s.

Quia ipse, quum prima cognovi, jungere extrema, quasi avulsa, cupio, te quoque existimo velle de Vareno et Bithynis reliqua cognoscere. Acta causa hinc a Po-

la pitié, la politesse, enfin tous les sentimens que l'on éprouve le plus souvent dans le monde, au barreau, dans les affaires, peuvent en fournir le sujet. Ce travail, ainsi que toute autre composition poétique, procure cet avantage, qu'après avoir été gêné par la mesure, on aime à retrouver la liberté de la prose, et qu'on écrit avec plus de plaisir dans un genre dont la comparaison a fait ressortir la facilité.

En voilà peut-être sur ce sujet plus que vous n'en demandiez. J'ai pourtant oublié un point essentiel : je n'ai point dit ce qu'il fallait lire, quoique ce soit l'avoir assez dit, que d'avoir marqué ce qu'il fallait écrire. Souvenez-vous seulement de bien choisir les meilleurs livres dans chaque genre; car on a fort bien dit : *qu'il fallait beaucoup lire, mais non beaucoup de choses.* Je ne vous marque point ces livres; ils sont si universellement connus [29], qu'il n'est pas nécessaire de les indiquer; d'ailleurs, je me suis si fort étendu dans cette lettre, qu'en voulant vous donner des avis sur la manière d'étudier, j'ai dérobé un temps considérable à vos études. Reprenez donc au plus tôt vos tablettes; commencez quelqu'un des ouvrages que je vous ai proposés, ou continuez ce que vous avez commencé. Adieu.

X.

Pline à Macrinus.

Comme j'aime à connaître la fin d'une histoire, quand une fois j'en ai su le commencement, j'ai pensé que vous seriez bien aise de savoir la suite du procès de Varenus

lyæno, inde a Magno. Finitis actionibus, Cæsar: *Neutra*, inquit, *pars de mora queretur. Erit mihi curæ explorare provinciæ voluntatem.* Multum interim Varenus tulit. Etenim quam dubium est an merito accusetur, qui an omnino accusetur, incertum est? Superest, ne rursus provinciæ, quod damnasse dicitur, placeat, agatque pœnitentiam pœnitentiæ suæ. Vale.

XI.

Plinius Fabato suo s.

Miraris, quod Hermes, libertus meus, hereditarios agros, quos ego jusseram proscribi, non exspectata auctione, pro meo quincunce ex septingentis millibus Corelliæ addixerit. Adjicis, posse eos nongentis millibus venire, ac tanto magis quæris, an, quod gessit, ratum servem. Ego vero servo: quibus ex causis, accipe; cupio enim et tibi probatum, et coheredibus meis excusatum esse, quod me ab illis, majore officio jubente, secerno. Corelliam cum summa reverentia diligo; primum, ut sororem Corellii Rufi, cujus mihi memoria sacrosancta est; deinde, ut matri meæ familiarissimam. Sunt mihi

et des Bithyniens [30]. La cause a été plaidée devant l'empereur, d'un côté par Polyénus, et de l'autre par Magnus. Après leurs plaidoyers, l'empereur dit : *Aucune des parties n'aura lieu de se plaindre du retard. J'aurai soin de m'informer des véritables intentions de la province.* Cependant Varenus obtient un grand avantage. Car enfin, combien est-il douteux qu'on l'accuse avec justice, quand il n'est pas même certain qu'on l'accuse ! Ce qui reste à désirer, c'est que la province n'en revienne pas au parti qu'elle semble avoir condamné, et qu'elle ne se repente pas de s'être repentie. Adieu.

XI.

Pline à Fabatus [31].

Vous êtes surpris que mon affranchi Hermès, sans attendre l'enchère que j'avais ordonnée, ait vendu à Corellia mes cinq douzièmes des terres de la succession, à un prix qui établirait la valeur de toutes les terres réunies à sept cent mille sesterces [32]. Vous ajoutez qu'on les pourrait vendre neuf cent mille, et vous désirez, d'après ce calcul, savoir si je ratifierai le marché. Oui, je le ratifie, et voici mes raisons; car je désire que vous m'approuviez, et que mes cohéritiers m'excusent, si, pour satisfaire à un devoir plus puissant, je sépare mes intérêts des leurs. J'ai pour Corellia le plus grand respect et la plus vive amitié : d'abord, elle est sœur de Corellius Rufus, dont la mémoire m'est sacrée; ensuite, elle était amie intime de ma mère. Une ancienne liaison m'attache

et cum marito ejus, Minucio Fusco, optimo viro, vetera jura : fuerunt et cum filio maxima; adeo quidem, ut, praetore me, ludis meis praesederit. Haec, quum proxime istic fui, indicavit mihi cupere se aliquid circa Larium nostrum possidere : ego illi ex praediis meis quod vellet, et quanti vellet, obtuli, exceptis paternis maternisque; his enim cedere ne Corelliae quidem possum. Igitur quum obvenisset mihi hereditas, in qua praedia ista, scripsi ei venalia futura. Has epistolas Hermes tulit, exigentique, ut statim portionem meam sibi addiceret, paruit. Vides quam ratum habere debeam, quod libertus meus meis moribus gessit. Superest, ut coheredes aequo animo ferant, separatim me vendidisse, quod mihi licuit omnino vendere. Nec vero coguntur imitari meum exemplum. Non enim illis eadem cum Corellia jura sunt. Possunt ergo intueri utilitatem suam, pro qua mihi fuit amicitia. Vale.

XII.

Plinius Minucio suo s.

Libellum formatum a me, sicut exegeras, quo amicus tuus, imo noster (quid enim non commune nobis?), si res posceret, uteretur, misi tibi ideo tardius, ne tem-

aussi à Minucius Fuscus [33], son mari, le plus vertueux des hommes. Enfin, son fils a été mon ami particulier, au point que, sous ma préture, il se chargea de donner les jeux en mon nom. Corellia, au dernier voyage que je fis dans le pays, me témoigna le désir de posséder quelques terres aux environs de notre lac de Côme. Je lui en offris des miennes ce qu'elle voudrait et au prix qu'elle le voudrait [34], exceptant toutefois les biens de mon père et de ma mère : car pour ceux-là, je n'y puis renoncer, même en faveur de Corellia. Les terres dont il s'agit m'étant donc échues en succession, je lui écrivis qu'elles allaient être mises en vente. Hermès lui rendit ma lettre : elle voulut qu'il lui adjugeât sur-le-champ ma portion d'héritage; il le fit. Vous voyez si je dois hésiter à ratifier un accord que mon affranchi a conclu d'après les sentimens qu'il me connaît [35]. Il me reste à prier mes cohéritiers de trouver bon que j'aie vendu séparément ce que j'avais réellement le droit de vendre. Rien ne les oblige à suivre mon exemple : ils n'ont point les mêmes engagemens avec Corellia. Ils peuvent donc chercher les avantages, dont l'amitié m'a tenu lieu. Adieu.

XII.

Pline à Minucius.

Je vous envoie, comme vous l'avez voulu, le mémoire que j'ai composé pour votre ami, ou plutôt pour le nôtre (qu'avons-nous qui ne nous soit pas commun?) : il pourra s'en servir dans l'occasion. Je vous l'envoie plus tard que

pus emendandi eum, id est, disperdendi haberes. Habebis tamen, an emendandi nescio, utique disperdendi (ὑμεῖς γὰρ κακόζηλοι), optima quæque si detraxeris. Quod si feceris, boni consulam. Postea enim illis ex aliqua occasione, ut meis, utar, et beneficio fastidii tui ipse laudabor, ut in eo quod annotatum invenies, et supra scripto aliter explicitum. Nam, quum suspicarer, futurum, ut tibi tumidius videretur, quod est sonantius et elatius, non alienum existimavi, ne te torqueres, addere statim pressius quiddam et exilius, vel potius humilius et pejus, vestro tamen judicio rectius. Cur enim non usquequaque tenuitatem vestram insequar et exagitem?

Hæc, ut inter istas occupationes aliquid aliquando rideres: illud serio. Vide, ut mihi viaticum reddas, quod impendi, data opera cursore dimisso. Næ tu, quum hoc legeris, non partes libelli, sed totum libellum improbabis, negabisque ullius pretii esse, cujus pretium reposceris. Vale.

je ne vous l'avais promis, afin que vous n'ayez pas le temps de le corriger, ou, pour mieux dire, de le gâter. Après tout, vous trouverez toujours assez de temps, si ce n'est pour le corriger, au moins pour le gâter, en retranchant, jaloux que vous êtes, tout ce qu'il y a de meilleur [36]. Si cela vous arrive, j'en ferai mon profit. Je me servirai plus tard, comme de mon bien, de ce que vous aurez supprimé, et je devrai à votre critique dédaigneuse de pouvoir m'en faire honneur : tels sont les passages que vous trouverez notés, et tout ce que j'ai écrit en interligne d'un autre style que le texte du mémoire [36]. Comme je soupçonnais que vous trouveriez enflé ce qui n'est en effet qu'éclatant et sublime, j'ai jugé à propos de vous épargner la torture d'un nouveau travail, et d'ajouter au même endroit quelque chose de plus serré et de plus simple, ou, pour mieux dire, de plus bas et de plus mauvais, mais bien meilleur à votre goût : car je ne puis me défendre de faire la guerre à votre timidité et à votre faiblesse.

Jusqu'ici j'ai voulu rire, et vous faire oublier un moment vos occupations : voici du sérieux. Songez à me rembourser les frais de course d'un exprès que je vous ai dépêché. Vous avez bien l'air, après avoir lu ceci, de condamner, non pas quelque passage du mémoire, mais le mémoire tout entier, et de ne trouver aucune valeur à une chose dont on réclame le prix. Adieu.

XIII.

Plinius Feroci suo s.

EADEM epistola et studere te, et non studere significat. Ænigmata loquor. Ita plane, donec distinctius, quod sentio, enuntiem. Negat enim te studere; sed est tam polita, quæ, nisi a studente, non potest scribi : aut es tu super omnes beatus, si talia per desidiam et otium perficis. Vale.

XIV.

Plinius Corelliæ suæ s.

Tu quidem honestissime, quod tam impense et rogas et exigis, ut accipi jubeam a te pretium agrorum non ex septingentis millibus, quanti illos a liberto meo, sed ex nongentis, quanti a publicanis partem vicesimam emisti. Invicem ego et rogo et exigo, ut non solum quid te, verum etiam quid me deceat, aspicias, patiarisque me in hoc uno tibi eodem animo repugnare, quo in omnibus obsequi soleo. Vale.

XIII.

Pline à Ferox.

Votre lettre m'assure en même temps que vous étudiez et que vous n'étudiez pas. Je vous parle par énigmes; mais je vais m'expliquer plus clairement. Vous me dites que vous n'étudiez pas, et votre lettre est si bien écrite, qu'elle ne peut l'avoir été que par quelqu'un qui étudie. S'il en est autrement, vous êtes le plus heureux des hommes d'écrire ainsi en vous jouant et sans étude. Adieu.

XIV.

Pline à Corellia [38].

C'est de votre part une extrême délicatesse, que de me prier avec tant d'instances et d'exiger même que je reçoive le prix de mes terres, non sur le pied de sept cent mille sesterces, suivant votre marché avec mon affranchi, mais sur le pied de neuf cent mille, conformément à la vente du vingtième que le fisc vous a faite [39]. Permettez qu'à mon tour je vous supplie et vous conjure, après avoir songé à ce qui est digne de vous, de songer à ce qui est digne de moi, et de souffrir qu'ici mon aveugle soumission pour vous se démente, par les mêmes raisons qui partout ailleurs lui servent de principe. Adieu.

XV.

Plinius Saturnino suo s.

Requiris, quid agam. Quo nosti distringor officio, amicis deservio, studeo interdum, quod non interdum, sed solum, semperque facere, non audeo dicere rectius, certe beatius erat. Te alia omnia, quam quæ velis, agere, moleste ferrem, nisi ea, quæ agis, essent honestissima. Nam et reipublicæ servire negotiis, et disceptare inter amicos, laude dignissimum est. Prisci nostri contubernium jucundum tibi futurum sciebam. Noveram simplicitatem ejus, noveram comitatem: eumdem esse, quod minus noram, gratissimum experior, quum tam jucunde officiorum nostrorum meminisse eum scribas. Vale.

XVI.

Plinius Fabato prosocero suo s.

Calestrium Tironem familiarissime diligo, et privatis mihi et publicis necessitudinibus implicitum. Simul militavimus, simul quæstores Cæsaris fuimus. Ille me in tribunatu liberorum jure præcessit; ego illum in præ-

XV.

Pline à Saturninus.

Vous demandez ce que je fais. Je me livre aux occupations que vous connaissez; je m'emploie pour mes amis, je donne quelques heures à l'étude : il serait, je n'ose pas dire mieux, mais au moins plus doux de les lui donner toutes. Pour vous, je souffrirais de vous voir obligé de faire tout autre chose que ce que vous voudriez, si vos travaux étaient moins honorables : rien de plus glorieux, à mon sens, que de défendre les intérêts de la patrie[40], et de rétablir la paix entre ses amis. Je savais bien que la société de notre cher Priscus vous serait agréable : je connaissais sa droiture, sa douceur affectueuse. En m'écrivant qu'il se souvient avec tant de plaisir des bons offices qu'il a reçus de moi, vous m'apprenez ce qui m'était moins connu, c'est qu'il est l'homme du monde le plus reconnaissant. Adieu.

XVI.

Pline à Fabatus, aïeul de sa femme.

CALESTRIUS TIRO[41] est de mes plus intimes amis, et nous tenons l'un à l'autre par tous les liens publics et particuliers. Nous avons fait nos campagnes ensemble; nous avons été ensemble questeurs de l'empereur[42] : il

tura sum consecutus, quum mihi Cæsar annum remisisset. Ego in villas ejus sæpe secessi; ille in domo mea sæpe convaluit. Hic nunc proconsul provinciam Bæticam per Ticinum est petiturus. Spero, imo confido, facile me impetraturum, ut ex itinere deflectat ad te. Si voles vindicta liberare, quos proxime inter amicos manumisisti, nihil est quod verearis, ne sit hoc illi molestum, cui orbem terrarum circumire non erit longum mea causa. Proinde nimiam verecundiam pone, teque, quid velis, consule. Illi tam jucundum quod ego, quam mihi quod tu jubes. Vale.

XVII.

Plinius Celeri suo s.

Sua cuique ratio recitandi; mihi, quod sæpe jam dixi, ut, si quid me fugit, ut certe fugit, admonear. Quo magis miror quod scribis, fuisse quosdam qui reprehenderent, quod orationes omnino recitarem; nisi vero has solas non putant emendandas. A quibus libenter requisierim cur concedant (si concedant tamen) historiam debere recitari, quæ non ostentationi, sed fidei veritatique

me devança dans la charge de tribun du peuple, par le privilège que donne le nombre des enfans [43]; je le rejoignis dans celle de préteur, le prince m'ayant accordé dispense d'un an qui me manquait [44]. J'ai souvent cherché la retraite dans ses terres; souvent il est venu rétablir sa santé dans les miennes. En ce moment, il va, en qualité de proconsul, prendre possession du gouvernement de la Bétique, et doit passer par Ticinum [45]. Je me flatte, ou plutôt je compte qu'il se détournera sans peine, à ma prière. Si vous voulez affranchir pleinement [46] les esclaves à qui ces jours passés vous avez déjà, en présence de vos amis, donné la liberté, ne craignez pas de déranger un homme, qui ferait sans peine le tour du monde pour vous rendre service. Défaites-vous donc de cette excessive discrétion que je vous connais, et ne consultez que votre bon plaisir [47]. Il lui est aussi agréable de m'obliger, qu'à moi de vous obéir. Adieu.

XVII.

Pline à Celer.

CHACUN a ses raisons pour lire ses ouvrages à ses amis: les miennes sont, comme je l'ai dit souvent, que si j'ai commis quelque faute, et il en échappe toujours, on m'en avertit. J'ai parconséquent le droit de m'étonner de ce que vous me mandez. Certaines gens trouvent mauvais, dites-vous, que je fasse lecture de mes plaidoyers : les ouvrages de ce genre doivent donc, à leur sens, jouir seuls du privilège de n'être pas corrigés? Je demanderais volontiers à mes censeurs pourquoi ils conviennent, si

componitur, cur tragœdiam, quæ non auditorium, sed scenam et actores, cur lyrica, quæ non lectorem, sed chorum et lyram poscunt.

At horum recitatio usu jam recepta est : num ergo culpandus est ille qui cœpit? quanquam orationes quoque et nostri quidam, et Græci lectitaverunt. Supervacuum tamen est recitare, quæ dixeris. Etiam, si eadem omnia, si iisdem omnibus, si statim recites : si vero multa inseras, multa commutes, si quosdam novos, quosdam eosdem, sed post tempus, assumas, cur minus probabilis sit causa recitandi quæ dixeris, quam edendi? Sed difficile est, ut oratio, dum recitatur, satisfaciat. Jam hoc ad laborem recitantis pertinet, non ad rationem non recitandi.

Nec vero ego, dum recito, laudari, sed dum legor, cupio. Itaque nullum emendandi genus omitto : ac primum quæ scripsi mecum ipse pertracto; deinde duobus aut tribus lego, mox aliis trado annotanda, notasque eorum, si dubito, cum uno rursus aut altero pensito; novissime pluribus recito, ac, si quid mihi credis, tunc acerrime emendo. Nam tanto diligentius, quanto sollicitius, intendo. Optime autem reverentia, pudor, metus judicant. Idque adeo sic habe. Nonne, si locuturus es cum aliquo,

pourtant ils en conviennent, qu'on doit lire un ouvrage historique, dans lequel on cherche moins l'éclat que l'exactitude et la vérité; une tragédie, qui demande, au lieu d'un auditoire, une scène et des acteurs; des vers lyriques, qui veulent, non pas un lecteur, mais un chœur et une lyre?

Mais, dit-on, il est reçu de faire lecture de ces sortes de compositions. Eh bien! faut-il condamner celui qui en introduisit l'usage? et des plaidoyers même, nos Romains et les Grecs en ont souvent lu. — Mais il est inutile de lire ce que vous avez publiquement prononcé. — Cela serait vrai si vous lisiez les mêmes choses aux mêmes personnes, si vous lisiez en sortant de l'audience [48] : mais si vous ajoutez, si vous changez nombre de passages; si vos auditeurs ne vous ont point entendu, ou ne vous ont entendu qu'à une époque déjà éloignée, je voudrais bien savoir pourquoi il y aurait moins de motifs pour lire ce que vous avez prononcé, que pour le donner au public?— Mais il est difficile qu'un plaidoyer fasse plaisir, quand il est lu. — C'est une affaire de plus pour le lecteur, et non une raison pour ne pas lire.

Je ne songe pas à être loué quand je lis, mais à être loué quand je suis lu. Je recherche donc toute espèce de critique. D'abord, je retouche moi-même ce que j'ai composé : ensuite, je le lis à deux ou trois personnes; puis, je le donne à d'autres pour y faire leurs remarques, et ces remarques, si elles me laissent quelques scrupules, je les pèse avec un ou deux de mes amis. Enfin, je lis dans une assemblée plus nombreuse; et c'est là, je vous le proteste, que je suis le plus ardent à corriger : mon attention est alors d'autant plus éveillée que mon inquiétude est plus grande. Le respect, la retenue, la crainte, sont de très-judicieux

quamlibet docto, uno tamen, minus commoveris, quam si cum multis vel indoctis? Nonne, quum surgis ad agendum, tunc maxime tibi ipse diffidis? tunc commutata, non dico plurima, sed omnia cupis? utique, si latior scena, et corona diffusior. Nam illos quoque sordidos pullatosque reveremur. Nonne, si prima quæque improbari putas, debilitaris et considis? Opinor, quia in numero ipso est quoddam magnum collatumque consilium; quibusque singulis judicii parum, omnibus plurimum. Itaque Pomponius Secundus, hic scriptor tragœdiarum, si quid forte familiarior amicus tollendum, ipse retinendum arbitraretur, dicere solebat : *Ad populum provoco;* atque ita ex populi vel silentio vel assensu, aut suam aut amici sententiam sequebatur : tantum ille populo dabat! Recte an secus? nihil ad me. Ego enim non populum advocare, sed certos electosque soleo, quos intuear, quibus credam, quos denique et tanquam singulos observem, et tanquam non singulos timeam. Nam quod M. Cicero de stilo, ego de metu sentio. Timor est emendator asperrimus. Hoc ipsum, quod nos recitaturos cogitamus, emendat : quod auditorium ingredimur, emendat : quod pallemus, horrescimus, circumspicimus, emendat.

censeurs. Car faites, je vous prie, cette réflexion : n'est-il pas vrai que si vous parlez devant un homme seul, quelque savant qu'il soit, vous êtes moins troublé que si vous parliez devant plusieurs, fussent-ils fort ignorans? n'est-il pas vrai que jamais vous ne vous défiez davantage de vous, que quand vous vous levez pour plaider? qu'alors vous voudriez avoir changé une partie de votre discours, souvent le discours entier, surtout si le théâtre est vaste et le cercle nombreux? les juges les plus vils et les plus grossiers vous semblent alors redoutables[49]. Si vous croyez que votre début n'a pas réussi, ne vous sentez-vous point découragé, consterné? Le motif, selon moi, c'est qu'il y a dans le nombre même je ne sais quelle opinion imposante, quel avis universel : chacun des auditeurs peut avoir peu de goût; réunis, ils en ont beaucoup. Aussi Pomponius Secundus, l'auteur tragique, s'écriait-il ordinairement, lorsqu'il tenait à conserver quelque endroit de ses pièces qu'un intime ami lui conseillait de supprimer : *J'en appelle au peuple*. Et d'après le silence ou l'approbation du peuple, il suivait l'avis de son ami ou le sien ; tant il accordait au jugement de la multitude! Avait-il tort ou raison, peu m'importe : car moi, je ne lis pas au peuple, mais dans une assemblée de personnes choisies, dont je puisse consulter les visages, dont je suive les avis, que j'estime séparément en même temps que je les redoute réunies. Ce que Cicéron disait du travail écrit[50], je le dis de la crainte : la crainte est le plus sévère des censeurs. La seule pensée, que nous devons lire en public, corrige nos ouvrages; paraître devant l'assemblée, pâlir, trembler, regarder avec inquiétude autour de soi, ce sont choses qui contribuent à la perfection d'un ouvrage.

Proinde non pœnitet me consuetudinis meæ, quam utilissimam experior; adeoque non deterreor sermunculis istorum, ut ultro te rogem monstres aliquid, quod his addam. Nihil enim curæ meæ satis est. Cogito, quam sit magnum dare aliquid in manus hominum; nec persuadere mihi possum, non et cum multis et sæpe tractandum, quod placere et semper et omnibus cupias. Vale.

XVIII.

Plinius Caninio suo s.

Deliberas mecum, quemadmodum pecunia, quam municipibus nostris in epulum obtulisti, post te quoque salva sit. Honesta consultatio, non expedita sententia. Numeres reipublicæ summam? verendum est, ne dilabatur. Des agros? ut publici, negligentur. Equidem nihil commodius invenio, quam quod ipse feci. Nam pro quingentis millibus nummum, quæ in alimenta ingenuorum promiseram, agrum ex meis, longe pluris, actori publico mancipavi; eumdem vectigali imposito recepi, tricena millia annua daturus. Per hoc enim et reipublicæ sors in tuto, nec reditus incertus, et ager ipse propter id, quod vectigal large supercurrit, semper dominum,

Je ne puis donc me repentir d'une coutume dont j'éprouve si bien l'utilité; et les discours frivoles de ces gens-là font sur moi si peu d'impression, que je vous supplie de m'indiquer quelque nouveau secret pour ajouter encore à la correction de mes écrits : car ma conscience n'est jamais satisfaite. Je songe combien il est périlleux de livrer un ouvrage aux mains des lecteurs; et je ne puis me persuader que l'on ne doive pas retoucher souvent et en recueillant beaucoup d'avis, ce que l'on veut qui plaise et toujours et à tout le monde. Adieu.

XVIII.

Pline à Caninius.

Vous me demandez comment vous pouvez assurer après vous la destination d'une somme que vous avez offerte à nos compatriotes, pour un festin annuel et public. Votre confiance m'honore; mais le conseil n'est pas facile à donner. Compterez-vous le capital à l'état? il est à craindre qu'on ne le dissipe. Engagerez-vous des biens-fonds? ils seront négligés, comme propriétés publiques. Je ne vois rien de plus sûr, que le moyen que j'ai pris moi-même. J'avais promis cinq cent mille sesterces pour assurer des alimens à des personnes de condition libre: je fis à l'agent du fisc de la cité une vente simulée d'une terre, dont la valeur dépassait beaucoup cinq cent mille sesterces [51]; je repris ensuite cette terre, chargée envers l'état d'une rente annuelle et perpétuelle de trente mille sesterces [52]. Par-là, le fonds donné à l'état

a quo exerceatur, inveniet. Nec ignoro, me plus aliquanto, quam donasse videor, erogavisse, quum pulcherrimi agri pretium necessitas vectigalis infregerit. Sed oportet privatis utilitatibus publicas, mortalibus æternas anteferre, multoque diligentius muneri suo consulere, quam facultatibus. Vale.

XIX.

Plinius Prisco suo s.

ANGIT me Fanniæ valetudo. Contraxit hanc, dum assidet Juniæ Virgini, sponte primum (est enim affinis), deinde etiam ex auctoritate pontificum. Nam Virgines, quum vi morbi atrio Vestæ coguntur excedere, matronarum curæ custodiæque mandantur. Quo munere Fannia dum sedulo fungitur, hoc discrimine implicita est. Insident febres, tussis increscit, summa macies, summa defectio; animus tantum et spiritus viget, Helvidio marito, Thrasea patre dignissimus; reliqua labuntur, meque non metu tantum, verum etiam dolore conficiunt. Doleo enim maximam feminam eripi oculis civitatis, nescio, an aliquid simile visuris. Quæ castitas illius! quæ sanctitas! quanta gravitas! quanta constantia! Bis ma-

ne court aucun risque, le revenu n'est point incertain, et le bien, rendant beaucoup plus que la rente dont il est chargé, ne manquera jamais de maître qui prenne soin de le faire valoir. Je n'ignore pas que j'ai donné plus qu'il ne paraît, puisque la charge de cette rente diminue beaucoup la valeur d'une si belle terre ; mais il est trop juste de donner la préférence à l'utilité publique sur l'utilité particulière, à l'éternité sur le temps, et de prendre plus de soin de son bienfait que de son bien. Adieu.

XIX.

Pline à Priscus [53].

La maladie de Fannia me désole ; elle l'a gagnée en veillant auprès de la vestale Junia, d'abord volontairement et à titre de parente, ensuite par l'ordre même des pontifes. Car lorsque la force du mal oblige les vestales à sortir du temple de Vesta [54], on les confie aux soins et à la garde de femmes respectables, et c'est en remplissant religieusement ce devoir, que Fannia s'est vue atteinte à son tour. Elle a une fièvre continue, une toux qui augmente à toute heure : sa maigreur, sa faiblesse sont extrêmes : il n'y a que son âme et son esprit qui aient conservé leur force, et qui restent dignes d'Helvidius, son mari, et de Thraséas, son père. Le reste l'abandonne, et son état me jette non-seulement dans une frayeur, mais dans une douleur mortelle. Je gémis de voir une femme si admirable disparaître de Rome, où l'on n'aura peut-être jamais rien qui lui ressemble. Quelle chasteté !

ritum secuta in exsilium est, tertio ipsa propter maritum relegata. Nam quum Senecio reus esset, quod de vita Helvidii libros composuisset, rogatumque se a Fannia in defensione dixisset, quærente minaciter Metio Caro an rogasset, respondit, *Rogavi* : an commentarios scripturo dedisset, *Dedi* : an sciente matre, *Nesciente*. Postremo nullam vocem cedentem periculo emisit. Quin etiam illos ipsos libros, quanquam ex necessitate et metu temporum abolitos senatusconsulto, publicatis bonis, servavit, habuit, tulitque in exsilium exsilii causam. Eadem quam jucunda, quam comis, quam denique (quod paucis datum est) non minus amabilis, quam veneranda! Erit sane, quam postea uxoribus nostris ostentare possimus; erit, a qua viri quoque fortitudinis exempla sumamus, quam sic cernentes audientesque miramur, ut illas, quæ leguntur. Ac mihi domus ipsa nutare, convulsaque sedibus suis ruitura supra videtur, licet adhuc posteros habeat. Quantis enim virtutibus, quantisque factis assequentur, ut hæc non novissima occiderit?

Me quidem illud etiam affligit et torquet, quod matrem ejus, illam (nihil possum illustrius dicere) tantæ feminæ matrem, rursus videor amittere, quam hæc, ut reddit ac refert nobis, sic auferet secum, meque et novo

quelle pureté de mœurs! quelle sagesse! quelle fermeté! Elle a suivi deux fois son mari en exil, et elle y a été envoyée une troisième fois à cause de lui[55]. Car Sénécion, accusé d'avoir écrit la vie d'Helvidius, dit, pour sa justification, qu'il ne l'avait fait qu'à la prière de Fannia. Metius Carus[56], l'accusateur, demanda d'un air menaçant à Fannia, *si elle l'en avait prié* : elle répondit, sans s'émouvoir : *Je l'en ai prié; — si elle avait donné des mémoires*[57] *?.... J'en ai donné; — si sa mère le savait ?.... Elle l'ignore.* Enfin elle ne laissa pas échapper une seule parole qui parût inspirée par la crainte. Un décret du sénat, arraché par le malheur et la nécessité des temps, supprima l'ouvrage, exila Fannia et confisqua ses biens : elle n'en conserva pas moins l'ouvrage supprimé, et emporta avec elle dans son exil la cause même de son exil. Qu'elle était agréable et douce! combien, par un rare privilège, elle était digne à la fois d'amour et de respect! Nous pourrons certainement un jour la proposer à nos femmes pour modèle, et trouver nous-mêmes dans sa vie de grands exemples de courage : maintenant, qu'il nous est encore permis de la voir et de l'entendre, nous ne l'admirons pas moins que celles dont nous lisons l'histoire. Pour moi, il me semble que cette maison est ébranlée jusque dans ses fondemens, et prête à tomber en ruines. Quoique Fannia laisse des descendans, par quelles vertus pourront-ils effacer l'idée, que leur race a fini avec cette illustre femme?

Un surcroît de douleur pour moi, c'est qu'il me semble que je perds encore une fois sa mère, la mère, dis-je, d'une si admirable femme; car cet éloge renferme tout. Comme elle la représentait et la faisait revivre à nos yeux, elle nous l'enlevera avec elle; la mort de l'une rouvrira la plaie

pariter et rescisso vulnere afficiet. Utramque colui, utramque dilexi : utram magis, nescio; nec discerni volebant. Habuerunt officia mea in secundis; habuerunt in adversis. Ego solatium relegatarum, ego ultor reversarum. Non feci tamen paria, atque eo magis hanc cupio servari, ut mihi solvendi tempora supersint. In his eram curis, quum scriberem ad te; quas si deus aliquis in gaudium verterit, de metu non querar. Vale.

XX.

Plinius Tacito suo s.

Librum tuum legi, et, quam diligentissime potui, annotavi quæ commutanda, quæ eximenda arbitrarer : nam et ego verum dicere assuevi, et tu libenter audire; neque enim ulli patientius reprehenduntur, quam qui maxime laudari merentur. Nunc a te librum meum cum annotationibus tuis exspecto. O jucundas, o pulchras vices! Quam me delectat, quod, si qua posteris cura nostri, usquequaque narrabitur qua concordia, simplicitate, fide vixerimus! Erit rarum et insigne, duos homines ætate, dignitate propemodo æquales, nonnullius in lit-

que l'autre avait faite au fond de mon cœur [58]. Je les vénérais, je les chérissais toutes deux : je ne sais pour laquelle ces sentimens étaient les plus vifs, et elles-mêmes ne voulaient pas de distinction [59]. Elles ont éprouvé mon dévouement dans la prospérité, elles l'ont éprouvé dans le malheur. J'ai pris soin de les consoler pendant leur exil, de les venger à leur retour. Je ne leur ai pourtant pas rendu tout ce que je leur dois ; et j'en souhaite davantage de conserver celle qui nous reste, pour avoir le temps de m'acquitter. Voilà les inquiétudes où je suis en vous écrivant. Je les compterai pour rien, si quelque divinité vient les changer en joie. Adieu.

XX.

Pline à Tacite.

J'ai lu votre livre et j'ai marqué avec le plus de soin qu'il m'a été possible ce que je crois nécessaire d'y changer ou d'en retrancher ; car je n'aime pas moins à dire la vérité, que vous à l'entendre : et d'ailleurs, l'on ne trouve point de gens plus dociles à la censure que ceux qui méritent le plus de louanges. Je m'attends qu'à votre tour vous me renverrez mon livre avec vos critiques. Quel doux, quel noble échange ! quel plaisir de penser que si la postérité prend quelque soin de nous, l'on redira à jamais notre union, notre franchise, notre amitié ! Ce sera un spectacle rare et intéressant que celui de deux hommes à peu près de même âge et de même rang, de quelque réputation dans les lettres (si je n'en

teris nominis (cogor enim de te quoque parcius dicere, quia de me simul dico) alteram alterius studia fovisse. Equidem adolescentulus, quum jam tu fama gloriaque floreres, te sequi, tibi *longo, sed proximus, intervallo* et esse et haberi concupiscebam. Et erant multa clarissima ingenia; sed tu mihi (ita similitudo naturæ ferebat) maxime imitabilis, maxime imitandus videbaris. Quo magis gaudeo, quod, si quis de studiis sermo, una nominamur; quod de te loquentibus statim occurro. Nec desunt qui utrique nostrum præferantur: sed nihil interest mea quo loco jungimur: nam mihi primus, qui a te proximus. Quin etiam in testamentis debes annotasse; nisi quis forte alterutri nostrum amicissimus, eadem legata, et quidem pariter, accipimus. Quæ omnia huc spectant, ut invicem ardentius diligamus, quum tot vinculis nos studia, mores, fama, suprema denique hominum judicia constringant. Vale.

XXI.

Plinius Cornuto suo s.

Pareo, collega carissime, et infirmitati oculorum, ut jubes, consulo. Nam et huc tecto vehiculo undique in-

dis pas plus de vous, c'est que je parle en même temps de moi), qui s'animaient mutuellement dans leurs études. Pour moi, dès ma plus tendre jeunesse, votre renom, votre gloire me faisait désirer de vous suivre, de paraître marcher et de marcher en effet sur vos traces, *loin de vous, mais, enfin, le premier après vous* [60]. Il y avait alors à Rome beaucoup d'illustres génies : mais la conformité de nos esprits vous montrait à moi comme celui que je pouvais le mieux imiter, et comme le plus digne d'être imité. Voilà pourquoi je suis si flatté qu'on nous nomme ensemble, dans les entretiens sur la littérature, et qu'on pense à moi dès qu'on parle de vous. Je sais qu'il est plus d'un écrivain qu'on nous préfère : mais que m'importe le rang, pourvu qu'on m'y place avec vous ; venir après vous, c'est être le premier [61]. Vous avez pu même remarquer que dans les testamens, excepté ceux de quelques amis particuliers, on ne laisse point de legs à l'un de nous qu'on n'en laisse un semblable à l'autre. La conclusion de tout ceci, c'est que nous ne pouvons trop nous aimer, nous que les études, les mœurs, la réputation, les dernières volontés des hommes unissent par tant de nœuds. Adieu.

XXI.

Pline à Cornutus.

J'obéis, mon cher collègue [62], et je prends soin de mes yeux, comme vous me l'ordonnez. Je suis arrivé ici

clusus, quasi in cubiculo, perveni, et hic non stilo modo, verum etiam lectionibus difficulter, sed abstineo, solisque auribus studeo. Cubicula obductis velis opaca, nec tamen obscura, facio. Cryptoporticus quoque, adopertis inferioribus fenestris, tantum umbræ quantum luminis habet. Sic paulatim lucem ferre condisco. Balineum assumo, quia prodest : vinum, quia non nocet; parcissime tamen. Ita assuevi, et nunc custos adest. Gallinam, ut a te missam, libenter accepi; quam satis acribus oculis, quanquam adhuc lippus, pinguissimam vidi. Vale.

XXII.

Plinius Falconi suo s.

Minus miraberis me tam instanter petisse, ut in amicum meum conferres tribunatum, quum scieris quis ille, qualisque. Possum autem jam tibi et nomen indicare, et describere ipsum, postquam polliceris. Est Cornelius Minucianus, ornamentum regionis meæ, seu dignitate, seu moribus. Natus splendide, abundat facultatibus; amat studia, ut solent pauperes. Idem rectissimus judex,

dans une voiture fermée, où j'étais comme dans ma chambre. Non-seulement je n'écris point, mais je ne lis pas même : il m'en coûte beaucoup, à la vérité, mais enfin je ne lis pas, et je n'étudie plus que par les oreilles. Avec des rideaux, mon appartement est sombre, sans être obscur. Je trouve même le moyen, en fermant les fenêtres basses de ma galerie, d'y entretenir autant d'ombre que de lumière; et par là, j'apprends peu à peu à supporter le jour. J'use du bain, parce qu'il m'est bon; du vin, parce qu'il ne m'est pas contraire; sobrement pourtant, c'est ma coutume; et d'ailleurs j'ai quelqu'un qui m'observe. J'ai reçu, avec plaisir, comme venant de vous, la poularde que vous m'avez envoyée; et j'ai eu les yeux assez bons, quoiqu'encore faibles, pour m'apercevoir qu'elle est fort grasse. Adieu.

XXII.

Pline à Falcon[63].

Vous serez moins surpris que je vous aie demandé avec tant d'instances la charge de tribun pour un de mes amis, quand vous saurez quel est cet ami, et combien il a de mérite. Je puis bien vous dire son nom, et vous faire son portrait, aujourd'hui que vous m'avez accordé ma demande; c'est Cornelius Minucianus, l'honneur de notre province, et par son caractère et par ses mœurs. Sa famille est illustre, sa fortune considérable; et cependant il aime l'étude autant que s'il était pauvre.

fortissimus advocatus, fidelissimus amicus. Accepisse te beneficium credes, quum proprius inspexeris hominem, omnibus honoribus, omnibus titulis (nihil volo elatius de modestissimo viro dicere) parem. Vale.

XXIII.

Plinius Fabato prosocero suo s.

Gaudeo quidem esse te tam fortem, ut Mediolani occurrere Tironi possis : sed, ut perseveres esse tam fortis, rogo, ne tibi contra rationem aetatis tantum laboris injungas. Quinimo denuntio, ut illum et domi, et intra domum, atque etiam intra cubiculi limen exspectes. Etenim quum a me ut frater diligatur, non debet ab eo, quem ego parentis loco observo, exigere officium, quod parenti suo remisisset. Vale.

XXIV.

Plinius Geminio suo s.

Numidia Quadratilla paulo minus octogesimo aetatis anno decessit, usque ad novissimam valetudinem

On ne peut trouver un juge plus intègre, un avocat plus zélé, un plus fidèle ami. C'est vous qui croirez m'avoir obligation quand vous le connaîtrez pleinement. Il n'est au dessous d'aucun honneur, d'aucune charge ; et c'est par égard pour sa modestie, que je n'en dis pas davantage. Adieu.

XXIII.

Pline à Fabatus, aïeul de sa femme.

Je me réjouis que vos forces vous permettent d'aller au devant de Tiron jusqu'à Milan : mais afin que vous les conserviez plus long-temps, je vous supplie de vouloir bien renoncer à un dessein qui ne convient pas à un homme de votre âge. Je vous conseille même de l'attendre chez vous, dans votre maison, dans votre chambre. Je l'aime comme un frère, et il ne serait pas juste qu'il exigeât d'une personne que j'honore comme un père, des devoirs dont il eût dispensé le sien. Adieu.

XXIV.

Pline à Geminius [64].

Numidia Quadratilla vient de mourir, âgée d'un peu moins de quatre-vingts ans. Dans un corps plus robuste

viridis, atque etiam ultra matronalem modum, compacto corpore et robusto. Decessit honestissimo testamento. Reliquit heredes, ex besse nepotem, ex tertia parte neptem. Neptem parum novi : nepotem familiarissime diligo, adolescentem singularem, nec iis tantum, quos sanguine attingit, inter propinquos amandum. Ac primum, conspicuus forma omnes sermones malignorum et puer et juvenis evasit, intra quartum et vicesimum annum maritus, et si deus annuisset, pater. Vixit in contubernio aviæ delicatæ severissime, et tamen obsequentissime. Habebat illa pantomimos, fovebatque effusius, quam principi feminæ conveniret. Hos Quadratus non in theatro, non domi spectabat; nec illa exigebat. Audivi ipsam, quum mihi commendaret nepotis sui studia, solere se, ut feminam, in illo otio sexus, laxare animum lusu calculorum, solere spectare pantomimos suos; sed quum factura esset alterutrum, semper se nepoti suo præcepisse abiret, studeretque : quod mihi non amore ejus magis facere, quam reverentia videbatur.

Miraberis, et ego miratus sum. Proximis sacerdotalibus ludis, productis in commissione pantomimis, quum simul theatro ego et Quadratus egrederemur, ait mihi : *Scis me hodie primum vidisse saltantem aviæ meæ libertum?* Hoc nepos. At hercule, alienissimi homines in

que son sexe et sa condition ne semblaient le permettre, elle a joui d'une parfaite santé jusqu'à sa dernière maladie. Son testament est fort sage. Elle a institué héritiers son petit-fils pour deux tiers, sa petite-fille pour l'autre tiers. Je connais peu la petite-fille; mais le petit-fils est de mes intimes amis : c'est un jeune homme d'un rare mérite, et qui n'est pas seulement aimable pour ceux à qui l'attachent les liens du sang. Il a été d'une beauté singulière, sans avoir jamais fait parler de lui, ni pendant son enfance, ni pendant sa jeunesse. A vingt-quatre ans il était marié, et il aurait pu être père. Il a vécu dans la société d'une aïeule amie des plaisirs, et il a su concilier ses complaisances pour elle avec les mœurs les plus austères. Elle avait chez elle de ces bouffons, qu'on nomme pantomimes[65], et elle s'en occupait plus qu'il ne convenait à une femme de son rang. Quadratus n'assistait jamais à leurs jeux, ni au théâtre, ni même dans la maison, et elle n'exigeait pas qu'il en fût témoin. Quelquefois, en me priant de surveiller les études de son petit-fils, elle me disait que, comme femme et pour amuser l'oisiveté à laquelle son sexe est condamné, elle jouait souvent aux échecs, ou faisait venir ses pantomimes; mais elle ajoutait qu'alors elle prenait toujours la précaution de renvoyer son fils à ses études : à mon sens, c'était autant par respect que par tendresse pour lui.

Vous serez surpris comme moi de ce qu'il me dit aux derniers jeux sacrés[66], où les pantomimes parurent sur le théâtre. Nous en sortions ensemble, Quadratus et moi : *Savez-vous bien*, me dit-il, *que j'ai vu aujourd'hui, pour la première fois, danser l'affranchi de mon aïeule?* Mais, pendant que le petit-fils en usait ainsi, des personnes étrangères, pour faire honneur à

honorem Quadratillæ (pudet me dixisse honorem), per adulationis officium, in theatrum cursitabant, exsultabant, plaudebant, mirabatur; ac deinde singulos gestus dominæ cum canticis reddebant; qui nunc exiguissima legata, theatralis operæ corollarium, accipient ab herede qui non spectabat.

Quorsum hæc? quia soles, si quid incidit novi, non invitus audire; deinde quia jucundum est mihi, quod ceperim gaudium scribendo retractare. Gaudeo enim pietate defunctæ, honore optimi juvenis : lætor etiam quod domus aliquando C. Cassii, hujus, qui Cassianæ scholæ princeps et parens fuit, serviet domino non minori. Implebit enim illam Quadratus meus, et decebit; rursusque ei pristinam dignitatem, celebritatem, gloriamque reddet, quum tantus orator inde procedet, quantus juris ille consultus. Vale.

XXV.

Plinius Rufo suo s.

O quantum eruditorum aut modestia ipsorum, aut quies operit ac subtrahit famæ! At nos eos tantum dicturi aliquid aut lecturi timemus, qui studia sua profe-

Quadratilla (j'ai honte d'avoir si mal placé le mot d'honneur), pour lui plaire par les plus basses flatteries, couraient partout le théâtre, s'écriaient, battaient des mains, admiraient et s'empressaient de venir en chantant répéter devant elle les grimaces de ses bouffons [67]. Pour prix de ces talens, si dignement étalés sur le théâtre, ils auront de très-petits legs, payés par un héritier qui n'a jamais assisté à leurs jeux.

Je vous écris ceci [68], parce que je vous sais assez disposé à apprendre ce qui se passe de nouveau, et que je ne puis parler de la joie que j'ai éprouvée, sans l'éprouver encore. J'applaudis donc à la tendresse éclairée de Quadratilla, et à la justice rendue à un jeune homme si estimable ; je me réjouis de voir que la maison de Caïus Cassius [69], ce fondateur et ce père de l'école Cassienne, soit habitée par un maître qui ne le cède point au premier. Quadratus la remplira dignement ; il lui rendra toute sa réputation, sa splendeur et sa gloire : à un habile jurisconsulte aura succédé un habile orateur. Adieu.

XXV.

Pline à Rufus [70].

Que de savans cachés et dérobés à la renommée par la modestie ou l'amour du repos ! Cependant, avons-nous à parler ou à lire en public, nous ne craignons que ceux qui produisent leur savoir ; et pourtant ceux

runt, quum illi qui tacent, hoc amplius præstent, quod maximum opus silentio reverentur. Expertus scribo quod scribo. Terentius Junior, equestribus militiis, atque etiam procuratione Narbonensis provinciæ integerrime functus, recepit se in agros suos, paratisque honoribus tranquillissimum otium prætulit. Hunc ego invitatus hospitio, ut bonum patremfamiliæ, ut diligentem agricolam intuebar, de his locuturus, in quibus illum versari putabam; et cœperam, quum ille me doctissimo sermone revocavit ad studia. Quam tersa omnia! quam latina! quam græca! Nam tantum utraque lingua valet, ut ea magis videatur excellere, quam quum maxime loquitur. Quantum ille legit! quantum tenet! Athenis vivere hominem, non in villa putes. Quid multa? auxit sollicitudinem meam, effecitque ut illis, quos doctissimos novi, non minus hos seductos et quasi rusticos verear. Idem suadeo tibi. Sunt enim ut in castris, sic etiam in litteris nostris plures cultu pagano, quos cinctos et armatos, et quidem ardentissimo ingenio, diligentius scrutatus invenies. Vale.

qui se taisent n'en témoignent que mieux par le silence
leur estime pour un bel ouvrage. Ce que je vous en écris,
c'est par expérience. Terentius Junior, après avoir servi
honorablement dans la cavalerie, et s'être dignement
acquitté de l'intendance de la Gaule Narbonnaise, se re-
tira dans ses terres, et préféra un honnête loisir à tous
les honneurs qui l'attendaient. Un jour il m'invita à venir chez lui : j'y consentis ; et le regardant comme un
bon père de famille, comme un honnête laboureur, je
me disposais à l'entretenir du seul sujet que je lui croyais
familier. J'avais déjà commencé, lorsqu'il sut doctement
ramener la conversation sur la littérature. Que tout ce
qu'il me dit était fin et délicat! comme il s'exprime en
latin et en grec! il possède si bien les deux langues, qu'il
semble toujours que celle qu'il parle est celle qu'il sait
le mieux [71]. Quelle lecture! quelle mémoire! vous croi-
riez que cet homme vit au milieu d'Athènes, et non pas
au village. En un mot, il a redoublé mes inquiétudes,
et je n'appréhenderai pas moins, à l'avenir, le jugement
de ces campagnards inconnus, que celui des hommes
dont je connais la science profonde. Je vous conseille
d'en user de même. Lorsque vous y regarderez de près,
vous trouverez beaucoup de gens dans l'empire des lettres, comme dans les armées, qui, sous un habit gros-
sier, cachent les plus hautes vertus et les plus rares talens. Adieu.

XXVI.

Plinius Maximo suo s.

Nuper me cujusdam amici languor admonuit optimos esse nos, dum infirmi sumus. Quem enim infirmum aut avaritia aut libido sollicitat? Non amoribus servit, non appetit honores, opes negligit, et quantulumcunque, ut reliturus, satis habet : tunc deos, tunc hominem esse se meminit : invidet nemini, neminem miratur, neminem despicit; ac ne sermonibus quidem malignis aut attendit, aut alitur : balinea imaginatur et fontes. Hæc summa curarum, summa votorum; mollemque in posterum et pinguem, si contingat evadere, hoc est, innoxiam beatamque destinat vitam. Possum ergo, quod plurimis verbis, plurimis etiam voluminibus philosophi docere conantur, ipse breviter tibi mihique præcipere, ut tales esse sani perseveremus, quales nos futuros profitemur infirmi. Vale.

XXVII.

Plinius Suræ suo s.

Et mihi discendi, et tibi docendi facultatem otium præbet. Igitur perquam velim scire, esse aliquid phan-

XXVI.

Pline à Maximus [72].

Ces jours passés, la maladie d'un de mes amis me fit faire cette réflexion, que nous sommes vraiment parfaits quand nous sommes malades. Est-il un seul malade tourmenté de l'avarice ou de la passion des plaisirs? Il n'est plus enivré par l'amour, troublé par l'ambition : il néglige la richesse, et le peu qu'il possède lui paraît suffisant depuis qu'il est près de le quitter. Il croit aux dieux, il se souvient qu'il est homme; il n'envie, il n'admire, il ne méprise la fortune de personne. Les médisances ne lui font ni impression ni plaisir; il ne rêve que bains et que fontaines : c'est là l'objet de ses désirs, le terme de ses vœux; et, s'il a le bonheur d'échapper, il ne veut pour l'avenir qu'une vie douce et oisive, c'està-dire innocente et heureuse. Je puis donc, de tout ceci, tirer en peu de mots pour nous deux une leçon que les philosophes noient dans de longs discours et dans d'interminables volumes : c'est qu'il faut que nous soyons encore aux jours de la santé ce que nous nous promettons d'être pendant la maladie. Adieu.

XXVII.

Pline à Sura [73].

Le loisir dont nous jouissons, nous permet, à vous d'enseigner, à moi d'apprendre. Je voudrais donc bien

tasmata, et habere propriam figuram, numenque aliquod putes, an inania et vana ex metu nostro imaginem accipere. Ego, ut esse credam, in primis eo ducor, quod audio accidisse Curtio Rufo. Tenuis adhuc et obscurus obtinenti Africam comes hæserat : inclinato die spatiabatur in porticu : offertur ei mulieris figura, humana grandior pulchriorque : perterrito, *Africam se, futurorum prænuntiam,* dixit : *iturum enim Romam, honoresque gesturum, atque etiam cum summo imperio in eamdem provinciam reversurum, ibique moriturum.* Facta sunt omnia. Præterea accedenti Carthaginem, egredientique navem, eadem figura in litore occurrisse narratur. Ipse certe implicitus morbo, futura præteritis, adversa secundis auguratus, spem salutis, nullo suorum desperante, projecit.

Jam illud nonne et magis terribile, et non minus mirum est, quod exponam ut accepi? Erat Athenis spatiosa et capax domus, sed infamis et pestilens. Per silentium noctis sonus ferri, et, si attenderes acrius, strepitus vinculorum longius primo, deinde e proximo reddebatur : mox apparebat idolon, senex macie et squalore confectus, promissa barba, horrenti capillo, cruribus compe-

savoir si vous pensez que les fantômes soient quelque chose de réel[74], s'ils ont une forme qui leur soit propre; si vous leur attribuez une puissance divine, ou si ce ne sont que de vaines images qui se tracent dans une imagination troublée par la crainte. Ce qui me porterait à croire qu'il existe réellement des spectres, c'est l'aventure arrivée, dit-on, à Curtius Rufus[75]. Encore sans fortune et sans nom, il avait suivi en Afrique le magistrat à qui le gouvernement de cette province était échu. Sur le déclin du jour, il se promenait sous un portique, lorsqu'une femme, d'une taille et d'une beauté plus qu'humaine, se présente à lui. La peur le saisit : *Je suis l'Afrique*, lui dit-elle; *je viens te prédire ce qui doit t'arriver. Tu iras à Rome, tu rempliras les plus grandes charges; tu reviendras ensuite gouverner cette province, et tu y mourras.* Tout arriva comme elle l'avait prédit; on conte même qu'abordant à Carthage, et, sortant de son vaisseau, la même figure se présenta devant lui et vint à sa rencontre sur le rivage. Ce qu'il y a de certain, c'est qu'il tomba malade, et que, jugeant de l'avenir par le passé, du malheur qui le menaçait par la bonne fortune qu'il avait éprouvée, il désespéra de sa guérison, quand tous les siens en conservaient l'espoir.

Mais voici une autre histoire qui ne vous paraîtra pas moins surprenante, et qui est bien plus terrible[76] : je vous la donnerai telle que je l'ai reçue. Il y avait à Athènes une maison vaste et spacieuse, mais dangereuse et redoutée. Dans le silence de la nuit, on entendait un froissement de fers, et, en écoutant avec attention, le retentissement de chaînes agitées. Le bruit semblait d'abord venir de loin, et ensuite s'approcher; bientôt apparaissait le spectre : c'était un vieillard maigre et hideux, à la

des, manibus catenas gerebat, quatiebatque. Inde inhabitantibus tristes diræque noctes per metum vigilabantur: vigiliam morbus, et, crescente formidine, mors sequebatur. Nam interdiu quoque, quanquam abscesserat imago, memoria imaginis oculis inerrabat; longiorque causis timor erat. Deserta inde et damnata solitudine domus, totaque illi monstro relicta : proscribebatur tamen, seu quis emere, seu quis conducere ignarus tanti mali vellet.

Venit Athenas philosophus Athenodorus, legit titulum, auditoque pretio, quia suspecta vilitas, percunctatus, omnia docetur, ac nihilominus, imo tanto magis conducit. Ubi cœpit advesperascere, jubet sterni sibi in prima domus parte, poscit pugillares, stilum, lumen : suos omnes in interiora dimittit; ipse ad scribendum animum, oculos, manum intendit, ne vacua mens audita simulacra, et inanes sibi metus fingeret. Initio, quale ubique, silentium noctis; deinde concuti ferrum, vincula moveri : ille non tollere oculos, non remittere stilum, sed obfirmare animum, auribusque prætendere : tum crebrescere fragor, adventare, et jam ut in limine, jam ut intra limen audiri : respicit, videt, agnoscitque narratam sibi effigiem. Stabat innuebatque digito, similis vocanti : hic contra, ut paulum exspectaret, manu signi-

barbe longue, aux cheveux hérissés; ses pieds et ses mains étaient chargés de fers qu'il secouait. De là, des nuits affreuses et sans sommeil pour ceux qui habitaient cette maison : l'insomnie amenait la maladie, et, l'effroi s'augmentant sans cesse, la maladie était suivie de la mort; car si le jour n'était pas troublé par cette funeste image, le souvenir la rappelait aux yeux, et la terreur durait encore après la cause qui l'avait produite[77]. Aussi la maison fut-elle bientôt déserte, et, dans l'abandon auquel elle était condamnée, elle resta livrée tout entière à son hôte mystérieux. On avait cependant placé un écriteau, dans l'espérance qu'ignorant cette effrayante histoire quelqu'un pourrait peut-être l'acheter ou la louer.

Le philosophe Athénodore[78] vient à Athènes, lit l'écriteau, demande le prix, dont la modicité lui inspire des soupçons : il s'informe; on l'instruit de tout. Loin de s'effrayer, il s'empresse d'autant plus de louer la maison. Vers le soir, il se fait placer un lit dans la salle d'entrée, demande ses tablettes, son poinçon, de la lumière : il renvoie ses gens dans l'intérieur de la maison; il se met à écrire, et attache au travail et son esprit, et ses yeux, et sa main, de peur que son imagination oisive ne vienne à lui créer des fantômes et de vaines terreurs. D'abord un profond silence, le silence ordinaire des nuits; bientôt un froissement de fer, un bruit de chaînes. Lui, sans lever les yeux, sans quitter ses tablettes, affermit son âme, et s'efforce d'imposer à ses oreilles. Le bruit s'augmente, s'approche; il se fait entendre près de la porte, et enfin dans la chambre même. Le philosophe se retourne; il voit, il reconnaît le spectre tel qu'on l'a décrit. Le fantôme était debout, et semblait l'appeler du doigt : Athénodore lui fait signe d'attendre un instant,

ficat, rursusque ceris et stilo incumbit : illa scribentis capiti catenis insonabat : respicit rursus idem, quod prius, innuentem; nec moratus tollit lumen, et sequitur. Ibat illa lento gradu, quasi gravis vinculis : postquam deflexit in aream domus, repente dilapsa deserit comitem; desertus herbas et folia concerpta signum loco ponit. Postero die adit magistratus, monet ut illum locum effodi jubeant. Inveniuntur ossa inserta catenis et implicita, quæ corpus ævo terraque putrefactum nuda et exesa reliquerat vinculis : collecta publice sepeliuntur : domus postea rite conditis manibus caruit.

Et hæc quidem affirmantibus credo : illud affirmare aliis possum. Est libertus mihi Marcus, non illitteratus. Cum hoc minor frater eodem lecto quiescebat. Is visus est sibi cernere quemdam in toro residentem, admoventemque capiti suo cultros, atque etiam ex ipso vertice amputantem capillos. Ubi illuxit, ipse circa verticem tonsus, capilli jacentes reperiuntur. Exiguum temporis medium, et rursus simile aliud priori fidem fecit. Puer in pædagogio mistus pluribus dormiebat : venerunt per fenestras (ita narrat) in tunicis albis duo, cubantemque detonderunt; et qua venerant, recesserunt. Hunc quoque tonsum, sparsosque circa capillos dies ostendit. Nihil notabile secutum, nisi forte, quod non fui reus, futurus,

et se remet à écrire. Mais le bruit des chaînes retentit de nouveau à ses oreilles : il tourne encore une fois la tête, et voit que le spectre continue à l'appeler du doigt. Alors, sans tarder davantage, Athénodore se lève, prend la lumière, et le suit. Le fantôme marchait d'un pas lent; il semblait accablé par le poids des chaînes : arrivé dans la cour de la maison, il s'évanouit tout à coup aux yeux du philosophe. Celui-ci marque le lieu où il a disparu, par un amas d'herbes et de feuilles. Le lendemain, il va trouver les magistrats, et leur demande de faire fouiller en cet endroit. On trouve des ossemens encore enlacés dans des chaînes ; le corps consumé par le temps et par la terre n'avait laissé aux fers que ces restes nus et dépouillés. On les rassemble, on les ensevelit publiquement, et après ces derniers devoirs le mort ne troubla plus le repos de la maison.

Cette histoire, je la crois sur la foi d'autrui : mais voici ce que je puis assurer sur la mienne. J'ai un affranchi, nommé Marcus [79], qui ne manque pas d'instruction : il était couché avec son jeune frère ; il lui sembla voir quelqu'un assis sur son lit, qui approchait des ciseaux de sa tête, et qui lui coupait les cheveux au dessus du front. Quand il fit jour, on aperçut qu'il avait le haut de la tête rasé, et ses cheveux furent trouvés épars autour de lui. Peu de temps après, une nouvelle aventure du même genre vint confirmer la vérité de l'autre. Un de mes jeunes esclaves dormait, avec ses compagnons, dans le lieu qui leur est destiné ; deux hommes vêtus de blanc (c'est ainsi qu'il le raconte) vinrent par les fenêtres, lui rasèrent la tête pendant son sommeil, et s'en retournèrent par la même voie. Le lendemain, lorsque le jour parut, on le trouva rasé comme on avait

si Domitianus, sub quo hæc acciderunt, diutius vixisset. Nam in scrinio ejus datus a Caro de me libellus inventus est : ex quo conjectari potest, quia reis moris est submittere capillum, recisos meorum capillos depulsi, quod imminebat, periculi signum fuisse.

Proinde rogo, eruditionem tuam intendas. Digna res est, quam diu multumque consideres : ne ego quidem indignus, cui copiam scientiæ tuæ facias. Licet etiam utramque in partem, ut soles, disputes : ex altera tamen fortius, ne me suspensum incertumque dimittas, quum mihi consulendi causa fuerit, ut dubitare desinerem. Vale.

XXVIII.

Plinius Septicio suo s.

Ais, quosdam apud te reprehendisse, tanquam amicos meos, ex omni occasione, ultra modum laudem. Agnosco crimen, amplector etiam : quid enim honestius culpa benignitatis? Qui sunt tamen isti, qui amicos meos melius me norint? Sed ut norint, quid invident mihi felicissimo errore? Ut enim non sint tales, quales a me

trouvé l'autre, et les cheveux, qu'on lui avait coupés, étaient épars sur le plancher. Ces aventures n'eurent aucune suite remarquable, si ce n'est que je ne fus point accusé devant Domitien, qui régnait alors : je ne l'eusse pas échappé, s'il eût vécu plus long-temps; car on trouva dans son portefeuille un mémoire contre moi, dont Carus était l'auteur[80]. De là on peut conjecturer que la coutume des accusés étant de négliger et de laisser croître leurs cheveux, les cheveux coupés de mes esclaves m'annonçaient un péril heureusement écarté.

Je vous supplie donc de mettre en œuvre toute votre érudition. Le sujet est digne d'une méditation profonde, et peut-être ne suis-je pas indigne que vous me fassiez part de vos lumières. Si, selon votre coutume, vous balancez les deux opinions contraires, faites pourtant que la balance penche de quelque côté pour me tirer de l'inquiétude où je suis; car je ne vous consulte que pour m'en délivrer[81]. Adieu.

XXVIII.

Pline à Septicius[82].

Vous dites qu'on me reproche de louer mes amis en toute occasion, et sans mesure. J'avoue mon crime, et j'en fais gloire; rien de plus honorable que de pécher par excès d'indulgence! Quels sont, au reste, ces censeurs rigoureux, qui connaissent mieux mes amis que moi-même? et quand ils les connaîtraient mieux, pourquoi m'envier une si douce erreur? Si mes amis ne sont

prædicantur, ego tamen beatus, quod mihi videntur. Igitur ad alios hanc sinistram diligentiam conferant; nec sunt parum multi, qui carpere amicos suos judicium vocant : mihi nunquam persuadebunt, ut meos amari a me nimium putem. Vale.

XXIX.

Plinius Montano suo s.

Ridebis, deinde indignaberis, deinde ridebis, si legeris; quod nisi legeris, non potes credere. Est via Tiburtina intra primum lapidem (proxime annotavi) monumentum Pallantis ita inscriptum : *Huic senatus, ob fidem pietatemque erga patronos, ornamenta prætoria decrevit, et sertertium centies quinquagies; cujus honore contentus fuit.* Equidem nunquam sum miratus quæ sæpius a fortuna, quam a judicio proficiscerentur : maxime tamen hic me titulus admonuit, quam essent mimica et inepta, quæ in hoc cœnum, in has sordes abjicerentur : quæ denique ille furcifer et recipere ausus est, et recusare; atque etiam, ut moderationis exemplum, posteris prodere. Sed quid indignor ? Ridere satius, ne

pas tels que je le dis, je suis toujours heureux de le croire. Que ces critiques portent donc ailleurs leur fâcheuse délicatesse : assez d'autres, sous le nom de justice, font la satire de leurs amis ; pour moi, on ne me persuadera jamais que j'aime trop les miens. Adieu.

XXIX.

Pline à Montanus[83].

Vous rirez, vous entrerez en colère, et puis vous recommencerez à rire, si vous lisez ceci, que vous ne pourrez croire sans l'avoir lu. On voit sur le chemin de Tibur, à un mille de la ville (j'en ai fait la remarque dernièrement), un tombeau de Pallas[84], avec cette inscription : *Pour récompenser son attachement et sa fidélité envers ses maîtres, le sénat lui a décerné les marques de distinction réservées aux préteurs, et le don de quinze millions de sesterces : la distinction honorifique lui a suffi.* Je ne m'étonne pas ordinairement de ces élévations, où la fortune a souvent plus de part que le mérite. Je l'avoue pourtant, à la vue d'une telle épitaphe, j'ai songé combien il y avait de mensonge et de sottise dans ces inscriptions, que l'on prostitue quelquefois à des infâmes et à des malheureux, dans ces distinctions, qu'un tel misérable ose accepter, ose refuser, en se proposant même à la postérité pour un exemple de modé-

se magnum aliquod adeptos putent, qui huc felicitate perveniunt, ut rideantur. Vale.

XXX.

Plinius Genitori suo s.

Torqueor, quod discipulum, ut scribis, optimæ spei amisisti, cujus et valetudine et morte impedita studia tua quidni sciam, quum sis omnium officiorum observantissimus, quumque omnes, quos probas, effusissime diligas? Me huc quoque urbana negotia persequuntur. Non desunt enim qui me judicem aut arbitrum faciant. Accedunt querelæ rusticorum, qui auribus meis post longum tempus suo jure abutuntur. Instat et necessitas agrorum locandorum perquam molesta: adeo rarum est invenire idoneos conductores! Quibus ex causis precario studeo: studeo tamen. Nam et scribo aliquid et lego: sed quum lego, ex comparatione sentio quam male scribam; licet tu mihi bonum animum facias, qui libellos meos de ultione Helvidii, orationi Demosthenis κατὰ Μειδίου confers: quam sane, quum componerem illos, habui in manibus, non ut æmularer (improbum enim ac pæne furiosum), sed tamen imitarer et sequerer, quantum aut

ration. Mais pourquoi me fâcher? il vaut bien mieux rire, afin que ceux que le caprice de la fortune élève ainsi, ne s'applaudissent pas d'être montés bien haut, lorsqu'elle n'a fait que les exposer à la risée publique. Adieu.

XXX.

Pline à Génitor [85].

Je suis bien affligé que vous ayez perdu un disciple dont vous louez tant dans votre lettre les brillantes dispositions. Sachant avec quelle exactitude vous remplissiez tous vos devoirs, et quel attachement vous avez pour ceux que vous estimez, je ne m'étonne point que sa maladie et sa mort aient dérangé vos études. Pour moi, les embarras de la ville me poursuivent jusqu'ici. L'un me prend pour juge, l'autre pour arbitre; ajoutez à cela les plaintes des paysans, qui profitent amplement du droit qu'ils ont de se faire écouter après une si longue absence. D'ailleurs, je suis occupé du soin de chercher des fermiers; nécessité fâcheuse, car il est très-rare d'en trouver de bons. Je ne puis donc étudier qu'à la dérobée: j'étudie pourtant, car je lis et je compose; mais lorsque je lis, la comparaison me fait sentir combien je compose mal. Il ne tient pas à vous que vous ne me consoliez, quand vous comparez l'ouvrage que j'ai composé pour venger la mémoire d'Helvidius [86], à la harangue de Démosthènes contre Midias [87]. Il est vrai de dire, qu'en y travaillant je lisais sans cesse l'œuvre de Démosthènes: je n'aspirais pas à l'égaler; il y aurait de la témérité,

diversitas ingeniorum, maximi et minimi aut causæ dissimilitudo pateretur. Vale.

XXXI.

Plinius Cornuto suo s.

CLAUDIUS POLLIO amari a te cupit; dignus hoc ipso quod cupit, deinde quod ipse te diligit (neque enim fere quisquam exigit illud, nisi qui facit) : vir alioquin rectus, integer, quietus, ac pæne ultra modum (si quis tamen ultra modum) verecundus. Hunc, quum simul militaremus, non solum ut commilito inspexi. Præerat alæ milliariæ. Ego jussus a legato consulari rationes alarum et cohortium excutere, ut magnam quorumdam fœdamque avaritiam, et negligentiam parem, ita hujus summam integritatem, sollicitam diligentiam inveni. Postea promotus ad amplissimas procurationes, nulla occasione corruptus ab insito abstinentiæ amore deflexit; nunquam secundis rebus intumuit, nunquam officiorum varietate continuam laudem humanitatis infregit : eademque firmitate animi laboribus suffecit, qua nunc otium patitur. Quod quidem paulisper cum magna sua laude intermisit et posuit, a Corellio nostro ex liberalitate imperatoris Nervæ

peut-être même de la folie à y prétendre : mais je me proposais de l'imiter, autant que le permettaient la différence des sujets [88] et la distance d'un génie du premier ordre à un esprit du dernier. Adieu.

XXXI.

Pline à Cornutus [89].

CLAUDIUS POLLION [90] souhaite fort d'être de vos amis. Il m'en paraît digne, puisqu'il le souhaite, et plus encore puisqu'il vous aime : car il n'arrive guère de demander l'amitié de quelqu'un sans lui avoir déjà donné la sienne. C'est d'ailleurs un homme droit, intègre, doux, modeste à l'excès, s'il est vrai qu'il se puisse trouver de l'excès dans la modestie. Je l'ai connu quand nous étions ensemble à l'armée, et plus intimement qu'on ne connaît un simple compagnon d'armes. Il commandait une aile de cavalerie. Je fus chargé par le lieutenant du consul d'examiner les comptes des escadrons et des cohortes : je trouvai autant d'exactitude et de soin dans les siens, que de traces de cupidité et de désordre dans ceux de beaucoup d'autres. Élevé ensuite aux plus brillans emplois, il n'a pas une seule fois démenti les principes de probité qui semblent nés avec lui. Jamais il ne fut enivré de ses succès; jamais on ne le vit, étourdi par la diversité de ses occupations, cesser un instant d'être affable et poli. Il a porté dans les plus grands travaux la force d'esprit qu'il montre maintenant dans la retraite. Il l'a quittée quelque temps, et c'est avec gloire.

emendis dividendisque agris adjutor assumptus. Etenim qua gloria dignum est, summo viro in tanta eligendi facultate præcipue placuisse? Idem quam reverenter, quam fideliter amicos colat, multorum supremis judiciis, in his Musonii Bassi, gravissimi civis, credere potes, cujus memoriam tam grata prædicatione prorogat, et extendit, ut librum de vita ejus (nam studia quoque, sicut alias artes bonas, veneratur) ediderit. Pulchrum istud, et raritate ipsa probandum, quum plerique hactenus defunctorum meminerint, ut querantur. Hunc hominem, appetentissimum tui (mihi crede) complectere, apprehende, imo et invita, ac sic ama tanquam gratiam referas. Neque enim obligandus, sed remunerandus est in amoris officio, qui prior cœpit. Vale.

XXXII.

Plinius Fabato prosocero suo s.

Delector jucundum tibi fuisse Tironis mei adventum. Quod vero scribis, oblata occasione proconsulis, plurimos manumissos, unice lætor. Cupio enim patriam nos-

Notre cher Corellius chargé de l'achat et du partage des terres que l'on devait à la munificence de l'empereur Nerva, l'associa à ses travaux; et quelle gloire, d'avoir mérité qu'un si grand homme, dont le choix pouvait s'arrêter sur tant d'autres, lui donnât la préférence! Si vous voulez savoir quelle est sa fidélité, sa tendresse pour ses amis, consultez les testamens de quelques-uns d'entre eux, et particulièrement celui de Musonius Bassus, si distingué par son mérite. Pollion ne se contente pas d'honorer sans cesse sa mémoire, et de publier partout ce qu'il lui doit; il a même écrit sa vie : car il n'a pas moins de goût pour les lettres que pour les autres arts. C'est un trait vraiment digne d'estime[91], et d'autant plus louable qu'il est rare de notre temps; on ne se souvient guère des morts que pour s'en plaindre. Agréez donc, croyez-moi, l'amitié d'un homme si avide de la vôtre : acceptez-la avec empressement, ou plutôt recherchez-la avec ardeur. Aimez-le, comme si la reconnaissance vous y engageait. Dans le commerce de l'amitié, c'est peu de rendre; on doit du retour à celui qui a commencé le premier. Adieu.

XXXII.

Pline à Fabatus, aïeul de sa femme.

JE suis bien aise que la visite de mon cher Tiron[92] vous ait fait plaisir; mais je suis enchanté surtout que la présence du proconsul ait, comme vous me l'écrivez, fourni l'occasion d'affranchir plusieurs esclaves. Je sou-

tram omnibus quidem rebus augeri, maxime tamen civium numero. Id enim oppidis firmissimum ornamentum. Illud etiam me, non ut ambitiosum, sed tamen juvat, quod adjicis, te meque et gratiarum actione et laude celebratos. Est enim, ut Xenophon ait, ἥδιστον ἄκουσμα ἔπαινος, utique si te mereri putes. Vale.

XXXIII.

Plinius Tacito suo s.

Auguror, nec me fallit augurium, historias tuas immortales futuras; quo magis illis (ingenue fatebor) inseri cupio. Nam, si esse nobis curæ solet, ut facies nostra ab optimo quoque artifice exprimatur, nonne debemus optare, ut operibus nostris similis tui scriptor prædicatorque contingat? Demonstro itaque, quanquam diligentiam tuam fugere non possit, quum sit in publicis actis, demonstro tamen, quo magis credas jucundum mihi futurum, si factum meum, cujus gratia periculo crevit, tuo ingenio, tuo testimonio ornaveris.

Dederat me senatus cum Herennio Senecione advocatum provinciæ Bæticæ contra Bæbium Massam; damnatoque Massa censuerat, ut bona ejus publice custodiren-

haite que notre patrie s'accroisse en toutes choses, mais surtout en citoyens : c'est là la plus belle parure d'une ville. Vous ajoutez que l'on nous a comblés de remercîmens et d'éloges : je m'en félicite, sans que la vanité y ait part. Xénophon[93] l'a fort bien dit, la louange sonne toujours bien aux oreilles, particulièrement quand on croit n'en être pas indigne. Adieu.

XXXIII.

Pline à Tacite.

J'AI un pressentiment, et mon pressentiment ne me trompe pas, que vos histoires seront immortelles; c'est, je l'avoue ingénument, ce qui m'inspire un désir plus ardent d'y trouver une place. Si nous aimons que notre portrait soit de la main d'un habile artiste, ne devons-nous pas aussi souhaiter que nos actions trouvent un historien et un panégyriste tel que vous? Je vous indique donc un fait, qui ne peut échapper à votre attention, parce qu'il est dans les registres publics; je vous l'indique néanmoins, tant il me sera agréable qu'une action déjà si bien accueillie, et d'autant mieux qu'elle n'était pas sans péril[94], reçoive un nouveau lustre de votre approbation et de votre génie.

Le sénat nous avait donnés Hérennius Sénécion et moi pour avocats, à la province de Bétique, contre Bébius Massa[95]. Il fut condamné, et ses biens furent

tur. Senecio, quum explorasset consules postulationibus vacaturos, convenit me, et : *Qua concordia,* inquit, *injunctam nobis accusationem exsecuti sumus, hac adeamus consules, petamusque ne bona dissipari sinant, quorum esse in custodia debent.* Respondi : *Quum simus advocati a senatu dati, dispice num peractas putes partes nostras, senatus cognitione finita.* Et ille : *Tu quem voles tibi terminum statues, cui nulla cum provincia necessitudo, nisi ex beneficio tuo, et hoc recenti : ipse et natus ibi, et quæstor in ea fui.* Tum ego : *Si fixum tibi istud ac deliberatum, sequar te, ut si qua ex hoc invidia erit, non tua tantum sit.*

Venimus ad consules; dicit Senecio quæ res ferebat : aliqua subjungo. Vixdum conticueramus, et Massa questus Senecionem non advocati fidem, sed inimici amaritudinem implesse, impietatis reum postulat. Horror omnium : ego autem : *Vereor,* inquam, *clarissimi consules, ne mihi Massa silentio suo prævaricationem objecerit, quod non et me reum postulavit.* Quæ vox et statim excepta, et postea multo sermone celebrata est. Divus quidem Nerva (nam privatus quoque attendebat his, quæ recte in publico fierent), missis ad me gravissimis

placés sous la surveillance publique. Peu après, Sénécion apprend que les consuls doivent donner audience sur les requêtes qui leur étaient présentées. Il vient me trouver : *Puisque nous nous sommes si parfaitement entendus*, dit-il, *en soutenant ensemble l'accusation dont nous étions chargés, allons avec le même accord nous présenter aux consuls, et demandons que ceux à qui l'on a confié la garde des biens ne souffrent pas qu'on les dissipe* 96. — *Faites attention*, lui répondis-je, *que nous avons été nommés avocats par le sénat, qu'il a prononcé, et que, par son jugement, toute la mesure de notre obligation paraît remplie.* — *Vous pouvez*, reprit-il, *donner à vos devoirs telles bornes qu'il vous plaira, vous qui n'avez aucune autre liaison avec cette province, que par le service que vous venez de lui rendre. Je ne puis en faire autant, moi qu'elle a vu naître, moi qu'elle a vu questeur.* — *Si votre parti est pris*, lui répliquai-je, *je vous seconderai, pour que les conséquences, s'il y en a de fâcheuses, ne pèsent pas sur vous seul.*

Nous nous adressons aux consuls : Sénécion dit ce qui convenait; j'ajoutai peu de mots. A peine avions-nous cessé de parler, Massa se plaint que Sénécion ne remplissait plus le ministère d'un avocat, mais qu'il faisait éclater toute la fureur d'un ennemi, et en même temps il l'accuse d'impiété 97. Cet excès indigna tout le monde. Alors je repris la parole : *Illustres consuls*, dis-je, *j'ai à craindre que Massa, en ne m'accusant pas aussi, ne me rende, par son silence, suspect de prévarication.* Ces paroles, recueillies aussitôt, furent bientôt après dans la bouche de tout le monde. Nerva, encore homme privé, mais déjà plein d'intérêt pour ce qui se faisait de bien

litteris, non mihi solum, verum etiam seculo est gratulatus, cui exemplum (sic enim scripsit) simile antiquis contigisset.

Hæc, utcunque se habent, notiora, clariora, majora tu facies: quanquam non exigo ut excedas actæ rei modum. Nam nec historia debet egredi veritatem, et honeste factis veritas sufficit. Vale.

dans le public, m'écrivit à ce sujet une lettre fort honorable : il me félicitait, il félicitait mon siècle d'un trait qui, disait-il, rappelait l'antique vertu.

Voilà les faits, et quels qu'ils soient, votre plume en augmentera l'éclat, la renommée, la grandeur. Je ne vous demande point cependant d'en exagérer l'importance. Je sais que l'histoire ne doit pas sortir des bornes de la vérité, et que la vérité honore assez les bonnes actions [98]. Adieu.

G. PLINII CÆCILII SECUNDI
EPISTOLÆ.
LIBER OCTAVUS.

I.

Plinius Septicio suo s.

Iter commode explicui, excepto quod quidam ex meis adversam valetudinem fervescentibus æstibus contraxerunt. Encolpius quidem lector, ille seria nostra, ille deliciæ, exasperatis faucibus pulvere, sanguinem rejecit. Quam triste hoc ipsi, quam acerbum mihi, si is, cui omnis ex studiis gratia, inhabilis studiis fuerit! Quis deinde libellos meos sic leget? sic amabit? quem aures meæ sic sequentur? Sed dii lætiora promittunt: stetit sanguis, resedit dolor. Præterea continens ipse, nos solliciti, medici diligentes. Ad hoc salubritas cœli, secessus, quies, tantum salutis, quantum otii pollicentur. Vale.

LETTRES
DE PLINE LE JEUNE.
LIVRE HUITIÈME.

I.

Pline à Septicius[1].

Mon voyage a été assez heureux : cependant la santé de quelques-uns de mes esclaves a souffert de l'extrême chaleur[2]. Encolpius, mon lecteur, qui m'est si précieux pour mes occupations comme pour mes délassemens, a eu la gorge irritée par la poussière, et a craché le sang. Quel accident cruel pour lui et pénible pour moi, s'il faut qu'il devienne inhabile à exercer l'art qui fait tout son mérite! Où trouverai-je, après lui, quelqu'un qui lise si bien mes ouvrages, qui les aime autant, et que j'aie autant de plaisir à entendre? Mais, grâce aux dieux, j'ai meilleur espoir. Le crachement de sang a cessé; la douleur s'est apaisée : d'ailleurs, il est sobre, je suis attentif, les médecins sont pleins de zèle; et je puis ajouter que la pureté de l'air, la retraite, le repos lui promettent autant de santé qu'il aura de loisir. Adieu.

II.

Plinius Calvisio suo s.

Alii in prædia sua proficiscuntur, ut locupletiores revertantur; ego, ut pauperior. Vendideram vindemias certatim negotiatoribus ementibus. Invitabat pretium, et quod tunc, et quod fore videbatur. Spes fefellit. Erat expeditum, omnibus remittere æqualiter, sed non satis æquum. Mihi autem egregium in primis videtur, ùt foris, ita domi, ut in magnis, ita in parvis, ut in alienis, ita in suis, agitare justitiam. Nam si paria peccata, pares etiam laudes. Itaque omnibus quidem, ne quis *mihi non donatus* abiret, partem octavam pretii, quo quis emerat, concessi: deinde his, qui amplissimas summas emptionibus occupaverant, separatim consului: nam et me magis juverant, et majus ipsi fecerant damnum. Igitur his, qui pluris quam decem millibus emerant, ad illam communem, et quasi publicam octavam, addidi decimam ejus summæ, quæ decem millia excesserat. Vereor ne parum expresserim: apertius calculos ostendam. Si qui forte quindecim millibus emerant, hi et quindecim millium octavam, et quinque millium decimam tulerunt. Præterea, quum reputarem quosdam ex debito aliquantum, quosdam aliquid, quosdam nihil re-

II.

Pline à Calvisius [3].

D'autres vont à leurs terres pour en revenir plus riches; moi, je vais aux miennes pour en revenir plus pauvre. J'avais vendu mes vendanges à des marchands qui avaient enchéri à l'envi, déterminés par le prix auquel on l'offrait et par celui qu'ils espéraient en obtenir. Leur attente a été trompée. J'aurais pu sur-le-champ leur faire à tous une égale remise : mais ce n'était pas assez pour la justice, et je ne trouve pas moins glorieux de la rendre dans sa maison, qu'au tribunal, dans les petites affaires, que dans les grandes, dans les siennes, que dans celles d'autrui. Car si l'on prétend que toutes fautes sont égales [4], il faudra dire que toutes les bonnes actions le sont aussi. Je leur ai donc remis à tous la huitième partie du prix dont nous étions convenus, afin qu'il n'y en eût aucun qui n'emportât des marques de ma libéralité. Après cela, j'ai eu des égards particuliers pour ceux qui avaient placé en achats les plus grosses sommes [5] : leurs acquisitions avaient été et plus utiles pour moi et plus onéreuses pour eux. Outre la remise commune du huitième, je leur ai fait encore celle d'un dixième de tout ce qu'ils étaient obligés de payer au delà de dix mille sesterces [6]. Je ne sais si je m'explique assez : je vais rendre ce calcul plus sensible. Celui qui avait acheté pour quinze mille sesterces, je lui remettais, outre son huitième de cette somme, la dixième partie de cinq mille sesterces. J'ai considéré d'ailleurs que sur leur mar-

posuisse; nequaquam verum arbitrabar, quos non æquasset fides solutionis, hos benignitate remissionis æquare. Rursus ergo iis qui solverant, ejus, quod solverant, decimam remisi. Per hoc enim aptissime et in præteritum singulis, pro cujusque merito, gratia referri, et in futurum omnes quum ad emendum, tum etiam ad solvendum allici videbantur.

Magno mihi seu ratio hæc, seu facilitas stetit: sed fuit tanti. Nam regione tota et novitas remissionis et forma laudatur. Ex ipsis etiam, quos non una, ut dicitur, pertica, sed distincte gradatimque tractavi, quanto quis melior et probior, tanto mihi obligatior abiit, expertus non esse apud me,

Ἐν δὲ τῇ τιμῇ ἠμὲν κακὸς, ἠδ'ὲ καὶ ἐσθλός.

III.

Plinius Sparso suo s.

Librum, quem novissime tibi misi, ex omnibus meis vel maxime placere significas. Est eadem opinio cujusdam eruditissimi. Quo magis adducor ut neutrum falli putem;

ché, les uns avaient plus payé, les autres moins, quelques-uns rien ; et je n'ai pas cru raisonnable de traiter avec une égale bonté, dans la remise, ceux qui ne m'avaient pas traité avec une égale exactitude dans le paiement. J'ai donc encore remis à ceux qui m'avaient avancé leurs deniers le dixième de ce qu'ils m'avaient avancé. Par-là je crois avoir trouvé le moyen de satisfaire, pour le passé, à ce que chacun, selon son mérite, pouvait attendre de moi, et de les décider tous davantage, pour l'avenir, soit à acheter, soit à payer.

Cette facilité, ou, si vous voulez, cette équité, me coûte cher ; mais elle vaut bien ce qu'elle me coûte. On ne parle, dans tout le pays, que de la nouveauté de cette remise, et de la manière dont elle a été faite ; tout le monde la loue. Dans ceux-mêmes que je n'avais pas appréciés, comme l'on dit, à la même mesure, mais avec la distinction et la proportion convenables, je trouve d'autant plus de reconnaissance qu'il y a plus d'honneur et de probité : ils me savent gré d'avoir témoigné que chez moi

Le méchant et le bon n'ont point le même rang[7].

III.

Pline à Sparsus.

Vous me mandez que de tous mes ouvrages, le dernier que je vous ai envoyé est le meilleur, à votre goût. C'est aussi l'opinion d'une autre personne très-éclairée.

quia non est credibile utrumque falli, et quia tantum blandior mihi. Volo enim proxima quæque absolutissima videri; et ideo jam nunc contra istum librum faveo orationi, quam nuper in publicum dedi; communicaturus tecum, ut primum diligentem tabellarium invenero. Erexi exspectationem tuam, quam vereor ne destituat oratio in manus sumpta. Interim tamen, tanquam placituram (et fortasse placebit) exspecta. Vale.

IV.

Plinius Caninio suo s.

OPTIME facis, quod bellum Dacicum scribere paras. Nam quæ tam recens, tam copiosa, tam lata, quæ denique tam poetica, et (quanquam in verissimis rebus) tam fabulosa materia? Dices immissa terris nova flumina, novos pontes fluminibus injectos, insessa castris montium abrupta, pulsum regia, pulsum etiam vita, regem nihil desperantem. Super hæc, actos bis triumphos, quorum alter ex invicta gente primus, alter novissimus fuit. Una, sed maxima difficultas, quod hæc æquare dicendo, arduum, immensum, etiam tuo ingenio, quan-

J'en ai d'autant plus de penchant à croire que vous ne vous trompez ni l'un ni l'autre, soit parce qu'il n'est pas vraisemblable que vous vous trompiez tous deux, soit parce que j'aime à me flatter[8]. Je veux toujours que mon dernier ouvrage soit le meilleur. C'est par cette raison que je me déclare aujourd'hui contre celui que vous avez déjà, en faveur d'un discours que je viens de donner au public, et que je ne manquerai pas de vous faire tenir, dès que j'aurai trouvé un messager prompt et fidèle. Je vous ai promis beaucoup, et je crains bien que, lorsque vous lirez mon discours, il ne remplisse pas toute votre attente. Cependant attendez-le comme s'il devait vous plaire, et peut-être vous plaira-t-il. Adieu.

IV.

Pline à Caninius.

C'est un fort beau sujet que la guerre contre les Daces[9] : vous n'en pouviez trouver un plus nouveau, plus riche, plus étendu, plus poétique, et où l'exacte vérité ressemblât plus à la fable[10]? Vous direz les fleuves nouveaux s'élançant à travers les campagnes[11], les nouveaux ponts jetés sur les fleuves, les camps suspendus à la cîme des montagnes, un roi, **toujours plein de confiance**, chassé de son palais, et arraché même à la vie[12]. Vous nous peindrez deux triomphes, dont l'un a été le premier que l'on eût remporté sur une nation jusque là invincible; l'autre sera le dernier. Il n'y a qu'une difficulté, mais elle est très-grande, c'est d'égaler votre style à ces exploits. C'est

quam altissime assurgat, et amplissimis operibus increscat. Nonnullus et in illo labor, ut barbara et fera nomina, in primis regis ipsius, græcis versibus non resultent. Sed nihil est quod non arte curaque, si non potest vinci, mitigetur. Præterea, si datur Homero et mollia vocabula et græca ad lenitatem versus contrahere, extendere, inflectere, cur tibi similis audentia, præsertim non delicata, sed necessaria, negetur? Proinde jure vatum, invocatis diis, et inter deos ipso, cujus res, opera, consilia dicturus es, immitte rudentes, pande vela, ac, si quando alias, toto ingenio vehere. Cur enim non ego quoque poetice cum poeta?

Illud jam nunc paciscor; prima quæque ut absolveris, mitte, imo etiam antequam absolvas, sic ut erunt recentia, et rudia, et adhuc similia·nascentibus. Respondebis non posse perinde carptim, ut contexta, perinde inchoata placere, ut effecta. Scio. Itaque et a me æstimabuntur ut cœpta, spectabuntur ut membra, extremamque limam tuam opperientur in scrinio nostro. Patere hoc me super cetera habere amoris tui pignus, ut ea quoque norim, quæ nosse neminem velles. In summa, potero fortasse scripta tua magis probare, laudare, quanto illa tardius cautiusque; sed ipsum te magis

un effort immense, même pour votre génie, qui sait si bien s'élever et s'agrandir avec le sujet qu'il embrasse. Ce ne sera pas encore une chose facile que de faire entrer dans des vers grecs, sans en détruire l'harmonie, des noms durs et barbares, surtout celui du roi. Mais il n'est point d'obstacle que le travail et l'art ne parviennent à surmonter, ou du moins à affaiblir. D'ailleurs, si l'on permet à Homère, pour rendre le vers plus coulant, d'abréger, d'étendre, de changer des noms grecs, naturellement si doux, pourquoi vous interdirait-on une pareille licence, quand ce n'est plus seulement le plaisir de l'oreille, mais la nécessité qui la réclame. Ainsi donc, lorsque, suivant la coutume des poètes, vous aurez invoqué les dieux, sans oublier celui dont vous allez nous raconter les desseins, les exploits, les succès, lâchez les cables, déployez les voiles, et donnez plus que jamais l'essor à votre génie. Car, pourquoi ne prendrais-je pas aussi le style poétique avec un poète?

Toute la grâce que je vous demande aujourd'hui, c'est que vous m'envoyiez les premiers essais de votre ouvrage, à mesure qu'ils seront achevés, ou plutôt avant qu'ils le soient, dès qu'ils auront reçu leur première forme, et qu'ils ne seront encore qu'ébauchés. Vous me direz qu'il n'est pas possible que des morceaux détachés aient l'agrément d'une pièce suivie, ni l'ouvrage commencé les grâces d'un ouvrage fini. Je le sais; je les regarderai donc comme des ébauches, comme des fragmens, qui attendront leur dernière perfection dans mon portefeuille. A tant de témoignages de votre amitié, daignez en ajouter un nouveau, en me confiant ce que vous ne voudriez confier à personne. En un mot, il est possible que plus vous mettrez de lenteur et de réserve à

amabo, magisque laudabo, quanto celerius et incautius miseris. Vale.

V.

Plinius Geminio suo s.

GRAVE vulnus Macrinus noster accepit. Amisit uxorem singularis exempli, etiamsi olim fuisset. Vixit cum hac tringinta novem annis sine jurgio, sine offensa. Quam illa reverentiam marito suo præstitit, quum ipsa summam mereretur! Quot quantasque virtutes ex diversis ætatibus sumptas collegit et miscuit! Habet quidem Macrinus grande solatium, quod tantum bonum tamdiu tenuit; sed hoc magis exacerbatur, quod amisit. Nam fruendis voluptatibus crescit carendi dolor. Ero ergo suspensus pro homine amicissimo, dum admittere avocamenta, et cicatricem pati possit; quam nihil æque ac necessitas ipsa, et dies longa, et satietas doloris inducit. Vale.

m'envoyer vos écrits, plus je les aime et plus je les loue : mais plus vous y mettrez de promptitude et de confiance, plus vous obtiendrez pour vous-même mes éloges et mon amitié. Adieu.

V.

Pline à Geminius.

Notre cher Macrinus vient d'être frappé d'un coup bien cruel : il a perdu sa femme, dont la vertu eût été admirée, même parmi les anciens. Leur union a duré trente-neuf ans, sans trouble et sans nuage. Quel respect n'avait-elle pas pour son mari, elle qui était si digne d'être respectée! Que de vertus éminentes, propres aux différens âges, se réunissaient et s'associaient en elle! Il semble que ce soit une grande consolation pour Macrinus, d'avoir si long-temps possédé un pareil bien : mais il n'en sent que plus vivement le prix de ce qu'il a perdu; plus la possession a eu de charmes, plus la perte coûte de regrets. Je serai donc inquiet pour un homme que j'aime tant, jusqu'à ce qu'il puisse trouver quelque distraction à sa douleur, et que sa blessure soit cicatrisée : c'est ce qu'il faut attendre surtout de la nécessité, du temps et de la fatigue même de la douleur. Adieu.

VI.

Plinius Montano suo s.

Cognovisse jam ex epistola mea debes, annotasse me nuper monumentum Pallantis sub hac inscriptione: *Huic senatus, ob fidem pietatemque erga patronos, ornamenta prætoria decrevit, et sestertium centies quinquagies; cujus honore contentus fuit.* Postea mihi visum est pretium operæ ipsum senatusconsultum quærere. Inveni tam copiosum et effusum, ut ille superbissimus titulus modicus atque etiam demissus videretur. Conferant se, non dico illi veteres Africani, Achaici, Numantini, sed hi proximi, Marii, Syllæ, Pompeii (nolo progredi longius), infra Pallantis laudes jacebunt.

Urbanos, qui illa censuerunt, putem, an miseros? Dicerem urbanos, si senatum deceret urbanitas. Miseros ergo? sed nemo tam miser est, ut illa cogatur. Ambitio ergo, et procedendi libido? sed quis adeo demens, ut per suum, per publicum dedecus procedere velit in ea civitate, in qua hic esset usus florentissimæ dignitatis, ut primus in senatu laudare Pallantem posset?

VI.

Pline à Montanus.

Ma dernière lettre [13] doit vous avoir appris que j'ai remarqué, ces jours passés, une inscription sur le tombeau de Pallas, conçue en ces termes : *Pour récompenser son attachement et sa fidélité envers ses maîtres, le sénat lui a décerné les marques de distinction dont jouissent les préteurs, avec quinze millions de sesterces; et il s'est contenté de la seule distinction honorifique.* Cela m'inspira l'idée de rechercher le décret même, qui devait être fort curieux. Je l'ai découvert; et Pallas y est si honorablement traité, que cette fastueuse épitaphe est, en comparaison, des plus modestes et des plus humbles. Que nos illustres Romains, je ne parle pas de ceux des siècles éloignés, des Africains, des Numantins, des Achaïques [14], mais que ceux des derniers temps, les Marius, les Sylla, les Pompée, je ne veux pas pousser les citations plus loin, viennent se comparer à Pallas : leur gloire ne sera rien auprès de la sienne.

Faut-il attribuer ce décret à la raillerie ou au malheur? Je serais du premier avis, si la raillerie convenait à la gravité du sénat. Il faut donc s'en prendre au malheur : mais est-il malheur assez terrible pour réduire à une telle indignité? C'était peut-être ambition et désir de s'avancer? mais serait-il possible qu'il y eût quelqu'un assez fou pour désirer de s'avancer aux dépens de son propre honneur et de celui de la république, dans une ville où l'avantage de la première place était de pou-

Omitto, quod Pallanti servo prætoria ornamenta offeruntur; quippe offeruntur a servis : mitto, quod censent, *Non exhortandum modo, verum etiam compellendum ad usum aureorum annulorum*. Erat enim contra majestatem senatus si ferreis prætorius uteretur. Levia hæc et transeunda; illa memoranda, quod *Nomine Pallantis senatus* (nec expiata postea curia est!), *Pallantis nomine senatus gratias agit Cæsari, quod et ipse cum summo honore mentionem ejus prosecutus esset, et senatui facultatem fecisset testandi erga eum benevolentiam suam*. Quid enim senatui pulchrius, quam ut erga Pallantem satis gratus videretur? Additur, *Ut Pallas, cui se omnes pro virili parte obligatos fatentur, singularis fidei, singularis industriæ fructum meritissimo ferat.* Prolatos imperii fines, redditos exercitus reipublicæ credas. Astruitur his, *Quum senatui populoque Romano liberalitatis gratior repræsentari nulla materia posset, quam si abstinentissimi fidelissimique custodis principalium opum facultates adjuvare contigisset.* Hoc tunc votum senatus, hoc præcipuum gaudium populi, hæc liberalitatis materia gratissima, si Pallantis facultates adjuvare publicarum opum egestione contingeret. Jam quæ sequuntur, *Voluisse quidem senatum censere, dandum ex ærario sestertium centies quinquagies; et quanto ab*

voir donner comme sénateur les premières louanges à Pallas?

Je ne dis rien de ce qu'on offre les honneurs, les prérogatives de la préture à Pallas, à un esclave; ce sont des esclaves qui les offrent. Je ne relève point l'avis émis par eux, *que l'on ne doit pas seulement exhorter, mais même contraindre Pallas à porter des anneaux d'or;* il eût été contre la majesté du sénat qu'un homme revêtu des ornemens de préteur eût porté des anneaux de fer. Ce ne sont là que des bagatelles, qui ne méritent pas que l'on s'y arrête. Voici des faits bien plus dignes d'attention : *Les sénateurs, au nom de Pallas....* (et l'enceinte où ils s'assemblent n'a pas encore été purifiée!), *les sénateurs, au nom de Pallas, remercient l'empereur d'avoir parlé de son affranchi en termes si honorables, et de leur avoir permis de lui témoigner aussi leur reconnaissance.* En effet, que pouvait-il arriver de plus glorieux au sénat, que de ne paraître pas ingrat envers Pallas? On ajoute dans ce décret : *Qu'afin que Pallas, à qui chacun en particulier reconnaît avoir les plus grandes obligations, puisse recevoir les justes récompenses de ses travaux et de sa fidélité....* Ne croiriez-vous pas qu'il a reculé les frontières de l'empire, ou sauvé les armées de l'État? On continue.... *Le sénat et le peuple romain ne pouvant trouver une plus agréable occasion d'exercer leurs libéralités, qu'en augmentant la fortune du gardien le plus fidèle et le plus désintéressé des finances du prince...* Voilà où se bornaient alors tous les désirs du sénat et toute la joie du peuple; voilà l'occasion la plus précieuse d'ouvrir le trésor public : il faut l'épuiser pour enrichir Pallas. Ce qui suit n'est guère moins remarquable : *Que le sénat ordonnait qu'on ti-*

ejusmodi cupiditatibus remotior ejus animus esset, tanto impensius petere a publico parente, ut eum compelleret ad cedendum senatui. Id vero deerat, ut cum Pallante auctoritate publica ageretur; Pallas rogaretur ut senatui cederet; ut illi superbissimæ abstinentiæ Cæsar ipse patronus advocaretur, ne sestertium centies quinquagies sperneret. Sprevit : quod solum potuit, tantis opibus publice oblatis, arrogantius facere, quam si accepisset. Senatus tamen id quoque, similis querenti, laudibus tulit, his quidem verbis : *Sed quum princeps optimus, parensque publicus, rogatus a Pallante, eam partem sententiæ, quæ pertinebat ad dandum ei ex ærario centies quinquagies sestertium, remitti voluisset, testari senatum et se libenter ac merito hanc summam inter reliquos honores, ob fidem diligentiamque, Pallanti decernere cœpisse : voluntati tamen principis sui, cui in nulla re fas putaret repugnare, in hac quoque re obsequi.*

Imaginare Pallantem velut intercedentem senatusconsulto, moderantemque honores suos, et sestertium centies quinquagies, ut nimium, recusantem, quum prætoria ornamenta, tanquam minus, recepisset. Imaginare Cæsarem, liberti precibus, vel potius imperio, coram

rerait de l'épargne quinze millions de sesterces, pour les donner à Pallas ; et que moins son âme était accessible au désir des richesses, plus il fallait redoubler ses instances auprès du père commun, pour en obtenir qu'il obligeât Pallas de déférer au vœu du sénat. Il ne manquait plus, en effet, que de traiter, au nom du public, avec Pallas, que de le supplier de céder aux empressemens du sénat, que d'interposer la médiation de l'empereur [15] pour surmonter cette insolente modération, et pour faire en sorte que Pallas ne dédaignât pas quinze millions de sesterces. Il les dédaigna pourtant : refuser de si grandes richesses offertes par l'État, c'était le seul parti qui lui restait pour montrer plus d'orgueil qu'à les accepter [16]. Le sénat cependant semble se plaindre de ce refus, et le comble en même temps d'éloges en ces termes : *Mais l'empereur et le père commun ayant voulu, à la prière de Pallas, que le sénat lui remît l'obligation de satisfaire à cette partie du décret, qui lui ordonnait de recevoir, du trésor public, quinze millions de sesterces, le sénat déclare, que c'est avec plaisir et avec justice, qu'entre les honneurs qu'il avait commencé de décerner à Pallas, il avait mêlé le don de cette somme, pour reconnaître son zèle et sa fidélité ; que cependant le sénat se conformerait encore en cette occasion à la volonté du prince, qui doit être toujours respectée.*

Imaginez-vous Pallas qui s'oppose à un décret du sénat, qui modère lui-même ses propres honneurs, qui refuse quinze millions de sesterces, comme si c'était trop, et qui accepte les marques de la dignité de préteur, comme si c'était moins. Représentez-vous l'empereur qui, à la face du sénat, obéit aux prières, ou

senatu obtemperantem. Imperat enim libertus patrono, quem in senatu rogat. Imaginare senatum, usquequaque testantem, merito libenterque se hanc summam, inter reliquos honores, Pallanti cœpisse decernere; et perseveraturum fuisse se, nisi obsequeretur principis voluntati, cui non esset fas in ulla re repugnare. Ita, ne sestertium centies quinquagies Pallas ex ærario referret, verecundia ipsius, obsequio senatus opus fuit, in hoc præcipue non obsecuturi, si in ulla re putasset fas esse non obsequi.

Finem existimas? Mane dum, et majora accipe. *Utique, quum sit utile, principis benignitatem promptissimam ad laudem præmiaque merentium illustrari ubique, et maxime iis locis, quibus incitari ad imitationem præpositi rerum ejus curæ possent, et Pallantis spectatissima fides, atque innocentia exemplo provocare studium tam honestæ æmulationis posset, ea quæ quarto Kalendas Februarias, quæ proximæ fuissent, in amplissimo ordine optimus princeps recitasset, senatusque consulta de his rebus facta in æs inciderentur, idque æs figeretur ad statuam loricatam divi Julii.*

Parum visum, tantorum dedecorum esse curiam testem: delectus est celeberrimus locus, quo legenda præsentibus, legenda futuris proderentur. Placuit ære signari

plutôt aux ordres de son affranchi ; car un affranchi qui, dans le sénat, se donne la liberté de prier son patron, lui commande en effet. Figurez-vous le sénat, qui, jusqu'à l'extrémité, déclare qu'il a commencé, avec autant de plaisir que de justice, à décerner cette somme et de tels honneurs à Pallas ; et qu'il persisterait encore, s'il n'était obligé de se soumettre aux volontés du prince, qu'il n'est permis de contredire en aucune chose [17]. Ainsi donc, pour ne point forcer Pallas de prendre quinze millions de sesterces dans le trésor public [18], on a eu besoin de sa modération et de l'obéissance du sénat, qui n'aurait pas obéi, s'il lui eût été permis de résister en quelque chose aux volontés de l'empereur.

Vous croyez être à la fin ; attendez et écoutez le meilleur : *C'est pourquoi, comme il est très-avantageux de mettre au jour les faveurs dont le prince a honoré et récompensé ceux qui le méritaient, et particulièrement dans les lieux où l'on peut engager à l'imitation les personnes chargées du soin de ses affaires ; et que l'éclatante fidélité et la probité de Pallas sont les modèles les plus propres à exciter une honnête émulation, il a été résolu que le discours prononcé dans le sénat par l'empereur, le vingt-huit janvier dernier, et le décret du sénat à ce sujet, seraient gravés sur une table d'airain, qui sera appliquée près de la statue représentant le divin Jules en habit de guerre* [19].

Il ne suffisait pas que le sénat eût été témoin de ces honteuses bassesses : on a choisi le lieu le plus fréquenté, pour les exposer aux yeux de notre siècle et des siècles futurs. On a pris soin de graver sur l'airain tous les hon-

omnes honores fastidiosissimi mancipii, quosque repudiasset, quosque, quantum ad decernentes pertinet, gessisset. Incisa et insculpta sunt publicis æternisque monumentis prætoria ornamenta Pallantis, sic quasi fœdera antiqua, sic quasi sacræ leges. Tanta principis, tanta senatus, tanta Pallantis ipsius.... quid dicam nescio, ut vellent in oculis omnium figi Pallas insolentiam suam, patientiam Cæsar, humilitatem senatus. Nec puduit rationem turpitudini obtendere; egregiam quidem pulchramque rationem, ut exemplo Pallantis præmiorum ad studium æmulationis ceteri provocarentur. Ea honorum vilitas erat, illorum etiam quos Pallas non se dignabatur. Inveniebantur tamen honesto loco nati, qui peterent, cuperentque, quod dari liberto, promitti servis videbant. Quam juvat quod in tempora illa non incidi, quorum sic me, tanquam illis vixerim, pudet! Non dubito similiter affici te. Scio quam sit tibi vivus et ingenuus animus: ideoque facilius est, ut me quanquam indignatione quibusdam in locis fortasse ultra epistolæ modum extulerim, parum doluisse, quam nimis credas. Vale.

neurs d'un dédaigneux esclave, ceux même qu'il avait refusés, mais qu'il avait possédés cependant, autant qu'il dépendait de la volonté des auteurs du décret. On a écrit dans les registres publics, pour en conserver à jamais le souvenir, qu'on lui avait déféré les marques de distinction que portent les préteurs, comme on y écrivait autrefois les anciens traités d'alliance, les lois sacrées. L'empereur, le sénat, Pallas lui-même ont eu assez de.... je ne sais quel mot employer, pour vouloir qu'on étalât à tous les yeux, Pallas, son insolence, l'empereur, sa faiblesse, le sénat, son avilissement [20]. Est-il possible que le sénat n'ait pas eu honte de chercher des prétextes à son infamie? La belle, l'admirable raison que l'envie d'exciter une noble émulation dans les esprits, par l'exemple des grandes récompenses dont était comblé Pallas! Voyez par là dans quel mépris tombaient les honneurs, je dis ceux même que Pallas ne refusait pas. On trouvait pourtant des hommes d'une naissance distinguée qui désiraient, qui cherchaient avec ardeur ce qu'ils voyaient accorder à un affranchi, promettre à des esclaves. Que j'ai de joie de n'être point né dans ces temps qui me font rougir, comme si j'y avais vécu! Je ne doute point que vous ne pensiez de même. Je connais votre délicatesse, votre grandeur d'âme : je suis donc persuadé que, malgré quelques endroits, où l'indignation m'a emporté au delà des justes bornes d'une lettre, vous aurez plus de penchant à croire que je ne me plains pas assez, qu'à penser que je me plains trop. Adieu.

VII.

Plinius Tacito suo s.

Neque ut magistro magister, neque ut discipulo discipulus (sic enim scribis), sed ut discipulo magister (nam tu magister, ego contra; atque ideo tu in scholam revocas, ego adhuc Saturnalia extendo) librum misisti. Num potui longius hyperbaton facere, atque hoc ipso probare cum me esse, qui non modo magister tuus, sed ne discipulus quidem debeam dici? Sumam tamen personam magistri; exeramque in librum tuum jus, quod dedisti; eo liberius, quod nihil ex meis interim missurus sum tibi, in quo te ulciscaris. Vale.

VIII.

Plinius Romano suo s.

Vidistine aliquando Clitumnum fontem? Si nondum (et puto nondum; alioquin narrasses mihi), vide; quem ego (pœnitet tarditatis) proxime vidi. Modicus collis assurgit, antiqua cupressu nemorosus et opacus. Hunc sub-

VII.

Pline à Tacite.

Ce n'est point comme de maître à maître, ni comme de disciple à disciple, ainsi que vous me le mandez, mais comme de maître à disciple, que vous m'avez envoyé votre livre; car vous êtes le maître, moi l'élève : aussi me rappelez-vous à mon devoir, moi qui prolonge encore la licence des Saturnales. Je ne pouvais, ce me semble, vous faire un compliment plus embarrassé, et vous mieux prouver par là, que, loin de passer pour votre maître, je ne mérite pas même le nom de votre disciple. Toutefois je vais essayer le rôle de maître, et j'exercerai sur votre livre tout le droit que vous m'avez donné : j'en userai avec d'autant moins de retenue, que j'ai bien résolu de ne vous rien envoyer pendant ce temps sur quoi vous puissiez vous venger. Adieu.

VIII.

Pline à Romanus.

N'avez-vous jamais vu la source du Clitumne? Je ne le crois pas, car vous m'en auriez parlé. Voyez-la donc. Je viens de la visiter, et je regrette d'y avoir songé si tard. Du pied d'une petite colline, chargée d'un bois de cyprès fort touffu, jaillit une fontaine dont les eaux se font jour

ter fons exit, et exprimitur pluribus venis, sed imparibus; eluctatusque facit gurgitem, qui lato gremio patescit purus et vitreus, ut numerare jactas stipes et relucentes calculos possis. Inde non loci devexitate, sed ipsa sui copia et quasi pondere impellitur. Fons adhuc, et jam amplissimum flumen, atque etiam navium patiens; quas obvias quoque et contrario nisu in diversa tendentes transmittit et perfert; adeo validus, ut illa, qua properat ipse, quanquam per solum planum, remis non adjuvetur, idem ægerrime remis contisque superetur adversus. Jucundum utrumque per jocum ludumque fluitantibus, ut flexerint cursum, laborem otio, otium labore variare. Ripæ fraxino multa, multa populo vestiuntur, quas perspicuus amnis, velut mersas, viridi imagine annumerat. Rigor aquæ certaverit nivibus; nec color cedit.

Adjacet templum priscum et religiosum. Stat Clitumnus ipse amictus ornatusque prætexta. Præsens numen, atque etiam fatidicum, indicant sortes. Sparsa sunt circa sacella complura, totidemque dei : sua cuique veneratio, suum nomen, quibusdam vero etiam fontes. Nam præter illum quasi parentem ceterorum, sunt minores capite discreti; sed flumini misceantur, quod ponte transmittitur. Is terminus sacri profanique. In superiore parte navigare tantum, infra etiam natare concessum. Balineum Hispellates, quibus illum locum divus Augustus dono dedit,

par plusieurs veines inégales[21], et forment ensuite un grand bassin, si pur et si clair, que l'on peut compter les pièces de monnaie que l'on y jette, et les cailloux que l'on y voit reluire. De là elle se précipite, moins par la pente qu'elle trouve que par sa propre abondance et par son propre poids. A peine est-elle sortie de sa source, qu'elle devient un fort grand fleuve qui porte bateau, et où se rencontrent sans obstacle les navires qui montent et ceux qui descendent. Ses eaux sont si fortes[22], que la rame est inutile, en suivant le courant, quoique la pente soit presque insensible, et qu'on lutte difficilement contre lui avec les rames et les perches. Ceux qui y naviguent par amusement se plaisent, en changeant de direction, à faire succéder le repos au travail, et le travail au repos. Les rivages sont chargés de frênes et de peupliers, qui se réfléchissent en couleurs si vives au fond du canal, qu'ils semblent plongés dans les flots et qu'on peut les y compter. Ses eaux, froides comme la neige, en ont aussi la blancheur.

Près de là, est un temple antique et respecté. Le dieu du fleuve y paraît couvert et orné de la prétexte. C'est un dieu secourable, et qui même prédit l'avenir : il est entouré de l'appareil des oracles. Les environs du temple offrent une foule de chapelles; chacune a son dieu[23], son culte et son nom particulier. Quelques-unes même ont leurs fontaines, car, outre la principale, et qui est comme la mère des autres, il s'en trouve encore plusieurs dont la source est différente, mais qui se perdent dans le fleuve. On le passe sur un pont qui sépare les lieux sacrés des lieux profanes. Au dessus du pont, il n'est permis que de naviguer; au dessous, on peut se baigner[24]. Les Hispellates[25], auxquels le divin Auguste

publice præbent, præbent et hospitium. Nec desunt villæ, quæ secutæ fluminis amœnitatem, margini insistunt. In summa, nihil erit ex quo non capias voluptatem. Nam studebis quoque, et leges multa multorum omnibus columnis, omnibus parietibus inscripta, quibus fons ille deusque celebratur. Plura laudabis, nonnulla ridebis; quanquam tu vero, quæ tua humanitas, nulla ridebis. Vale.

IX.

Plinius Urso suo s.

Olim non librum in manus, non stilum sumpsi. Olim nescio quid sit otium, quid quies, quid denique illud iners quidem, jucundum tamen, nihil agere, nihil esse : adeo multa me negotia amicorum nec secedere nec studere patiuntur. Nulla enim studia tanti sunt, ut amicitiæ officium deseratur, quod religiosissime custodiendum studia ipsa præcipiunt. Vale.

a concédé ce lieu, offrent gratuitement le bain et l'hospitalité. Les deux rives sont bordées de maisons de campagne, où l'on jouit de la beauté du fleuve. Tout vous charmera dans ce lieu. Vous pourriez même vous y occuper utilement à lire les inscriptions tracées de tous côtés et par tout le monde sur les colonnes, sur les murs, à l'honneur de la source et du dieu qui y préside. Vous applaudirez aux unes, vous vous moquerez des autres; ou plutôt, je connais votre bonté, vous ne vous moquerez d'aucune. Adieu.

IX.

Pline à Ursus [26].

Depuis long-temps je n'ai rien lu, je n'ai rien écrit. Depuis long-temps je ne connais plus le loisir, ni enfin le bonheur de ne rien faire, de n'être rien [27]; bonheur d'indolence [28], je le sais, mais pourtant bonheur des plus doux. La multitude d'affaires dont je suis chargé pour mes amis m'éloigne de la retraite et de l'étude. Car il n'y a point d'étude, quelque précieuse qu'elle soit, qu'on ne doive sacrifier aux devoirs de l'amitié, que l'étude elle-même enseigne à compter au nombre des plus sacrés. Adieu.

X.

Plinius Fabato prosocero suo s.

Quo magis cupis ex nobis pronepotes videre, hoc tristior audies, neptem tuam abortum fecisse, dum se prægnantem esse puellariter nescit, ac per hoc quædam custodienda prægnantibus omittit, facit omittenda. Quem errorem magnis documentis expiavit, in summum periculum adducta. Igitur, ut necesse est, graviter accipias senectutem tuam quasi paratis posteris destitutam, sic debes agere diis gratias, quod ita tibi in præsentia pronepotes negaverint, ut servarint neptem, illos reddituri; quorum nobis spem certiorem hæc ipsa, quanquam parum prospere explorata, fecunditas facit. Iisdem nunc ego te, quibus ipsum me, hortor, moneo, confirmo. Neque enim ardentius tu pronepotes, quam ego liberos cupio: quibus videor a meo tuoque latere pronum ad honores iter, et audita latius nomina, et non subitas imagines relicturus. Nascantur modo, et hunc nostrum dolorem gaudio mutent. Vale.

X.

Pline à Fabatus, aïeul de sa femme.

Plus vous désirez avec ardeur que nous vous donnions des arrière-petits-fils, plus vous aurez de chagrin d'apprendre que votre petite-fille a fait une fausse-couche. Ignorante, comme toutes les jeunes femmes, elle ne se doutait pas qu'elle fût enceinte : aussi elle a négligé des précautions qu'exigeait son état, et elle s'est permis ce qu'il lui défendait. C'est une faute qu'elle a bien expié par son accident [29], et qui l'a exposée au plus grand danger. Si vous devez donc vous affliger de voir votre vieillesse frustrée d'une postérité dont elle semblait déjà jouir, vous devez aussi rendre grâces aux dieux de ce qu'en vous ôtant aujourd'hui des arrière-petits-fils, ils paraissent vouloir vous en donner d'autres, en vous conservant une petite-fille. C'est une espérance qui me paraît d'autant mieux fondée, que cette couche, toute malheureuse qu'elle est, est un gage de fécondité. Je vous écris, pour vous consoler et pour vous soutenir, ce que je me dis à moi-même; vous ne désirez pas des arrière-petits-fils avec plus d'ardeur que je ne désire des enfans. Je me flatte que, soit de votre côté, soit du mien, ils trouveront une route facile aux honneurs. Les noms qui les attendent ne sont point inconnus, et leur noblesse ne sera point l'ouvrage d'un soudain caprice de la fortune. Puissent-ils naître seulement, et changer ainsi notre tristesse en joie! Adieu.

XI.

Plinius Hispullae suae s.

Quum affectum tuum erga fratris filiam cogito, etiam materna indulgentia molliorem, intelligo prius tibi, quod est posterius, nuntiandum, ut praesumpta laetitia sollicitudini locum non relinquat. Quanquam vereor, ne post gratulationem quoque in metum redeas, atque ita gaudeas periculo liberatam, ut simul, quod periclitata sit, perhorrescas. Jam hilaris, jam sibi, jam mihi reddita, incipit refici, transmissumque discrimen convalescendo remetiri. Fuit alioquin in summo discrimine (impune dixisse liceat), fuit nulla sua culpa, aetatis aliqua. Inde abortus, et ignorati uteri triste experimentum. Proinde, etsi non contigit tibi desiderium fratris amissi aut nepote ejus, aut nepte solari, memento tamen dilatum magis istud, quam negatum, quum salva sit ex qua sperari potest. Simul excusa patri tuo casum, cui paratior apud feminas venia est. Vale.

XI.

Pline à Hispulla [30].

QUAND je songe à la tendresse que vous avez pour votre nièce, et qui surpasse même celle d'une mère pour sa fille, je sens qu'il faut vous écrire l'état où nous sommes, avant de vous mander celui où nous avons été : qu'une joie anticipée ne laisse plus de place au chagrin. Je tremble même encore que de la joie vous ne reveniez à la crainte, et qu'en vous félicitant de savoir votre nièce hors de danger, vous ne frémissiez au récit de celui qu'elle a couru. Déjà sa gaîté renaît ; déjà rendue à elle-même et à moi, elle reprend ses forces ; et revient à la vie, en remontant la route qui l'en avait éloignée [31]. Elle a couru le plus grand danger, et, il faut le dire, ce n'est point sa faute, c'est celle de son âge. De là viennent et sa fausse couche et les tristes suites d'une grossesse ignorée. Ainsi, quoique vous ne puissiez pas vous consoler de la perte de votre frère par la naissance d'un petit-neveu ou d'une petite-nièce, souvenez-vous que c'est un bien qui n'est que différé, et non pas perdu, puisque la personne dont nous avons le droit d'en attendre, nous reste encore. Excusez donc, auprès de votre père, un malheur que les femmes savent toujours plus aisément pardonner. Adieu.

XII.

Plinius Minutiano suo s.

Hunc solum diem excuso. Recitaturus est Titinius Capito, quem ego audire nescio magis debeam, an cupiam. Vir est optimus, et inter præcipua seculi ornamenta numerandus : colit studia, studiosos amat, fovet, provehit; multorumque, qui aliqua componunt, portus, sinus, prœmium, omnium exemplum, ipsarum denique litterarum jam senescentium reductor ac reformator. Domum suam recitantibus præbet; auditoria, non apud se tantum, benignitate mira frequentat : mihi certe, si modo in urbe est, defuit nunquam. Porro tanto turpius gratiam non referre, quanto honestior causa referendæ. An si litibus tererer, obstrictum esse me crederem obeunti vadimonia mea? nunc quia mihi omne negotium, omnis in studiis cura, minus obligor tanta sedulitate celebranti, in quo obligari ego, ne dicam solo, certe maxime possum? Quod si illi nullam vicem, nulla quasi mutua officia deberem, sollicitarer tamen vel ingenio hominis pulcherrimo et maximo, et in summa severitate dulcissimo, vel honestate materiæ. Scribit exitus illustrium virorum, in iis quorumdam mihi carissimorum. Videor ergo fungi pio munere, quorumque exse-

XII.

Pline à Minutianus [32].

JE vous prie de m'excuser, pour aujourd'hui seulement. Titinius Capito lit en public un de ses ouvrages ; j'irai l'entendre, par devoir autant que par plaisir. C'est un homme du plus noble caractère, et qu'on doit regarder comme un des principaux ornemens du siècle [33]. Il cultive les sciences; il aime les gens de lettres, il les soutient, il les sert : il est l'asile, la ressource, le bienfaiteur de la plupart de nos écrivains, et l'exemple de tous : il est l'appui, le restaurateur des lettres dans leur décadence. Il prête sa maison à tous ceux qui ont une lecture à faire. Personne ne vient plus régulièrement entendre ceux qui lisent soit chez lui, soit ailleurs : pour moi, tant qu'il s'est trouvé à Rome, il est toujours venu m'écouter. Il serait donc d'autant plus honteux d'être ingrat, qu'il s'offre une occasion plus honorable de montrer sa reconnaissance. Quoi! si j'avais un procès, je me croirais redevable à ceux qui m'accompagneraient à l'audience; et aujourd'hui que je fais mon unique affaire de mes études, que j'y donne tous mes soins, je croirai devoir moins à un homme qui s'en occupe avec tant de zèle, et qui me rend les services auxquels je tiens uniquement! D'ailleurs, quand je ne lui devrais aucun retour en égards et en bons offices, ce serait encore, pour aller l'entendre, un puissant attrait que son génie si beau, si puissant, si doux dans son austérité, et que la noblesse du sujet qu'il a choisi. Il écrit la mort d'hommes

quias celebrare non licuit, horum quasi funebribus laudationibus, seris quidem, sed tanto magis veris, interesse. Vale.

XIII.

Plinius Geniali suo s.

PROBO quod libellos meos cum patre legisti. Pertinet ad profectum tuum, a disertissimo viro discere, quid laudandum, quid reprehendendum; simul ita institui, ut verum dicere assuescas. Vides quem sequi, cujus debeas implere vestigia. O te beatum! cui contigit vivum, atque idem optimum et conjunctissimum exemplar; qui denique eum potissimum imitandum habes, cui natura esse te simillimum voluit. Vale.

XIV.

Plinius Aristoni suo s.

QUUM sis peritissimus et privati juris et publici, cujus pars senatorium est, cupio ex te potissimum audire,

illustres, dont plusieurs m'ont été bien chers. C'est donc, en quelque sorte, m'acquitter d'un pieux devoir, que d'assister aux éloges funèbres de ceux dont il ne m'a pas été permis d'honorer les obsèques : éloges un peu tardifs, mais qui n'en sont que plus sincères! Adieu.

XIII.

Pline à Genialis.

Vous avez bien fait de lire mes ouvrages avec votre père. Vous ne pouvez manquer de profiter beaucoup, en apprenant d'un juge si éclairé ce qu'il faut louer, ce qu'il faut reprendre : formé par ses leçons, vous vous accoutumerez aussi à dire la vérité. Vous avez sous les yeux celui dont vous devez suivre fidèlement la trace. Que vous êtes heureux de trouver votre modèle dans l'objet de vos plus tendres affections 34, et d'avoir à imiter un homme auquel la nature vous a fait si semblable 35 ! Adieu.

XIV.

Pline à Ariston.

Comme je sais que vous n'êtes pas moins versé dans la connaissance du droit public, dont le droit des séna-

erraverim in senatu proxime, necne; non ut in præteritum (serum enim), verum ut in futurum, si quid simile inciderit, erudiar.

Dices, *Cur quæris quod nosse debebas?* Priorum temporum servitus, ut aliarum optimarum artium, sic etiam juris senatorii oblivionem quamdam et ignorationem induxit. Quotus enim quisque tam patiens, ut velit discere, quod in usu non sit habiturus? Adde quod difficile est tenere quæ acceperis, nisi exerceas. Itaque reducta libertas rudes nos et imperitos deprehendit; cujus dulcedine accensi cogimur quædam facere ante, quam nosse.

Erat autem antiquitus institutum, ut a majoribus natu, non auribus modo, verum etiam oculis disceremus quæ facienda, mox ipsi, ac per vices quasdam tradenda minoribus haberemus. Inde adolescentuli statim castrensibus stipendiis imbuebantur, ut imperare parendo, duces agere, dum sequuntur, assuescerent : inde honores petituri assistebant curiæ foribus, et consilii publici spectatores ante, quam consortes erant. Suus cuique parens pro magistro, aut cui parens non erat, maximus quisque et vetustissimus pro parente. Quæ potestas referentibus, quod censentibus jus, quæ vis magistratibus, quæ ceteris libertas; ubi cedendum, ubi resistendum; quod silentii tempus, quis dicendi modus, quæ distinctio

teurs fait partie, que dans celle du droit privé, je désire apprendre de vous si dernièrement je n'ai pas commis une erreur dans le sénat : il serait trop tard pour la réparer ; mais je saurai à l'avenir ce que je dois faire, s'il se présente quelque chose de semblable.

Vous me direz, *Pourquoi demander ce que vous deviez savoir*[36]? La servitude des derniers temps a fait oublier les droits et les coutumes du sénat, aussi bien que les autres sciences utiles. Est-il homme assez patient pour vouloir apprendre ce qui ne lui doit être d'aucun usage? D'ailleurs, comment retenir ce qu'on apprend, si l'on ne le pratique jamais quand on l'a appris? Quand la liberté revint, elle nous trouva donc novices et inexpérimentés, et l'impatience de goûter les douceurs qu'elle offre, nous force d'agir avant que d'apprendre.

Les anciennes règles voulaient que nous vissions faire, que nous entendissions dire à ceux qui nous devançaient en âge, ce que bientôt nous-mêmes nous avions à faire et à dire, et ce que nous devions, à notre tour, transmettre à ceux qui viendraient après nous. De là cette coutume d'engager les jeunes gens à servir dans l'armée, dès leur plus tendre jeunesse, afin qu'en obéissant ils apprissent à commander, et qu'en suivant les autres ils se rendissent capables de marcher à leur tête. De là vient que ceux qui songeaient à s'élever aux charges demeuraient debout à la porte du sénat, obligés d'être spectateurs avant que d'être acteurs dans le conseil public. Chacun avait son père pour maître; et celui qui n'avait point de père en trouvait un dans le plus illustre et le plus ancien des sénateurs. C'est ainsi qu'ils apprenaient par l'exemple, le plus sûr de tous les guides, quel était le pouvoir de celui qui proposait, le droit de celui qui opinait; l'autorité de

pugnantium sententiarum, quæ executio prioribus aliquid addentium, omnem denique senatorium morem, quod fidelissimum præcipiendi genus exemplis docebantur.

At nos juvenes fuimus quidem in castris; sed quum suspecta virtus, inertia in pretio; quum ducibus auctoritas nulla, nulla militibus verecundia; nusquam imperium, nusquam obsequium; omnia soluta, turbata, atque etiam in contrarium versa, postremo obliviscenda magis quam tenenda. Iidem prospeximus curiam trepidam et elinguem, quum dicere quod velles, periculosum, quod nolles, miserum esset. Quid tunc disci potuit, quid didicisse juvit, quum senatus aut ad otium summum, aut ad summum nefas vocaretur? et modo ludibrio, modo dolori retentus, nunquam seria, tristia sæpe censeret? Eadem mala jam senatores, jam participes malorum, multos per annos vidimus, tulimusque; quibus ingenia nostra in posterum quoque hebetata, fracta, contusa sunt. Breve tempus (nam tanto brevius omne, quanto felicius tempus) quo libet scire quid simus, libet exercere quod sumus.

Quo justius peto primum ut errori (si quis est error)

chaque magistrat, la liberté de tous les autres citoyens ; quand il fallait céder ou résister, quand on devait se taire, et comment on devait parler[37] ; comment se faisait la distinction des avis contraires ; comment il était permis d'ajouter quelque chose à ce qu'on avait déjà dit ; en un mot, l'ordre qu'on devait observer au sénat.

Pour nous, il est vrai que nous avons servi dans les armées pendant notre jeunesse ; mais alors la vertu était suspecte, le vice honoré ; alors nulle autorité dans les chefs, nulle retenue dans les soldats ; alors on ne connaissait plus ni commandement, ni obéissance ; la licence, le désordre régnaient partout ; on ne voyait rien qui ne fût renversé, rien enfin qui ne méritât bien plutôt d'être oublié que d'être retenu. Nous avons aussi assisté tout jeunes aux séances du sénat ; mais alors il était toujours tremblant et toujours muet : l'on n'y pouvait sans péril dire ce que l'on pensait, et sans infamie, ce qu'on ne pensait pas. Quelle instruction, quelles leçons utiles pouvait-on recevoir, dans un temps où l'on n'assemblait le sénat que pour n'y rien faire, ou pour y décider quelque grand crime ? dans un temps où l'on ne le convoquait que pour se jouer de lui, ou pour le contrister ; où l'on n'agitait jamais rien de sérieux, et où cependant les résolutions étaient presque toujours funestes ? Nous avons vu les mêmes maux se perpétuer pendant plusieurs années, depuis que, devenus sénateurs, nous en avons pris et ressenti si cruellement notre part de douleur, que nos esprits en ont été frappés, accablés, anéantis. Il n'y a que fort peu de temps (car plus les temps sont heureux, plus ils sont courts) qu'il nous est permis de savoir, qu'il nous est permis d'être ce que nous sommes.

J'ai donc le droit de vous prier d'abord d'excuser mon

tribuas veniam; deinde medearis scientia tua, cui semper fuit curæ, sic jura publica ut privata, sic antiqua ut recentia, sic rara ut assidua tractare. Atque ego arbitror illis etiam, quibus plurimarum rerum agitatio frequens nihil esse ignotum patiebatur, genus quæstionis, quod affero ad te, aut non satis tritum, aut etiam inexpertum fuisse. Hoc et ego excusatior, si forte sum lapsus, et tu dignior laude, si potes id quoque docere, quod in obscuro est an didiceris.

Referebatur de libertis Afranii Dextri consulis, incertum sua an suorum manu, scelere an obsequio, perempti. Hos alius (quis? ego; sed nihil refert) post quæstionem supplicio liberandos, alius in insulam relegandos, alius morte puniendos arbitrabatur. Quarum sententiarum tanta diversitas erat, ut non possent esse nisi singulæ. Quid enim commune habet occidere et relegare? Non hercule magis quam relegare et absolvere; quanquam proprior aliquanto est sententiæ relegantis, quæ absolvit, quam quæ occidit. Utraque enim ex illis vitam relinquit, hæc adimit: quum interim et qui morte puniebant, et qui relegabant, una sedebant, et temporaria simulatione concordiæ discordiam differebant. Ego postulabam, ut tribus sententiis constaret suus numerus, nec se brevibus induciis duæ jungerent. Exigebam ergo, ut, qui capitali supplicio afficiendos putabant, discederent a rele-

erreur, si j'en ai commis une; ensuite, de m'éclairer par votre savoir : je sais qu'il n'embrasse pas moins le droit public que le droit privé, l'histoire ancienne que l'histoire moderne, les évènemens les plus singuliers que les faits les plus communs. Celui que je soumets à vos lumières est même si extraordinaire, à mon gré, que les hommes auxquels l'usage et l'expérience des affaires ne laissent rien ignorer, pourraient bien, ou n'en être pas instruits, ou ne l'être pas assez. Nous en serons d'autant plus dignes, moi de pardon, si je me suis trompé; et vous de louanges, si vous pouvez enseigner ce que vous n'avez peut-être pas eu l'occasion d'apprendre.

Le sénat traitait l'affaire des affranchis d'Afranius Dexter, consul. On l'a trouvé tué chez lui, et l'on ignore s'il a été tué de sa main ou de la main des siens, par leur crime ou par leur obéissance. L'un de nous (demandez-vous qui? c'est moi; mais il n'importe) a été d'avis qu'après avoir souffert la question, ils fussent renvoyés absous; l'autre, qu'il fallait les reléguer dans une île; un troisième, qu'ils devaient être punis de mort. Ces avis étaient si opposés, qu'il n'était pas possible de les concilier entre eux. Car que peuvent avoir de commun la mort et le bannissement? Rien de plus, sans doute, que le bannissement et l'absolution; encore la proposition d'absoudre se rapproche-t-elle plus de celle du bannissement, que la proposition de condamner à mort; car les deux premiers s'accordent à laisser vivre, et le dernier prive de la vie. Cependant, et ceux qui opinaient à la mort, et ceux qui opinaient au bannissement, suspendant pour quelque moment leur discorde, feignirent de s'entendre, et se rangèrent du même côté. Je soutenais que chacun des trois avis devait être sépa-

gante, nec interim contra absolventes mox dissensuri congregarentur, quia parvulum referret, an idem displiceret, quibus non idem placuisset. Illud etiam mihi permirum videbatur, eum quidem, qui libertos relegandos, servos supplicio afficiendos censuisset, coactum esse dividere sententiam; hunc autem, qui libertos morte mulctaret, cum relegante numerari. Nam si oportuisset dividi sententiam unius, quia res duas comprehendebat, non reperiebam, quemadmodum posset jungi sententia duorum tam diversa censentium. Atque adeo permitte mihi sic apud te, tanquam ibi, sic peracta re, tanquam adhuc integra, rationem judicii mei reddere; quæque tunc carptim, multis obstrepentibus, dixi, per otium jungere.

Fingamus tres omnino judices in hanc causam datos esse : horum uni placuisse perire libertos, alteri relegari, tertio absolvi : utrumne sententiæ duæ, collatis viribus, novissimam perimerent? an separatim unaquæque tantumdem, quantum altera valebit? nec magis poterit cum secunda prima connecti, quam secunda cum tertia?

rément compté, qu'on ne devait point souffrir que deux des trois s'unissent à la faveur d'une trêve de quelques momens. Je prétendais donc que ceux dont les voix condamnaient à mort fussent séparés de ceux qui se contentaient de bannir, et que, tout prêts à se contredire, ils ne formassent pas un même parti contre ceux qui voulaient absoudre; parce qu'au fond il importait peu qu'ils rejetassent tous l'absolution, s'ils n'admettaient pas tous la même condamnation. Je trouvais étrange que celui qui avait opiné à punir de mort les esclaves et à reléguer les affranchis, fût obligé de diviser son opinion en deux parties, et que cependant on réunit, dans un même avis, celui qui voulait que les affranchis fussent relégués et celui qui voulait qu'on les fît mourir. S'il fallait diviser l'avis d'une même personne, parce qu'il renfermait deux choses, je ne concevais pas comment on pouvait unir les avis de deux personnes, qui, sur la même chose, pensaient d'une manière si contraire. Permettez-moi donc, je vous supplie, aujourd'hui que l'affaire est décidée, de vous rendre raison de mon sentiment, comme si elle était encore indécise; permettez-moi de vous exposer avec suite et à loisir ce que je fus obligé de dire alors au milieu d'interruptions et de contradictions répétées.

Supposons que l'on eût nommé seulement trois juges pour prononcer sur cette affaire; que l'un d'eux eût été d'avis de condamner les affranchis au dernier supplice; l'autre, de les reléguer; le troisième, de les absoudre. Les deux premières opinions, réunissant leurs forces, l'emporteront-elles sur la dernière? ou plutôt chacune des trois ne vaudra-t-elle pas séparément autant que l'autre, sans que l'on puisse joindre plutôt la première à la se-

Igitur in senatu quoque numerari tanquam contrariæ debent, quæ tanquam diversæ dicuntur. Quod si unus atque idem et perdendos censeret et relegandos, num ex sententia unius et perire possent et relegari? num denique omnino una sententia putaretur, quæ tam diversa conjungeret? Quemadmodum igitur, quum alter puniendos, alter censeat relegandos, videri potest una sententia, quæ dicitur a duobus, quæ non videretur una, si ab uno diceretur?

Quid? lex non aperte docet dirimi debere sententias occidentis et relegantis, quum ita discessionem fieri jubet: *Qui hæc sentitis, in hanc partem: qui alia omnia, in illam partem ite qua sentitis?* Examina singula verba et expende: *Qui hæc censetis,* hoc est, qui relegandos putatis: *in hanc partem,* id est, in eam, in qua sedet qui censuit relegandos. Ex quo manifestum est, non posse in eadem parte remanere eos, qui interficiendos arbitrantur. *Qui alia omnia;* animadvertis, ut non contenta lex dicere *alia,* addiderit, *omnia.* Num ergo dubium est alia omnia sentire eos qui occidunt, quam qui relegant? *In illam partem ite qua sentitis.* Nonne videtur ipsa lex eos, qui dissentiunt, in contrariam partem vocare, cogere, impellere? Non con-

conde, que la seconde à la dernière? Il faut donc de même, dans le sénat, compter comme contraires les avis que l'on y a donnés comme différens. Que si un même homme opinait tout à la fois et au bannissement et à la mort, pourrait-on, selon cet avis, les bannir et leur ôter la vie? enfin, regarderait-on comme une seule et même opinion celle qui rassemblerait des choses si manifestement incompatibles? Comment donc est-il possible qu'on regarde comme un seul avis les avis de deux personnes, dont l'une veut que les affranchis perdent la vie, l'autre qu'ils aillent passer leur vie dans une île, lorsqu'il faudrait les regarder comme deux avis différens, s'ils étaient proposés par une seule personne.

Qu'ordonne la loi? ne nous enseigne-t-elle pas clairement qu'il faut absolument distinguer l'avis du bannissement et celui de la mort, lorsqu'elle veut que, pour recueillir les voix, on se serve de ces termes : *Vous qui êtes d'une telle opinion, passez de ce côté; vous qui êtes de toute autre, rangez-vous du côté opposé, avec ceux dont vous approuvez l'avis* [39]? Examinez, je vous prie, et pesez chaque mot : *Vous qui êtes d'un tel avis*, c'est-à-dire, vous qui pensez qu'on doit reléguer les affranchis, passez de ce côté-là, c'est-à-dire du côté où est assis l'auteur de cet avis. Par où il est évident que ceux qui opinent à la mort ne peuvent pas demeurer du même côté. *Vous qui êtes de tout autre avis*, vous voyez que la loi ne s'est pas contentée de dire *d'un autre*, mais *de tout autre*. Or, peut-on douter que celui qui ne veut que reléguer est de tout autre avis que celui qui veut que l'on fasse mourir? *Rangez-vous du côté opposé, avec ceux dont vous approuvez l'avis.* La loi ne semble-t-elle pas elle-même appeler, pousser,

sul etiam, ubi quisque remanere, quo-transgredi debeat, non tantum solemnibus verbis, sed manu gestuque demonstrat? At enim futurum est, ut, si dividantur sententiæ interficientis et relegantis, prævaleat illa quæ absolvit. Quid istud ad censentes? quos certe non decet omnibus artibus, omni ratione pugnare, ne fiat quod est mitius: oportet tamen eos qui puniunt, et qui relegant, absolventibus primum, mox inter se comparari. Scilicet ut in spectaculis quibusdam sors aliquem seponit ac servat, qui cum victore contendat, sic in senatu sunt aliqua prima, sunt secunda certamina; et ex duabus sententiis, eam quæ superior exierit, tertia exspectat. Quid quod, prima sententia comprobata, ceteræ perimuntur? Qua ergo ratione potest esse unus atque idem locus sententiarum, quarum nullus est postea? Planius repetam. Nisi, dicente sententiam eo qui relegat, illi qui puniunt capite, initio statim in alia discedunt, frustra postea dissentient ab eo, cui paulo ante consenserint.

Sed quid ego similis docenti, quum discere velim an sententias dividi, an iri in singulas oportuerit? Obtinui quidem quod postulabam: nihilominus tamen quæro, an postulare debuerim, an abstinere. Quemadmodum

entraîner de différens côtés ceux qui sont d'avis différens? Ne voyez-vous pas le consul [39] indiquer, non-seulement par une formule authentique, mais du geste et
de la main, la place où chacun est obligé soit de rester,
soit de passer? Mais, dit-on, si l'on sépare les voix pour
le bannissement des voix pour le dernier supplice, il ar-
rivera que l'opinion qui absout l'emportera. Qu'importe
pour les opinans? certainement il leur siérait mal de
mettre tout en usage pour s'opposer au triomphe de
l'opinion la plus douce. Il faut pourtant, ajoute-t-on,
que ceux qui condamnent à la peine capitale, et ceux
qui bannissent, soient d'abord comparés ensemble avec
ceux qui veulent absoudre, et qu'ensuite on les compare
eux-mêmes entre eux. Il en est comme de certains spectacles [40], où le sort sépare et réserve quelqu'un qui doit
combattre contre le vainqueur : il y a dans le sénat un
premier combat, puis un second; et l'avis qui l'emporte
sur un autre, doit encore soutenir les efforts d'un troisième qui l'attend. Mais quoi! lorsqu'un avis a prévalu,
tous les autres ne tombent-ils pas d'eux-mêmes? Le
moyen donc de réunir dans un seul avis deux avis qui ne
doivent plus être comptés pour rien [41]? Je m'explique
plus clairement. Si celui qui opine à la mort ne se sépare de celui qui opine au bannissement, au moment
même où celui-ci donne son avis, c'est vainement qu'il
voudra ensuite qu'on distingue son sentiment de celui
du parti auquel il s'est naguère associé.

Mais j'ai bonne grâce de m'ériger ici en maître, moi
qui ne désire que d'apprendre. Dites-moi donc s'il fallait
partager ces opinions, de sorte qu'elles n'en fissent que
deux, ou s'il fallait les compter comme trois opinions
différentes. J'ai obtenu ce que je demandais; mais je

obtinui? Is qui ultimum supplicium sumendum esse censebat, nescio an jure, certe æquitate postulationis meæ victus, omissa sententia sua, accessit releganti; veritus scilicet ne, si dividerentur sententiæ (quod alioquin fore videbatur) ea, quæ absolvendos esse censebat, numero prævaleret : etenim longe plures in hac una, quam in duabus singulis, erant. Tum illi quoque qui auctoritate ejus trahebantur, transeunte illo destituti, reliquerunt sententiam ab ipso auctore desertam, secutique sunt quasi transfugam, quem ducem sequebantur. Sic ex tribus sententiis duæ factæ; tenuitque ex duabus altera, tertia expulsa, quæ quum ambas superare non posset, elegit ab utra vinceretur. Vale.

XV.

Plinius Juniori suo s.

ONERAVI te tot pariter missis voluminibus, sed oneravi, primum quia exegeras; deinde quia scripseras tam graciles istic vindemias esse, ut plane scirem tibi vacaturum (quod vulgo dicitur) librum legere. Eadem ex meis agellis nuntiantur. Igitur mihi quoque licebit scribere quæ legas, sit modo unde chartæ emi possint : quæ si scabræ bibulæve sint, aut non scribendum, aut non

voudrais savoir si j'ai eu raison ou non de le demander[42]. Et comment l'ai-je obtenu[43]? Celui qui proposait la peine de mort, cédant à mes raisons, a renoncé à son premier avis (j'ignore s'il en avait le droit), et s'est réuni à ceux qui demandaient le bannissement, dans la crainte que si l'on divisait les trois opinions, ce qui paraissait inévitable, celle de l'absolution ne vînt à l'emporter; car il y avait bien plus de suffrages pour cet avis que pour chacun des deux autres séparément. Alors tous ceux qui, entraînés par son autorité, s'étaient attachés à son opinion, voyant qu'il les abandonnait, quittèrent un avis que son auteur quittait lui-même, et suivirent, comme transfuges, celui qu'ils suivaient auparavant comme chef. Ainsi les trois avis ont été réduits à deux; et de ces deux, l'un a prévalu : le troisième, qui a été rejeté, n'ayant pu forcer les deux premiers à lui céder[44], a choisi du moins celui des deux auquel il céderait lui-même. Adieu.

XV.

Pline à Junior.

Je vous ai sans doute accablé en vous envoyant tant de volumes à la fois; mais je vous en ai accablé, parce que vous me les avez demandés. Et d'ailleurs, vous m'avez écrit que vos vendanges étaient si peu abondantes, qu'il m'a été facile de comprendre que vous aviez du loisir de reste, comme on dit communément[45], pour lire un livre. Je reçois semblables nouvelles de mes terres : j'aurai donc le temps d'écrire des ouvrages que vous puissiez lire, si pourtant j'ai de quoi acheter du papier. Mais s'il est trop

necessario, quidquid scripserimus boni malive, delebimus. Vale.

XVI.

Plinius Paterno suo s.

Confecerunt me infirmitates meorum, mortes etiam, et quidem juvenum. Solatia duo nequaquam paria tanto dolori, solatia tamen : unum, facilitas manumittendi (videor enim non omnino immaturos perdidisse, quos jam liberos perdidi); alterum, quod permitto servis quoque quasi testamenta facere, eaque ut legitima custodio. Mandant rogantque quod visum : pareo, ut jussus. Dividunt, donant, relinquunt, duntaxat intra domum. Nam servis respublica quædam et quasi civitas domus est.

Sed quanquam his solatiis acquiescam, debilitor et frangor eadem illa humanitate, quæ me ut hoc ipsum permitterem induxit. Non ideo tamen velim durior fieri : nec ignoro alios hujusmodi casus nihil amplius vocare, quam damnum; eoque sibi magnos homines et sapientes videri. Qui an magni sapientesque sint nescio : homines

gros, ou s'il boit, il faudra se résoudre, ou à ne point écrire, ou à écrire des choses qui, bonnes ou mauvaises, s'effaceront sans nécessité à mesure que je les écrirai [46]. Adieu.

XVI.

Pline à Paternus [47].

Les maladies et la mort même de quelques-uns de mes gens, à la fleur de leur âge, m'ont accablé de tristesse. J'ai deux sujets de consolation, trop faibles sans doute pour une telle douleur, mais qui cependant m'aident à la supporter : le premier, c'est ma facilité à les affranchir (car ceux qui sont morts libres ne me semblent pas, en quelque façon, être morts avant le temps); le second, c'est la permission que je donne aux esclaves mêmes de faire une espèce de testament, que j'observe aussi religieusement que s'il était légitime. Ils consignent, à leur gré, leurs dispositions et leurs prières ; ce sont des ordres auxquels j'obéis. Ils partagent ce qu'ils possèdent, ils le donnent, ils le lèguent à qui bon leur semble, pourvu que ce soit à quelqu'un de la maison : car la maison est comme la république et la patrie des esclaves.

Cependant, quoique je trouve dans ces consolations un adoucissement à mon chagrin, l'humanité même qui m'a dicté ces complaisances pour eux m'abat et m'accable au souvenir de leur perte. Je ne voudrais pas en devenir moins sensible, quoique tant d'autres ne voient dans de pareils malheurs qu'une perte d'argent, et qu'avec de tels sentimens ils se croient de grands hommes et des sages.

non sunt. Hominis est enim affici dolore, sentire; resistere tamen, et solatia admittere, non, solatiis non egere. Verum de his plura fortasse, quam debui, sed pauciora, quam volui. Est enim quaedam etiam dolendi voluptas; praesertim si in amici sinu defleas, apud quem lacrymis tuis vel laus sit parata, vel venia. Vale.

XVII.

Plinius Macrino suo s.

Num istic quoque immite et turbidum coelum? Hic assiduae tempestates, et crebra diluvia. Tiberis alveum excessit, et demissioribus ripis alte superfunditur. Quanquam fossa, quam providentissimus imperator fecit, exhaustus, premit valles, innatat campis; quaque planum solum, pro solo cernitur. Inde quae solet flumina accipere, et permixta devehere, velut obvius sistere cogit; atque ita alienis aquis operit agros, quos ipse non tangit. Anio, delicatissimus amnium, ideoque adjacentibus villis velut invitatus retentusque, magna ex parte nemora quibus inumbratur fregit et rapuit : subruit montes, et decidentium mole pluribus locis clausus, dum

Pour moi, je ne sais s'ils sont grands et aussi sages qu'ils le pensent; mais je sais bien qu'ils ne sont point hommes. L'homme doit être accessible à la douleur, la sentir, la combattre pourtant, écouter les consolations, et non n'avoir pas besoin d'être consolé. Peut-être en ai-je dit plus que je ne devais; mais c'est encore moins que je n'aurais voulu. Il y a je ne sais quel charme à se plaindre, surtout quand on répand ses larmes dans le sein d'un ami, toujours prêt à vous accorder son approbation ou son indulgence. Adieu.

XVII.

Pline à Macrinus [48].

Avez-vous aussi dans le climat que vous habitez un ciel menaçant et terrible? On ne voit à Rome qu'orages et qu'inondations. Le Tibre est sorti de son lit et s'est répandu sur ses rives les plus basses. Quoique le canal, que la sage prévoyance de l'empereur a fait faire, en ait reçu une partie, il remplit les vallées, il couvre les campagnes : partout où il trouve des plaines, elles disparaissent sous ses eaux. De là il arrive que, rencontrant les fleuves qu'il a coutume de recevoir, de confondre et d'entraîner avec ses ondes, il les force à retourner en arrière, et couvre ainsi de flots étrangers les terres qu'il n'inonde pas de ses propres flots. L'Anio [49], le plus doux des fleuves, et qui semble comme invité et retenu par les belles maisons bâties sur ses bords, a déraciné et en-

amissum iter quærit, impulit tecta, ac se super ruinas ejecit atque extulit. Viderunt hi, quos excelsioribus terris illa tempestas non deprehendit, alibi divitum apparatus, et gravem supellectilem, alibi instrumenta ruris; ibi boves, aratra, rectores; hic soluta et libera armenta; atque inter hæc arborum truncos, aut villarum trabes, atque culmina varie lateque fluitantia. Ac ne illa quidem loca malo vacaverunt, ad quæ non ascendit amnis. Nam pro amne imber assiduus, et dejecti nubibus turbines; proruta opera, quibus pretiosa rura cinguntur; quassata atque etiam decussa monumenta. Multi ejusmodi casibus debilitati, obruti, obtriti; et aucta luctibus damna. Ne quid simile istic, pro mensura periculi, vereor; teque rogo, si nihil tale est, quam maturissime sollicitudini meæ consulas : sed et si tale, id quoque nunties. Nam parvulum differt patiaris adversa, an exspectes, nisi quod tamen est dolendi modus, non est timendi. Doleas enim quantum scias accidisse; timeas quantum possit accidere. Vale.

traîné les arbres qui l'ombrageaient de leur feuillage. Il a renversé des montagnes, et se trouvant arrêté par leur chute en plusieurs endroits, il cherche le passage qu'il s'est fermé, abat les maisons, et s'élève sur leurs ruines. Ceux qui habitent les lieux élevés, à l'abri de l'inondation, rapportent qu'ils ont vu flotter, ici de riches débris et des meubles précieux, là, des ustensiles de campagne; d'un côté, des charrues, avec leurs bœufs attelés et leurs conducteurs; de l'autre, des troupeaux entiers abandonnés à eux-mêmes; et au milieu de tout cela, des troncs d'arbre, des poutres et des toits [50]. Les lieux même où la rivière n'a pu monter, ont eu leur part de ce désastre. Une pluie continuelle et des tourbillons qui semblaient lancés des nues, n'ont fait guère moins de ravages que le fleuve en aurait pu faire. Les clôtures, qui entouraient les campagnes de la plus haute valeur, ont été ruinées, et les tombeaux ébranlés; plusieurs personnes ont été noyées, estropiées, écrasées, et le deuil général accroît encore la douleur de ces pertes. Je crains que dans les lieux où vous êtes vous n'ayez essuyé quelque malheur semblable, et je mesure ma crainte à la grandeur du danger [51]. S'il n'en est rien, rassurez-moi au plus vite, je vous en supplie : s'il en est ainsi, mandez-le moi toujours. C'est presque même chose de redouter un malheur, ou de le souffrir; et même le mal a ses bornes, la crainte n'en a point. L'on ne s'afflige qu'à proportion de ce qui est arrivé; mais on craint tout ce qui peut arriver. Adieu.

XVIII.

Plinius Rufino suo s.

Falsum est nimirum, quod creditur vulgo, testamenta hominum speculum esse morum, quum Domitius Tullus longe melior apparuerit morte, quam vita. Nam quum se captandum præbuisset, reliquit filiam heredem, quæ illi cum fratre communis, quia genitam fratre adoptaverat. Prosecutus est nepotes plurimis jucundissimisque legatis; prosecutus etiam pronepotem. In summa, omnia pietate plenissima; ac tanto magis, quoniam inexspectata sunt. Ergo varii tota civitate sermones: alii fictum, ingratum, immemorem loquuntur; seque ipsos, dum insectantur illum, turpissimis confessionibus produnt, ut qui de patre, avo, proavo, quasi de orbo, querantur: alii contra hoc ipsum laudibus ferunt: quod sit frustratus improbas spes hominum, quos sic decipere, pro moribus temporum, prudentia est. Addunt etiam, non fuisse ei liberum alio testamento mori; neque enim reliquisse opes filiæ, sed reddidisse, quibus auctus per filiam fuerat. Nam Curtilius Mancia, perosus generum suum Domitium Lucanum (frater is Tulli) sub ea conditione filiam ejus, neptem suam, instituerat heredem, si esset manu patris emissa. Emiserat pater; adoptaverat

XVIII.

Pline à Rufin.

Il n'est pas vrai, comme on a coutume de le dire, que le testament des hommes soit le miroir de leurs mœurs, puisque Domitius Tullus vient de se montrer en mourant beaucoup meilleur qu'il n'avait paru pendant sa vie. Après s'être livré à toutes les amorces de ceux qui briguaient sa succession, il a institué son héritière la fille de son frère, qu'il avait adoptée. Il a fait quantité de legs, et de legs fort riches, à ses petits-enfans, et même à un arrière-petit-fils. En un mot, la tendresse paternelle règne partout dans son testament, et surprend d'autant plus qu'on s'y attendait moins. On en parle donc fort diversement à Rome. Les uns le traitent de fourbe, d'ingrat, de perfide, et ne prennent pas garde qu'ils ne peuvent se déchaîner contre lui, sans se trahir eux-mêmes par un honteux aveu : on dirait, à leurs plaintes, que c'était un homme sans parens; ils oublient qu'il était père, aïeul et bisaïeul [52]. Les autres l'élèvent jusqu'au ciel, pour avoir frustré les sordides espérances de cette espèce d'hommes, et prétendent que, dans un siècle si corrompu, les tromper c'est sagesse. Ils ajoutent qu'il n'était pas libre de laisser un autre testament; qu'il était redevable de ses grands biens à sa fille, et qu'il les lui a moins donnés que rendus. Car Curtilius Mancia [53], prévenu de haine contre Domitius Lucanus, son gendre (c'est le frère de Tullus), avait institué héritière sa fille [54], petite-fille de Curtius, à condition que son père l'émanciperait. Do-

patruus : atque ita circumscripto testamento, consors frater, in patris potestatem emancipatam filiam adoptionis fraude revocaverat, et quidem cum opibus amplissimis.

Fuit alioqui fratribus illis quasi fato datum, ut divites fierent, invitissimis a quibus facti sunt. Quin etiam Domitius Afer, qui illos in nomen assumpsit, reliquit testamentum ante octo et decem annos nuncupatum, adeoque postea improbatum sibi, ut patris eorum bona proscribenda curaverit. Mira illius asperitas, mira felicitas horum; illius asperitas, qui numero civium excidit, quem socium etiam in liberis habuit; felicitas horum, quibus successit in locum patris, qui patrem abstulerat. Sed hæc quoque hereditas Afri, ut reliqua cum fratre quæsita, transmittenda erat filiæ fratris, a quo Tullus ex asse heres institutus, prælatusque filiæ fuerat, ut conciliaretur.

Quo laudabilius testamentum est, quod pietas, fides, pudor scripsit : in quo denique omnibus affinitatibus, pro cujusque officio, gratia relata est. Relata et uxori; accepit amœnissimas villas, accepit magnam pecuniam uxor optima et patientissima; ac tanto melius de viro merita, quanto magis est reprehensa quod nupsit. Nam mulier natalibus clara, moribus proba, ætate declivis,

mitius l'avait émancipée, et aussitôt Tullus, son oncle, l'avait adoptée. Ainsi Domitius, qui vivait en communauté de biens avec son frère, avait, par une émancipation artificielle, éludé l'intention du testateur, et remis sa fille, avec de très-grandes richesses, sous sa puissance, après l'avoir émancipée.

Il semble d'ailleurs que la destinée de ces deux frères ait été de s'enrichir malgré ceux qui les ont enrichis; car Domitius Afer, qui les adopta, est mort sans autre testament que celui qu'il avait fait, de vive voix, dix-huit ans auparavant, et sur lequel il avait depuis si fort changé de sentiment, qu'il avait poursuivi la confiscation des biens de leur père. Sa disgrâce est aussi surprenante que leur bonheur; sa disgrâce, d'avoir adopté et d'avoir eu pour héritiers les enfans de son ennemi capital, qu'il avait fait retrancher du nombre des citoyens; leur bonheur, d'avoir retrouvé un père dans celui qui leur avait ôté le leur. Mais il était juste qu'après avoir été institué héritier par son frère, au préjudice de sa propre fille, à laquelle celui-ci voulait ménager l'appui de son oncle[55], il rendît à cette même fille la succession d'Afer, ainsi que les autres biens que les deux frères avaient acquis ensemble.

Ce testament mérite d'autant plus de louanges, que la nature, la fidélité, l'honneur l'ont dicté; que chacun, selon son degré d'affinité, selon ses services, y a trouvé des marques d'affection et de reconnaissance, la femme de Tullus comme les autres. Cette femme, d'une vertu, d'une patience singulière, et qui devait être d'autant plus chère à son mari que son mariage l'a exposée à des reproches, a eu pour sa part de très-belles maisons de campagne, et une somme d'argent considérable. Il

diu vidua, mater olim, parum decore secuta matrimonium videbatur divitis senis, ita perditi morbo, ut esse tædio posset uxori, quam juvenis sanusque duxisset. Quippe omnibus membris extortus et fractus tantas opes solis oculis obibat; ac ne in lectulo quidem, nisi ab aliis, movebatur. Quin etiam (fœdum miserandumque dictu!) dentes lavandos fricandosque præbebat. Auditum est frequenter ab ipso, quum quereretur de contumeliis debilitatis suæ, se digitos servorum suorum quotidie lingere. Vivebat tamen, et vivere volebat, sustentante maxime uxore; quæ culpam inchoati matrimonii in gloriam perseverantia verterat.

Habes omnes fabulas urbis. Jam sunt venales tabulæ Tulli: exspectatur auctio. Fuit enim tam copiosus, ut amplissimos hortos eodem quo emerat die instruxerit plurimis et antiquissimis statuis: tantum illi pulcherrimorum operum in horreis, quæ negligebantur. Invicem tu, si quid istic epistola dignum, ne gravare scribere: Nam quum aures hominum novitate lætantur, tum ad rationem vitæ exemplis erudimur. Vale.

semblait qu'avec de la naissance et de bonnes mœurs, sur le déclin de l'âge, après une longue viduité, après avoir été mère autrefois, elle se fût oubliée, en prenant pour mari un vieillard riche, accablé d'infirmités assez repoussantes pour dégoûter la femme même qui l'eût épousé jeune et plein de santé. Perclus et paralytique de tout son corps, il ne jouissait de sa richesse que par les yeux, et ne se remuait même dans son lit que par le secours d'autrui. Il fallait, par la plus humiliante et la plus triste des nécessités [56], qu'il donnât sa bouche à laver et ses dents à nétoyer. On l'a plus d'une fois entendu déplorer le misérable état où il était réduit, et se plaindre que plusieurs fois le jour il sentait dans sa bouche les doigts de ses esclaves. Il vivait pourtant, et voulait vivre, soutenu principalement par la vertu de sa femme : grâce à sa constance, elle avait rendu honorable pour elle une union qui d'abord lui avait été justement reprochée.

Voilà tout ce qu'il y a de nouveau à Rome. Les tableaux de Tullus sont à vendre; on n'attend que le jour des enchères. Il était si curieux de ces raretés, et il en avait tant d'oubliées dans ses garde-meubles, que le jour même où il acheta d'immenses jardins, il put les remplir de très-anciennes statues. A votre tour, si vous savez quelque chose digne d'une lettre, prenez la peine de me l'écrire; car, outre que les nouvelles font plaisir, rien ne forme tant que les exemples. Adieu.

XIX.

Plinius Maximo suo s.

Et gaudium mihi et solatium in litteris; nihilque tam lætum, quod his lætius, nihil tam triste, quod non per has sit minus triste. Itaque et infirmitate uxoris, et meorum periculo, quorumdam vero etiam morte turbatus, ad unicum doloris levamentum, studia, confugio; quæ præstant ut adversa magis intelligam, sed patientius feram. Est autem mihi moris, quod sum daturus in manus hominum, ante amicorum judicio examinare, in primis tuo. Proinde si quando, nunc intende libro quem cum hac epistola accipies; quia vereor ne ipse, ut tristis, parum intenderim. Imperare enim dolori ut scriberem, potui, ut vacuo animo lætoque, non potui. Porro ut ex studiis gaudium, sic studia hilaritate proveniunt. Vale.

XX.

Plinius Gallo suo s.

Ad quæ noscenda iter ingredi, transmittere mare solemus, ea sub oculis posita negligimus : seu quia ita na-

XIX.

Pline à Maxime.

Les lettres sont pour moi une jouissance et une consolation : il n'est rien de si doux qui le soit plus qu'elles ; il n'est rien de triste qui ne devienne moins triste par elles. Dans le trouble que me causent l'indisposition de ma femme, la maladie de mes gens, la mort même de quelques-uns, je ne trouve d'autre remède que l'étude [57]. J'avoue qu'elle me fait mieux comprendre toute la grandeur du mal ; mais elle m'apprend à le mieux supporter. Or, c'est ma coutume, quand je destine quelque ouvrage au public, de vouloir qu'il soit soumis auparavant à la critique de mes amis, et particulièrement à la vôtre. Si donc vous avez quelquefois accordé votre attention à mes ouvrages, donnez-la tout entière à celui que je vous envoie ; car je crains que la tristesse n'ait affaibli la mienne. J'ai bien pu prendre assez sur ma douleur pour écrire, mais non pour écrire d'un esprit libre et content. Et pourtant, si l'étude dispose à la gaîté, à son tour la gaîté influe heureusement sur l'étude. Adieu.

XX.

Pline à Gallus.

Nous avons coutume d'entreprendre de longs voyages, de passer les mers, pour voir des choses que nous né-

tura comparatum, ut proximorum incuriosi, longinqua sectemur; seu quod omnium rerum cupido languescit, quum facilis occasio est; seu quod differimus, tanquam sæpe visuri quod datur videre, quoties velis cernere. Quacunque de causa, permulta in urbe nostra, juxtaque urbem, non oculis modo, sed ne auribus quidem novimus, quæ si tulisset Achaia, Ægyptus, Asia, aliave quælibet miraculorum ferax commendatrixque terra, audita, perlecta, lustrata haberemus. Ipse certe nuper, quod nec audieram ante, nec videram, audivi pariter et vidi.

Exegerat prosocer meus, ut Amerina prædia sua inspicerem. Hæc perambulanti mihi ostenditur subjacens lacus, nomine Vadimonis; simul quædam incredibilia narrantur. Perveni ad ipsum. Lacus est in similitudinem jacentis rotæ circumscriptus, et undique æqualis; nullus sinus, obliquitas nulla; omnia dimensa, paria, et quasi artificis manu cavata et excisa. Color cœruleo albidior, viridior et pressior; sulphuris odor saporque medicatus; vis, qua fracta solidantur: spatium modicum, quod tamen sentiat ventos, et fluctibus intumescat.

Nulla in hoc navis (sacer enim est), sed innatant insulæ herbidæ, omnes arundine et junco tectæ, quæque alia fecundior palus, ipsaque illa extremitas lacus effert.

gligeons lorsqu'elles sont sous nos yeux. Soit que naturellement nous soyons froids pour ce qui nous environne, et pleins de curiosité pour ce qui est fort loin de nous; soit que toutes les passions qu'il est aisé de satisfaire soient toujours tièdes, soit enfin que nous différions toujours de voir ce que nous pouvons voir quand il nous plaira. Quoi qu'il en soit, il y a à Rome, il y a près de Rome beaucoup de choses, que non-seulement nous n'avons jamais vues, mais dont nous n'avons même jamais entendu parler, et que nous aurions vues, dont nous parlerions, que nous irions voir de près, si elles étaient en Grèce, en Égypte, en Asie, ou dans quelqu'un de ces pays qui sont fertiles en merveilles, et qui se plaisent à les vanter. Ce qu'il y a de vrai, c'est que je viens d'apprendre une chose qui m'était inconnue, de voir ce que je n'avais point encore vu.

L'aïeul de ma femme m'avait engagé à visiter sa terre d'Amérie[58]. En m'y promenant, on me montra, dans un fond, un lac, appelé Vadimon, et dont l'on me conta des prodiges. Je m'en approche. La forme de ce lac est celle d'une roue couchée. Il est partout égal, sans aucun recoin, sans aucun angle; tout y est uni, mesuré, comme par la main d'un artiste. La couleur de ses eaux est plus pâle que celle des eaux ordinaires : elles sont d'un jaune sombre, tirant sur le vert[59]; elles ont l'odeur et le goût d'eaux médicinales, et on leur a reconnu la propriété de consolider les fractures. Le lac n'est pas fort grand; mais il l'est assez pour être agité et gonflé de vagues, quand les vents soufflent.

On n'y trouve point de bateaux, parce qu'il est consacré; mais au lieu de bateaux, vous y voyez flotter, au gré de l'eau, plusieurs îles chargées d'herbages, couvertes

Sua cuique figura, ut modus : cunctis margo derasus, quia frequenter vel litori vel sibi illisæ terunt teruntur-que. Par omnibus altitudo, par levitas; quippe in speciem carinæ humili radice descendunt. Hæc ab omni latere perspicitur; eadem aqua pariter suspensa et mersa. Interdum junctæ copulatæque et continenti similes sunt; interdum discordantibus ventis digeruntur; nonnunquam destitutæ, tranquillitate, singulæ fluitant. Sæpe minores majoribus, velut cymbulæ onerariis, adhærescunt; sæpe inter se majores minoresque quasi cursum certamenque desumunt : rursus omnes in eumdem locum appulsæ, qua steterunt, promovent terram, et modo hac, modo illac, lacum reddunt auferuntque; ac tum demum, quum medium tenuere, non contrahunt. Constat pecora herbas secuta sic in insulas, ut in extremam ripam, procedere solere, nec prius intelligere mobile solum, quam litore abrepta, quasi illata et imposita, circumfusum undique lacum paveant; mox quo tulerit ventus egressa, non magis se descendisse sentire, quam senserint ascendisse.

Idem lacus in flumen egeritur, quod ubi se paulisper oculis dedit, specu mergitur, alteque conditum meat: ac si quid ante, quam subduceretur, accepit, servat et

de roseaux, de joncs, et de tout ce que l'on trouve dans les marais les plus fertiles, et aux extrémités mêmes du lac. Chacune a sa forme et sa grandeur particulières[60] : les bords de chacune sont nus et dépouillés, parce que souvent elles se heurtent l'une l'autre, ou heurtent le rivage. Elles ont toutes une égale profondeur, une égale légèreté : terminées en carènes de navire, elles s'enfoncent assez peu sous les flots. Quelquefois elles se détachent, et se montrent de tous côtés, également plongées sous les eaux et nageant à leur surface[61]; quelquefois elles se rassemblent, se joignent toutes, et forment une espèce de continent. Tantôt des vents opposés les dispersent; tantôt, au sein du calme, elles flottent séparément[62]. Souvent les plus petites suivent les plus grandes, et s'y attachent comme de petites barques aux vaisseaux de charge. Quelquefois vous diriez que les grandes et les petites luttent ensemble, et se livrent combat. Une autre fois, poussées toutes au même rivage, elles le prolongent, et déplaçant le lac, l'éloignent, le ramènent tour à tour, et bientôt lui rendent son contour en flottant au milieu. On a vu les troupeaux s'avancer, en broutant l'herbe de la prairie, jusque dans ces îles qui leur paraissent l'extrémité de la rive : ils ne s'aperçoivent que le terrain est mouvant, que lorsque, éloignés de la terre, ils se sentent avec terreur comme emportés au milieu du lac qui les environne. Bientôt ils abordent où il plaît au vent de les porter, et ils descendent au rivage aussi insensiblement qu'ils s'en étaient éloignés.

Ce même lac se décharge dans un fleuve, qui, après s'être montré quelque temps, se précipite dans un profond abîme. Il continue son cours sous la terre, et si, avant qu'il s'y précipite, on jette quelque chose dans les

profert. — Hæc tibi scripsi, quia nec minus ignota quam mihi, nec minus grata credebam. Nam te quoque, ut me, nihil æque ac naturæ opera delectant. Vale.

XXI.

Plinius Arriano suo s.

Ut in vita, sic in studiis pulcherrimum et humanissimum existimo, severitatem comitatemque miscere, ne illa in tristitiam, hæc in petulantiam procedat. Qua ratione ductus, graviora opera lusibus jocisque distinguo. Ad hos proferendos et tempus et locum opportunissimum elegi, utque jam nunc assuescerent et ab otiosis et in triclinio audiri, Julio mense, quo maxime lites interquiescunt, positis ante lectos cathedris, amicos collocavi.

Forte accidit, ut eo die mane in advocationem subitam rogarer; quod mihi causam præloquendi dedit. Sum enim deprecatus, ne quis ut irreverentem operis argueret, quod recitaturus, quanquam et amicis et paucis, idem iterum amicis, foro et negotiis non abstinuissem. Addidi hunc ordinem me et in scribendo sequi, ut

caux, il le conserve et le rend, quand il sort.—Je vous ai donné tous ces détails, parce que j'ai pensé qu'ils ne vous sembleraient ni moins neufs, ni moins intéressans qu'à moi ; car nous prenons tous deux un extrême plaisir à connaître les ouvrages de la nature. Adieu.

XXI.

Pline à Arrien [63].

JE suis persuadé que, dans les études comme dans la vie, rien n'est si beau, rien ne convient tant à l'humanité, que d'unir la gravité et l'enjouement, en sorte que l'un ne dégénère pas en tristesse, et l'autre en joie folle [64]. Voilà pourquoi, après avoir travaillé aux ouvrages les plus importans, je m'amuse toujours à composer quelques bagatelles. J'ai choisi, pour les mettre au jour, le temps et le lieu le plus convenable. Afin de les accoutumer dès à présent à être entendues par des oisifs et récitées dans la salle des repas [65], j'ai pris le mois de juillet, c'est-à-dire le temps où il se plaide le moins d'affaires, et j'ai placé mes amis sur des sièges disposés devant les lits des convives [66].

Le hasard voulut que ce jour-là même on vînt le matin me demander à l'improviste de plaider une cause. Cette circonstance me fournit un préambule. Je suppliai l'auditoire de penser que, bien que j'eusse à lire devant des amis, et des amis en petit nombre, je n'avais pas cru témoigner peu d'intérêt pour cette séance, en me livrant ce même jour aux affaires et au barreau où d'autres amis m'appelaient. Je les assurai que j'en agissais toujours

necessitates voluptatibus, seria jucundis anteferrem; ac primum amicis, tum mihi scriberem. Liber fuit et opusculis varius et metris. Ita solemus, qui ingenio parum fidimus, satietatis periculum fugere. Recitavi biduo: hoc assensus audientium exegit; et tamen, ut alii transeunt quædam, imputantque quod transeant, sic ego nihil prætereo, atque etiam non præterire me testor. Lego enim omnia, ut omnia emendem, quod contingere non potest electa recitantibus. At illud modestius, et fortasse reverentius; sed hoc simplicius et amantius. Amat enim, qui se sic amari putat, ut tædium non pertimescat. Alioqui quid præstant sodales, si conveniunt voluptatis suæ causa? Delicatus ac similis ignoto est, qui amici librum bonum mavult audire, quam facere.

Non dubito cupere te, pro cetera mei caritate, quam maturissime legere hunc adhuc musteum librum. Leges, sed retractatum, quæ causa recitandi fuit; et tamen nonnulla jam ex eo nosti. Hæc vel emendata postea, vel (quod interdum longiore mora solet) deteriora facta, quasi nova rursus, et rescripta cognosces. Nam plerisque mutatis, ea quoque mutata videntur quæ manent. Vale.

ainsi en écrivant; que je donnais toujours la préférence aux affaires sur les plaisirs, au solide sur l'agréable, à mes amis sur moi-même. Au reste, l'ouvrage dont je leur ai fait part est diversifié, non-seulement par la nature des sujets, mais encore par la mesure des vers. C'est ainsi que, dans la défiance où je suis de mon esprit, j'ai coutume de me précautionner contre l'ennui. J'ai lu pendant deux jours pour satisfaire à l'empressement des auditeurs : cependant, les autres passent ou retranchent certains endroits, et s'en font un mérite; moi, je ne passe, je ne retranche rien, et j'en avertis ceux qui m'écoutent [67]. Je lis tout pour être en état de tout corriger, ce que ne peuvent faire ceux qui ne lisent que des morceaux choisis. Peut-être marquent-ils en cela plus de défiance d'eux-mêmes, et plus de respect pour leurs auditeurs; mais du moins je montre plus de franchise et plus d'amitié [68]. C'est agir en ami, que de compter assez sur l'affection de ses auditeurs, pour ne pas craindre de les ennuyer. D'ailleurs, quelle obligation leur a-t-on, s'ils ne s'assemblent que pour se divertir? Il faut presque avoir l'indifférence d'un inconnu pour aimer mieux entendre un bon ouvrage, que de contribuer à le rendre tel.

Votre amitié pour moi ne me permet pas de douter que vous ne souhaitiez de lire au plus tôt cette pièce dans sa nouveauté. Vous la lirez, mais retouchée; car c'est pour la retoucher que je l'ai lue. Vous en connaissez déjà pourtant une bonne partie. Que ces passages aient été perfectionnés depuis, ou qu'à force de les corriger ils en soient devenus plus mauvais, comme cela arrive souvent, ils vous paraîtront nouveaux : car, lorsque presque tout est changé, il semble que l'on ait refait les endroits même que l'on a conservés. Adieu.

XXII.

Plinius Geminio suo s.

Nostine hos, qui omnium libidinum servi, sic aliorum vitiis irascuntur, quasi invideant; et gravissime puniunt, quos maxime imitantur? quum eos etiam, qui non indigent clementia ullius, nihil magis quam lenitas deceat. Atque ego optimum et emendatissimum existimo, qui ceteris ita ignoscit, tanquam ipse quotidie peccet; ita peccatis abstinet, tanquam nemini ignoscat. Proinde hoc domi, hoc foris, hoc in omni vitæ genere teneamus, ut nobis implacabiles simus, exorabiles istis etiam, qui dare veniam nisi sibi nesciunt; mandemusque memoriæ, quod vir mitissimus, et ob hoc quoque maximus, Thraseas, crebro dicere solebat : *Qui vitia odit, homines odit.* Fortasse quæris, quo commotus hæc scribam? Nuper quidam..... Sed melius coram, quanquam ne tunc quidem. Vereor enim, ne id, quod improbo, insectari, carpere, referre, huic, quod quum maxime præcipimus, repugnet. Quisquis ille, qualiscunque, sileatur; quem insignire, exempli nonnihil, non insignire, humanitatis plurimum refert. Vale.

XXII.

Pline à Géminius.

Ne connaissez-vous point de ces gens qui, esclaves de toutes leurs passions, s'élèvent contre les vices des autres comme s'ils en étaient jaloux? Ceux qu'ils punissent le plus sévèrement, sont ceux qu'ils imitent le plus. Et cependant rien ne fait tant d'honneur que l'indulgence aux hommes même qui peuvent dispenser tout le monde d'en avoir pour eux. Le meilleur et le plus parfait des hommes, selon moi, c'est celui qui pardonne aux autres comme s'il faisait lui-même des fautes continuelles, et qui les évite comme s'il ne pardonnait à personne. Sachons donc en particulier, en public, et dans toute la conduite de notre vie, être inexorables pour nous, indulgens pour les autres, même pour ceux qui ne savent excuser qu'eux. N'oublions jamais ce que disait souvent Thraséas, aussi grand par son humanité que par ses autres vertus : *Celui qui hait les vices, hait les hommes.* Vous demandez à qui j'en veux quand j'écris ceci? Certain homme ces jours passés...... Mais il sera mieux de vous conter l'affaire de vive voix, ou plutôt de me taire. Je crains que poursuivre, blâmer, rappeler[68] une action que je désapprouve, ne soit contraire à la tolérance que je prescris. Quel que soit donc cet homme, ne le nommons point. Il y a peut-être, pour l'exemple, quelque utilité à le signaler; mais il importe beaucoup, pour l'indulgence, de ne le signaler point. Adieu.

XXIII.

Plinius Marcellino suo s.

Omnia mihi studia, omnes curas, omnia avocamenta exemit, excussit, eripuit dolor, quem ex morte Junii Aviti gravissimum cepi. Latum clavum in domo mea induerat; suffragio meo adjutus in petendis honoribus fuerat. Ad hoc, ita me diligebat, ita verebatur, ut me formatore morum, me quasi magistro uteretur. Rarum hoc in adolescentibus nostris. Nam quotusquisque vel ætati alterius, vel auctoritati, ut minor, cedit? Statim sapiunt, statim sciunt omnia: neminem verentur, imitantur neminem, atque ipsi sibi exempla sunt. Sed non Avitus; cujus hæc præcipua prudentia, quod alios prudentiores arbitrabatur; hæc præcipua eruditio, quod discere volebat. Semper ille aut de studiis aliquid, aut de officiis vitæ consulebat: semper ita recedebat, ut melior factus; et erat factus vel eo quod audierat, vel quod omnino quæsierat. Quod ille obsequium Serviano, exactissimo viro, præstitit! quem legatum tribunus ita et intellexit, et cepit, ut ex Germania in Pannoniam transeuntem non ut commilito, sed ut comes assectatorque sequeretur. Qua industria, qua modestia quæstor consulibus suis (et plures habuit) non minus jucundus et

XXIII.

Pline à Marcellin.

Études, soins, distractions, tout cède à la douleur que me cause la mort de Julius Avitus : elle me ravit, elle m'arrache tout. Il avait pris chez moi le laticlave. Je l'avais aidé de mon suffrage, lorsqu'il sollicitait les charges publiques. Il m'aimait, il me respectait comme le guide de sa conduite; il m'écoutait comme son maître. C'est une disposition fort rare dans nos jeunes gens. En est-il beaucoup, qui veuillent bien déférer, ou à l'âge, ou à l'autorité? Dès qu'ils entrent dans le monde, ils sont parfaits, ils savent tout; ils ne respectent, ils n'imitent personne, et se suffisent à eux-mêmes pour exemple et pour règle. Avitus était bien éloigné de ces sentimens. Il mettait surtout sa sagesse à croire toujours les autres plus sages que lui, et sa science, à vouloir s'instruire. Sans cesse il interrogeait, ou sur les belles-lettres, ou sur les devoirs de la vie; il ne vous quittait jamais, sans s'applaudir d'avoir profité; et il en valait davantage en effet, ou par ce qu'il avait appris, ou pour avoir voulu apprendre[69]. Quel attachement n'a-t-il pas marqué pour Servianus[70], l'un des hommes les plus accomplis de ce siècle? Lorsque celui-ci, en qualité de lieutenant du proconsul, passait de Germanie en Pannonie, Avitus, alors tribun, comprit si bien tout son mérite, et le captiva si bien lui-même[71], qu'il le suivit, non comme compagnon d'armes, mais comme attaché à sa personne, comme ami. Quelle habileté et quelle modération n'a-t-il

gratus, quam usui fuit! Quo discursu, qua vigilantia hanc ipsam ædilitatem, cui præreptus est, petiit! Quod vel maxime dolorem meum exulcerat. Obversantur oculis cassi labores, et infructuosæ preces, et honor quem meruit, tantum. Redit animo ille latus clavus, in penatibus meis sumptus, redeunt illa prima, illa postrema suffragia mea, illi sermones, illæ consultationes. Afficior adolescentia ipsius, afficior necessitudinum casu. Erat illi grandis natu parens; erat uxor, quam ante annum virginem acceperat; erat filia, quam paulo ante sustulerat. Tot spes, tot gaudia dies unus in diversa convertit. Modo designatus ædilis, recens maritus, recens pater, intactum honorem, orbam matrem, viduam uxorem, filiam pupillam, ignaramque patris reliquit. Accedit lacrymis meis, quod absens, et impendentis mali nescius, pariter ægrum, pariter decessisse cognovi, ne gravissimo dolori timore consuescerem. In tantis tormentis eram, quum scriberem hæc, scriberem sola. Neque enim nunc aliud aut cogitare aut loqui possum. Vale.

pas montrées sous les consuls dont il a été le questeur (car il l'a été de plusieurs)! Quel agrément, quelle satisfaction, quel avantage n'ont-ils point tiré de ses services[72]? Cette charge d'édile, dont une mort imprévue l'empêche de jouir, par combien de démarches, par combien de zèle ne l'avait-il pas achetée? Et c'est ce qui aigrit le plus ma douleur. J'ai toujours présens à la pensée tant de soins qu'il a pris, tant de prières qu'il a faites inutilement, une dignité qui lui échappe, après qu'il l'a si bien méritée. Je ne puis m'empêcher de songer que c'est chez moi qu'il a pris la robe de sénateur. Je me rappelle mes premières, mes dernières sollicitations en sa faveur, nos entretiens, nos discussions. Je suis touché de sa jeunesse, du malheur de ses parens. Il avait une mère fort âgée, une femme qu'il avait épousée depuis moins d'un an, une fille qu'il venait de voir naître. Quel changement un seul jour apporte à tant d'espérances, à tant de joie[73]! Édile nouveau, nouveau mari, nouveau père, il laisse une charge sans l'avoir exercée, une mère sans appui, une femme veuve, une fille dans l'enfance, qui n'a jamais connu ni son aïeul, ni son père. Pour comble de chagrin, je l'ai perdu pendant mon absence. J'ai appris sa maladie et sa mort en même temps, et lorsque je m'y attendais le moins, comme si on eût appréhendé que la crainte ne me familiarisât avec une si cruelle douleur. Tels sont les tourmens que j'éprouve en vous écrivant, tout plein d'un seul objet. En l'état où je suis, je ne puis ni m'occuper ni parler d'autre chose. Adieu.

XXIV.

Plinius Maximo suo s.

Amor in te meus cogit, non ut præcipiam (neque enim præceptore eges), admoneam tamen, ut, quæ scis, teneas et observes, aut scias melius. Cogita te missum in provinciam Achaiam, illam veram et meram Græciam, in qua primum humanitas, litteræ, etiam fruges inventæ esse creduntur; missum ad ordinandum statum liberarum civitatum, id est, ad homines maxime homines, ad liberos maxime liberos, qui jus a natura datum virtute, meritis, amicitia, fœdere denique, et religione tenuerunt. Reverere conditores deos, nomina deorum. Reverere gloriam veterem, et hanc ipsam senectutem, quæ in homine venerabilis, in urbibus sacra est. Sit apud te honor antiquitati, sit ingentibus factis, sit fabulis quoque. Nihil ex cujusquam dignitate, nihil ex libertate, nihil etiam ex jactatione decerpseris. Habe ante oculos hanc esse terram, quæ nobis miserit jura, quæ leges non victis, sed petentibus dederit; Athenas esse quas adeas, Lacedæmonem esse quam regas: quibus reliquam umbram, et residuum libertatis nomen eripere, durum, ferum, barbarumque est. Vides a medicis, quanquam in adversa valetudine nihil servi ac liberi differant, mollius

XXIV.

Pline à Maxime.

L'amitié que je vous ai vouée m'oblige, non pas à vous instruire (car vous n'avez pas besoin de maître), mais à vous avertir de ne pas oublier ce que vous savez déjà, de le pratiquer, ou même de travailler à le savoir encore mieux 74. Songez que l'on vous envoie dans l'Achaïe 75, c'est-à-dire, dans la véritable, dans la pure Grèce, où, selon l'opinion commune, la politesse, les lettres, l'agriculture même, ont pris naissance : songez que vous allez gouverner des cités libres, c'est-à-dire des hommes vraiment dignes du nom d'hommes, des hommes libres par excellence, dont les vertus, les actions, les alliances, les traités, la religion ont eu pour principal objet la conservation du plus beau droit que nous tenions de la nature. Respectez les dieux, leurs fondateurs, et les noms mêmes de ces dieux 76; respectez l'ancienne gloire de cette nation, et cette vieillesse des villes, aussi sacrée que celle des hommes est vénérable; rendez honneur à leur antiquité, à leurs exploits fameux, à leurs fables même. N'entreprenez rien sur la dignité, sur la liberté, ni même sur la vanité de personne. Rappelez-vous toujours que nous avons puisé nos lois chez ce peuple; qu'il ne nous les a pas imposées en vainqueur, mais qu'il les a cédées à nos prières. C'est à Athènes que vous allez entrer; c'est à Lacédémone que vous devez commander. Il y aurait de l'inhumanité, de la cruauté, de la barbarie à leur ôter l'ombre et le nom de liberté

tamen liberos clementiusque tractari. Recordare quid quæque civitas fuerit; non ut despicias, quod esse desierit.

Absit superbia, asperitas; nec timueris contemptum. An contemnitur, qui imperium, qui fasces habet, nisi qui humilis, et sordidus, et qui se primus ipse contemnit? Male vim suam potestas aliorum contumeliis experitur: male terrore veneratio acquiritur; longeque valentior amor ad obtinendum quod velis, quam timor. Nam timor abit, si recedas; manet amor; ac sicut ille in odium, hic in reverentiam vertitur. Te vero etiam atque etiam (repetam enim) meminisse oportet officii tui titulum, ac tibi ipsi interpretari, quale quantumque sit ordinare statum liberarum civitatum. Nam quid ordinatione civilius? quid libertate pretiosius? Porro quam turpe, si ordinatio eversione, libertas servitute mutetur?

Accedit, quod tibi certamen est tecum : onerat te quæsturæ tuæ fama, quam ex Bithynia optimam revexisti ; onerat testimonium principis : onerat tribunatus, prætura, atque hæc ipsa legatio, quasi præmium data. Quo magis nitendum est, ne in longinqua provincia, quam suburbana, ne inter servientes, quam liberos, ne sorte, quam judicio missus, ne rudis et incognitus,

qui leur restent. Voyez comment en usent les médecins. Relativement à leur art, il n'y a point de différence entre l'homme libre et l'esclave; cependant ils traitent l'un plus doucement et plus humainement que l'autre. Souvenez-vous de ce que fut autrefois chaque ville, mais non pour mépriser ce qu'elle est aujourd'hui.

Soyez sans fierté, sans orgueil, et ne redoutez pas le mépris. Peut-on mépriser celui qui est revêtu de toute l'autorité, de toute la puissance, s'il ne montre une âme sordide et basse, et s'il ne se méprise pas le premier? Un magistrat éprouve mal son pouvoir en insultant aux autres. La terreur est un moyen peu sûr pour s'attirer la vénération, et l'on obtient ce qu'on veut, beaucoup plus aisément par amour que par crainte. Car pour peu que vous vous éloigniez, la crainte s'éloigne avec vous, mais l'amour reste; et comme la première se change en haine, le second se tourne en respect. Vous devez donc sans cesse rappeler dans votre esprit le titre de votre charge; car je ne puis trop le répéter. Pesez ce que c'est que de gouverner des cités libres. Qu'y a-t-il qui exige plus d'humanité que le gouvernement? qu'y a-t-il de plus précieux que la liberté? Quelle honte serait-ce d'ailleurs, de substituer le désordre à la règle, la servitude à la liberté?

Ajoutez que vous avez à vous mesurer avec vous-même. Vous avez à soutenir cette haute réputation que vous vous êtes acquise dans la charge de trésorier de Bithynie, l'estime et le choix du prince, l'honneur que vous ont fait les charges de tribun, de préteur, et enfin le poids de ce gouvernement même, qui est la récompense de tant de travaux. Qu'on ne puisse donc pas dire que vous avez été plus humain, plus intègre et plus habile

quam exploratus probatusque, humanior, melior, peritior fuisse videaris, quum sit alioquin, ut sæpe audisti, sæpe legisti, multo deformius amittere, quam non assequi laudem.

Hæc velim credas, quod initio dixi, scripsisse me admonentem, non præcipientem, quanquam præcipientem quoque. Quippe non vereor, in amore ne modum excesserim. Neque enim periculum est, ne sit nimium, quod esse maximum debet. Vale.

dans une province éloignée, qu'aux portes de Rome; parmi des peuples esclaves, que parmi des hommes libres; désigné par le sort, que choisi par nos concitoyens; inconnu et sans expérience, qu'éprouvé et honoré. D'ailleurs, n'oubliez pas ce que souvent vous avez lu, ce que vous avez souvent entendu dire, qu'il est plus honteux de perdre l'approbation acquise, que de n'en pas acquérir.

Je vous supplie de prendre tout ceci pour ce que je vous l'ai donné d'abord : ce ne sont pas des leçons, mais des conseils. Quoiqu'après tout, quand ce seraient des leçons [77], je ne craindrais pas qu'on me reprochât d'avoir porté l'amitié à l'excès. Car on ne doit point appréhender qu'il y ait de l'excès dans ce qui doit être si grand. Adieu.

C. PLINII CÆCILII SECUNDI
EPISTOLÆ.
LIBER NONUS.

I.

Plinius Maximo suo s.

Sæpe te monui, ut libros, quos vel pro te, vel in Plantam, imo et pro te et in illum (ita enim materia cogebat) composuisti, quam maturissime emitteres: quod nunc præcipue, morte ejus audita, et hortor, et moneo. Quamvis enim legeris multis, legendosque dederis, nolo tamen quemquam opinari, defuncto demum inchoatos, quos incolumi eo peregisti. Salva sit tibi constantiæ fama. Erit autem, si notum æquis iniquisque fuerit, non post inimici mortem scribendi tibi natam esse fiduciam; sed jam paratam editionem morte præventam. Simul vitabis illud,

Οὐχ ὁσίη φθιμένοισιν.

Nam quod de vivente scriptum, de vivente recitatum

LETTRES
DE PLINE LE JEUNE.
LIVRE NEUVIÈME.

I.

Pline à Maxime.

Je vous ai souvent conseillé de publier au plus tôt les ouvrages que vous avez composés, ou pour votre défense, ou contre Planta, ou tout à la fois, et pour vous et contre lui; car le sujet le voulait ainsi : mais aujourd'hui que je viens d'apprendre sa mort, je vous avertis qu'il ne vous est plus permis de différer davantage. Quoique vous les ayez lus et que vous les ayez donnés à lire à beaucoup de personnes, je serais désolé, qu'après les avoir achevés de son vivant, quelqu'un pût soupçonner que vous ne les avez commencés qu'après sa mort. Soutenez l'opinion qu'on a conçue de votre courage. Et vous la soutiendrez, en faisant connaître à tout homme, équitable ou non, que ce n'est point seulement après la mort d'un ennemi que vous avez osé écrire; mais que cette mort a prévenu la publication toute prête de votre ouvrage. Par-là, vous éviterez ce reproche :

C'est une impiété que d'insulter aux morts [1].

Car ce que l'on a composé, ce que l'on a lu contre un

est, in defunctum quoque tanquam viventem adhuc, editur, si editur statim. Igitur, si quid aliud in manibus, interim differ : hoc perfice, quod nobis, qui legimus olim, absolutum videtur : sed jam videatur et tibi, cujus cunctationem nec res ipsa desiderat, et temporis ratio præcidit. Vale.

II.

Plinius Sabino suo s.

Facis jucunde, quod non solum plurimas epistolas meas, verum etiam longissimas flagitas; in quibus parcior fui, partim quia tuas occupationes verebar, partim quia ipse multum distringebar plerumque frigidis negotiis, quæ simul et avocant animum et communiunt. Præterea nec materia, plura scribendi dabatur : neque enim eadem nostra conditio, quæ M. Tullii, ad cujus exemplum nos vocas. Illi enim et copiosissimum ingenium, et ingenio qua varietas rerum, qua magnitudo largissime suppetebat. Nos quam angustis terminis claudamur, etiam tacente me, perspicis : nisi forte volumus scholasticas tibi, atque, ut ita dicam, umbraticas litteras

homme vivant, c'est presque le publier pendant sa vie, que le publier au moment même de sa mort. Quittez donc tout ce que vous faites, si vous faites quelqu'autre ouvrage, et mettez la dernière main à celui-ci. Il me parut achevé, à l'époque où vous me le donnâtes à lire; mais aujourd'hui il doit vous paraître tel à vous-même, qui ne pouvez plus vous permettre aucun retard : votre ouvrage n'en a pas besoin, et la circonstance vous le défend. Adieu.

II.

Pline à Sabin[2].

Vous me faites plaisir de me presser si fort, non-seulement de vous écrire souvent, mais encore de vous écrire de très-longues lettres. Je les ai jusqu'ici ménagées; d'abord, pour ne pas vous détourner de vos graves occupations; et ensuite, parce que j'étais moi-même détourné par les miennes, qui, toutes frivoles qu'elles sont, ne laissent pas d'embarrasser et de fatiguer l'esprit. De plus, je manquais de matière pour écrire une longue lettre; car je n'ai pas les avantages qu'avait Cicéron, dont vous me proposez l'exemple. Son génie était très-fertile, et le temps où il vivait ne l'était pas moins, soit par la diversité, soit par la grandeur des évènemens qui se présentaient à lui en abondance. Pour moi, vous savez assez, sans que je vous le dise, dans quelles bornes je me trouve resserré, si je ne veux pas vous envoyer une de ces let-

mittere. Sed nihil minus aptum arbitramur, quum arma vestra, quum castra, quum denique cornua, tubas, sudorem, pulverem, soles cogitamus. Habes, ut puto, justam excusationem; quam tamen dubito, an tibi probari velim. Est enim summi amoris, negare veniam brevibus epistolis amicorum, quamvis scias illis constare rationem. Vale.

III.

Plinius Paulino suo s.

ALIUS alium, ego beatissimum existimo, qui bonæ mansuræque famæ præsumptione perfruitur, certusque posteritatis cum futura gloria vivit. Ac mihi, nisi præmium æternitatis ante oculos, pingue illud altumque otium placeat.

Etenim omnes homines arbitror oportere aut immortalitatem suam, aut mortalitatem cogitare; et illos quidem contendere, eniti, hos quiescere, remitti; nec brevem vitam caducis laboribus fatigare; ut video multos, misera simul et ingrata imagine industriæ, ad vilitatem sui pervenire. Hæc ego tecum, quæ quotidie mecum, ut desinam mecum, si dissenties tu; quanquam non

tres oiseuses, et qui sentent le rhéteur. Mais je n'imagine rien de moins convenable, quand je vous vois dans un camp, dans le tumulte et dans le bruit des armes, au milieu des bataillons, des trompettes, couvert de sueur et de poussière, et tout brûlé du soleil. Voilà mon excuse. Je ne sais pas trop si je voudrais que vous la prissiez pour bonne : car la tendre amitié ne pardonne point la brièveté d'une lettre, quelque raison que l'on ait de ne pas la faire plus longue. Adieu.

III.

Pline à Paulin[3].

Chacun juge différemment du bonheur des hommes. Pour moi, je n'en estime point de plus heureux que celui qui jouit de l'espoir d'une grande et durable renommée, et qui, sûr des suffrages de la postérité, goûte par avance toute la gloire qu'elle lui destine. Je l'avoue, si je n'avais sans cesse un tel prix devant les yeux, je n'aimerais rien tant que les douceurs d'un profond repos.

Car enfin je crois que tous les hommes doivent avoir en vue, ou l'immortalité, ou la mort. Ceux qui prétendent à la première doivent s'appliquer et travailler sans cesse; ceux qui sont résignés à la seconde doivent chercher le plaisir et l'oisiveté : il ne faut point qu'ils fatiguent, par d'inutiles travaux, une vie déjà si courte; ce que je vois tous les jours arriver à bien des gens qui se laissent abuser par une vaine apparence d'activité, et qui, pour prix de leurs efforts, finissent par ne trouver que le mépris d'eux-

dissenties, ut qui semper clarum aliquid et immortale mediteris. Vale.

IV.

Plinius Macrino suo s.

VERERER ne immodicam orationem putares, quam cum hac epistola accipies, nisi esset generis ejus, ut sæpe incipere, sæpe desinere videatur. Nam singulis criminibus singulæ velut causæ continentur. Poteris ergo, undecunque inceperis, ubicunque desieris, quæ deinceps sequentur, et quasi incipientia legere, et quasi cohærentia; meque in universitate longissimum, brevissimum in partibus judicare. Vale.

V.

Plinius Tironi suo s.

EGREGIE facis (inquiro enim) et persevera, quod justitiam tuam provincialibus multa humanitate commendas; cujus præcipua pars est, honestissimum quemque

mêmes⁴. Je vous communique des réflexions que je fais tous les jours, pour cesser de les faire, si vous ne les approuvez pas; mais j'ai peine à croire que vous ne les approuveiz pas, vous dont l'esprit n'est jamais occupé de rien que de grand et d'immortel. Adieu.

IV.

Pline à Macrin⁵.

Je craindrais fort que le plaidoyer qui accompagne cette lettre ne vous parût trop long, s'il ne semblait, par un caractère qui lui est particulier, commencer et finir plus d'une fois : car chaque accusation renferme en quelque sorte une cause. Vous pourrez donc, par quelque endroit que vous commenciez, et en quelque endroit que vous vous arrêtiez, reprendre votre lecture, ou comme si vous la commenciez, ou comme si vous la continuiez: vous pourrez me trouver long dans l'ensemble de l'ouvrage, et très-bref dans chaque partie. Adieu.

V.

Pline à Tiron⁶.

Vous faites bien de rendre la justice aux peuples de votre gouvernement, avec autant de douceur et de bonté : je m'en informe, et je vous engage à persévérer⁷. La première partie de cette justice, c'est d'honorer les personnes

complecti, atque ita a minoribus amari, ut simul a principibus diligare. Plerique autem, dum verentur, ne gratiæ potentium nimium impertiri videantur, sinisteritatis atque etiam malignitatis famam consequuntur. A quo vitio tu longe recessisti, scio : sed temperare mihi non possum, quominus laudem similis monenti, quod eum modum tenes, ut discrimina ordinum dignitatumque custodias : quæ si confusa, turbata, permixta sunt, nihil est ipsa æqualitate inæqualius. Vale.

VI.

Plinius Calvisio suo s.

OMNE hoc tempus inter pugillares ac libellos jucundissima quiete transmisi. *Quemadmodum*, inquis, *in urbe potuisti?* Circenses erant; quo genere spectaculi ne levissime quidem teneor. Nihil novum, nihil varium, nihil quod non semel spectasse sufficiat. Quo magis miror, tot millia virorum tam pueriliter identidem cupere currentes equos, insistentes curribus homines videre. Si tamen aut velocitate equorum, aut hominum arte traherentur, esset ratio nonnulla. Nunc favent panno, pannum amant : et si in ipso cursu, medioque certamine, hic color illuc, ille huc transferatur, studium fa-

d'un rang élevé, et en vous faisant aimer des petits, de vous faire chérir des grands. La plupart de ceux qui sont en place, dans la crainte qu'on ne les soupçonne de sacrifier à la faveur et au crédit de la puissance, se donnent la réputation d'hommes grossiers et malveillans. Je sais combien vous êtes éloigné de ce défaut; mais je ne puis m'empêcher de joindre le conseil à la louange, et de vous exhorter à garder cette juste mesure, qui assure à chaque ordre ce qui lui est dû. On ne peut les égaler, les mêler et les confondre, sans tomber, par cette égalité même, dans une extrême injustice. Adieu.

VI.

Pline à Calvisius [8].

J'AI passé tous ces derniers jours dans la plus douce tranquillité, entre mes tablettes et mes livres. *Comment, dites-vous, cela se peut-il au milieu de Rome?* C'était le temps des spectacles du cirque, qui n'ont pas pour moi le moindre attrait [9]. Je n'y trouve rien de nouveau, rien de varié, rien qu'il ne suffise d'avoir vu une fois. C'est ce qui redouble l'étonnement où je suis, que tant de milliers d'hommes éprouvent la puérile tentation de revoir de temps en temps des chevaux qui courent, et des hommes qui conduisent des chariots. Encore, s'ils prenaient plaisir à la vitesse des chevaux, ou à l'adresse des hommes, leur curiosité aurait quelque motif; mais non, ils ne s'attachent qu'à la couleur des combattans [10] : c'est là tout ce qu'ils aiment. Que dans le milieu de la

vorque transibit, et repente agitatores illos, equos illos, quos procul noscitant, quorum clamitant nomina, relinquent. Tanta gratia, tanta auctoritas in una vilissima tunica! mitto apud vulgus, quod vilius tunica est, sed apud quosdam graves homines; quos ego quum recordor in re inani, frigida, assidua, tam insatiabiliter desidere, capio aliquem voluptatem, quod hac voluptate non capior. Ac per hos dies libentissime otium meum in litteris colloco, quos alii otiosissimis occupationibus perdunt. Vale.

VII.

Plinius Romano suo s.

ÆDIFICARE te scribis. Bene est : inveni patrocinium. Ædifico enim jam ratione, quia tecum. Nam hoc quoque non dissimile, quod ad mare tu, ego ad Larium lacum. Hujus in litore plures villæ meæ; sed duæ, ut maxime delectant, ita exercent.

Altera imposita saxis, more Bajano, lacum prospicit; altera, æque more Bajano, lacum tangit. Itaque illam tragœdiam, hanc appellare comœdiam soleo : illam, quod quasi cothurnis, hanc, quod quasi socculis susti-

course ou du combat, on fasse passer d'un côté la couleur qui est de l'autre, on verra, dans le moment, leur inclination et leurs vœux changer avec elle, et abandonner les hommes et les chevaux qu'ils connaissent de loin, qu'ils appellent par leurs noms ; tant une vile casaque fait d'impression, je ne dis pas sur le petit peuple, plus vil encore que ces casaques, mais je dirai même sur des hommes graves et sensés! Quand je songe qu'ils ne se lassent point de revoir, avec tant d'ardeur et d'assiduité, des choses si vaines, si froides et si communes, je trouve une satisfaction secrète à n'être point sensible à ces bagatelles, et c'est avec un vrai plaisir que j'emploie à l'étude un loisir que les autres perdent dans de si frivoles amusemens. Adieu.

VII.

Pline à Romanus[11].

Vous me mandez que vous bâtissez. J'en suis ravi : voilà de quoi me justifier. Je bâtis aussi, et sans doute je n'ai pas tort, puisque je fais comme vous. Je vous ressemble même en ce point, que vous bâtissez près de la mer, moi près du lac de Côme. J'ai sur ses bords plusieurs maisons; mais deux, entre autres, me donnent plus de plaisir, et par une suite nécessaire, plus d'embarras.

L'une, bâtie dans le genre de celles que l'on voit à Baïa, s'élève sur des rochers, et domine le lac; l'autre, bâtie de la même manière, est baignée par ses eaux. J'appelle donc ordinairement, l'une la tragédie, l'autre la comédie; la première, parce qu'elle semble élevée sur le co-

netur. Sua utrique amœnitas, et utramque possidenti ipsa diversitate jucundior. Hæc lacu propius, illa latius utitur : hæc unum sinum molli curvamine amplectitur, illa editissimo dorso duos dirimit : illic recta gestatio longo limite super litus extenditur, hic spatiosissimo xysto leviter inflectitur : illa fluctus non sentit, hæc frangit : ex illa possis despicere piscantes, ex hac ipse piscari, hamumque de cubiculo ac pæne etiam de lectulo, ut e navicula, jacere.

Hæ mihi causæ utrique, quæ desunt, astruendi, ob ea quæ supersunt. Etsi quid ego rationem tibi, apud quem pro ratione erit, idem facere? Vale.

VIII.

Plinius Augurino suo s.

Si laudatus a te laudare te cœpero, vereor ne non tam proferre judicium meum, quam referre gratiam videar. Sed licet videar, omnia scripta tua pulcherrima existimo, maxime tamen illa quæ de nobis. Accidit hoc una

thurne; la seconde, parce qu'elle n'a que l'humble chaussure du brodequin. Elles ont chacune leurs agrémens, et cette diversité même ajoute à leur beauté pour celui qui les possède toutes deux. L'une jouit du lac de plus près; l'autre en a la vue plus étendue. Celle-là, bâtie comme en demi-cercle, embrasse une espèce de golfe; celle-ci en forme deux par son roc élevé qui s'avance dans le lac. Là, vous avez une promenade droite, qui, par une longue allée, s'étend le long du rivage; ici, la promenade suit une allée spacieuse et qui tourne un peu. Les flots n'approchent point de la première de ces maisons; ils viennent se briser contre la seconde. De celle-là, vous voyez pêcher; de celle-ci, vous pouvez pêcher vous-même, sans sortir de votre chambre, et presque sans sortir de votre lit, d'où vous jetez vos hameçons comme d'un bateau.

Voilà pourquoi je veux ajouter ce qui manque à chacune, en faveur de ce qu'elles ont déjà. Mais[12] pourquoi vous expliquer les raisons de ma conduite? la vôtre vous les dira de reste. Adieu.

VIII.

Pline à Augurinus[13].

Je crains qu'en vous donnant des éloges, après en avoir tant reçu de vous, il ne semble que je songe plus à vous rendre grâces que justice. Mais, quand on devrait avoir cette pensée, tous vos ouvrages me paraissent admirables, particulièrement ceux que vous avez composés

eademque de causa. Nam et tu, quæ de amicis, optime scribis; et ego quæ de me, ut optima, lego. Vale.

IX.

Plinius Coloni suo s.

Unice probo, quod Pompeii Quinctiani morte tam dolenter afficeris, ut amissi caritatem desiderio extendas; non ut plerique, qui tantum viventes amant, seu potius amare se simulant, ac ne simulant quidem, nisi quos florentes vident: nam miserorum, non secus ac defunctorum, obliviscuntur. Sed tibi perennis fides, tantaque in amore constantia, ut finiri nisi tua morte non possit. Et hercule is fuit Quinctianus, quem diligi deceat exemplo ipsius. Felices amabat, miseros tuebatur, desiderabat amissos. Jam illi, quanta probitas in ore! quanta in sermone cunctatio! quam pari libra gravitas comitasque! quod studium litterarum! quod judicium! qua pietate cum dissimillimo patre vivebat! quam non obstabat illi, quominus vir optimus videretur, quod erat optimus filius!

pour moi. Une même raison fait que cela soit et que j'en juge ainsi; c'est que tout ce que vous écrivez en l'honneur de vos amis est excellent, et que je trouve parfait tout ce qu'on écrit à ma louange. Adieu.

IX.

Pline à Colon [14].

J'APPROUVE fort que vous soyez si vivement touché de la mort de Pompeius Quinctianus : vos regrets font bien connaître que votre amitié lui survit. Vous n'êtes pas comme la plupart des hommes qui n'aiment que les vivans, ou plutôt qui feignent de les aimer, et qui même ne se contraignent à cette feinte que pour ceux qu'ils voient dans la prospérité; car ils ne donnent guère plus de place, dans leur mémoire, aux malheureux qu'aux morts. Mais pour vous, votre attachement est à l'épreuve du temps, et votre constance en amitié est si forte, qu'elle ne peut jamais finir qu'avec vous. Aussi, il faut le dire, Quinctianus méritait d'être aimé, comme il aimait lui-même. Il aimait ses amis dans la bonne fortune; il les soutenait dans la mauvaise; il les regrettait dans le tombeau. Comme la probité était peinte sur son visage! que de réserve dans ses discours! quel mélange judicieux de sagesse et d'enjouement! quel amour, quel goût pour les lettres! quel respect et quel attachement pour un père qui lui ressemblait si peu! comme il a su concilier ses devoirs, et paraître bon fils, sans cesser d'être homme de bien!

Sed quid dolorem tuum exulcero? quanquam sic amasti viventem, ut hoc potius, quam de illo sileri velis; a me præsertim, cujus prædicatione putas vitam ejus ornari, memoriam prorogari, ipsamque illam, qua est raptus, ætatem posse restitui. Vale.

X.

Plinius Tacito suo s.

Cupio præceptis tuis parere; sed aprorum tanta penuria est, ut Minervæ et Dianæ, quas ais pariter colendas, convenire non possit. Itaque Minervæ tantum serviendum est, delicate tamen, ut in secessu, et æstate. In via plane nonnulla leviora, statimque delenda, ea garrulitate, qua sermones in vehiculo seruntur, extendi. His quædam addidi in villa, quum aliud non liberet. Itaque poemata quiescunt, quæ tu inter nemora et lucos commodissime perfici putas. Oratiunculam unam et alteram retractavi; quanquam id genus operis inamabile, inamœnum, magisque laboribus ruris, quam voluptatibus, simile. Vale.

Mais pourquoi aigrir votre douleur? Quoiqu'après tout, avec la tendresse que vous aviez pour lui [15], mes plaintes doivent vous plaire bien plus que mon silence, surtout si vous pensez que mes éloges peuvent illustrer sa vie, étendre sa mémoire, et lui rendre, en quelque sorte, cette fleur de jeunesse à laquelle il vient d'être enlevé. Adieu.

X.

Pline à Tacite [16].

J'aurais grande envie de suivre vos leçons; mais les sangliers sont si rares ici, qu'il n'est pas possible d'accorder Minerve avec Diane, quoique, selon vous, on les doive servir toutes deux ensemble. Il faut donc se contenter de rendre ses hommages à Minerve, et cela même avec ménagement, comme il convient à la campagne, et pendant l'été. J'ai composé en chemin quelques bagatelles assez peu dignes d'être conservées; aussi n'y ai-je donné d'autre application que celle qu'on donne en voiture aux conversations ordinaires. Depuis que je suis à ma terre, j'y ai ajouté quelque chose, n'ayant pas trouvé à propos de m'attacher à d'autre ouvrage. Je laisse donc reposer les poésies que vous croyez ne pouvoir jamais être plus heureusement achevées qu'au milieu des forêts et des bois. J'ai retouché une ou deux petites harangues, quoique ce genre de travail, sans agrément et sans attrait, tienne plus des fatigues que des plaisirs de la vie champêtre. Adieu.

XI.

Plinius Gemino suo s.

Epistolam tuam jucundissimam recepi, eo maxime quod aliquid ad te scribi volebas, quod libris inseri posset. Obveniet materia, vel hæc ipsa quam monstras, vel potior alia. Sunt enim in hac offendicula nonnulla : circumfer oculos, et occurrent. Bibliopolas Lugduni esse non putabam; ac tanto libentius ex litteris tuis cognovi venditari libellos meos, quibus peregre manere gratiam, quam in urbe collegerint, delector. Incipio enim satis absolutum existimare, de quo tanta diversitate regionum discreta hominum judicia consentiunt. Vale.

XII.

Plinius Juniori suo s.

Castigabat quidam filium suum, quod paulo sumptuosius equos et canes emeret. Huic ego, juvene digresso: « Heus tu, nunquamne fecisti, quod a patre corripi posset? fecisti, dico. Non interdum facis, quod filius tuus, si repente pater ille, tu filius, pari gravitate reprehendat? Non omnes homines aliquo errore ducuntur? non

XI.

Pline à Geminus.

Votre lettre m'a charmé, surtout en m'exprimant le désir d'avoir quelque chose de moi à insérer dans votre ouvrage. Nous trouverons un sujet, ou celui que vous m'indiquez, ou quelqu'autre plus convenable. Il y a, dans celui dont vous me parlez, des inconvéniens. Regardez-y bien, et vous les découvrirez. Je ne savais pas qu'il y eût des libraires à Lyon, et j'en ai eu d'autant plus de plaisir d'apprendre que mes ouvrages s'y vendent. Je suis bien aise qu'ils conservent dans ces pays étrangers la faveur qu'ils se sont acquise ici. Je commence à estimer un ouvrage sur lequel des hommes de climats si différens sont de même avis. Adieu.

XII.

Pline à Junior [17].

Un père reprenait aigrement son fils de ce qu'il faisait trop de dépense en chevaux et en chiens. Le fils étant sorti, je demandai au père : *Dites-moi, je vous prie, n'avez-vous jamais rien fait dont votre père eût lieu de vous reprendre ? Plus d'une fois, sans doute. Ne vous échappe-t-il pas souvent telle faute, sur laquelle votre fils, s'il devenait tout à coup votre père,*

hic in illo sibi, in hoc alius indulget?» Hæc tibi, admonitus immodicæ severitatis exemplo, pro amore mutuo scripsi, ne quando tu quoque filium tuum acerbius duriusque tractares. Cogita et illum puerum esse, et te fuisse; atque ita hoc, quod es pater, utere, ut memineris et hominem esse te, et hominis patrem. Vale.

XIII.

Plinius Quadrato suo s.

Quanto studiosius intentiusque legisti libros, quos de Helvidii ultione composui, tanto impensius postulas, ut perscribam tibi quæque extra libros, quæque circa libros, totum denique ordinem rei, cui per ætatem non interfuisti.

Occiso Domitiano, statui mecum ac deliberavi esse magnam pulchramque materiam insectandi nocentes, miseros vindicandi, se proferendi. Porro inter multa scelera multorum, nullum atrocius videbatur, quam quod in senatu senator senatori, prætorius consulari, reo judex manus intulisset. Fuerat alioqui mihi cum Helvidio amicitia, quanta potuerat esse cum eo, qui

pourrait vous réprimander aussi? Tous les hommes n'ont-ils pas leur faible? Celui-ci ne se pardonne-t-il pas telle erreur, celui-là telle autre? L'amitié qui nous lie m'a engagé à vous communiquer ces réflexions et cet exemple d'une sévérité excessive, pour vous engager vous-même à ne point traiter votre fils avec trop de rigueur. Songez qu'il est enfant, et que vous l'avez été, et, en usant de l'autorité paternelle, n'oubliez pas que vous êtes homme, et le père d'un homme. Adieu.

XIII.

Pline à Quadratus [18].

Vous avez lu mon ouvrage sur la vengeance d'Helvidius [19] avec tant de soin et tant d'ardeur, que vous me priez instamment de vous mander toutes les particularités qui ne se trouvent pas dans mon livre et celles qui sont relatives à mon livre : vous voulez savoir toute la suite de cette affaire, dont votre extrême jeunesse vous a dans le temps dérobé la connaissance.

Lorsque Domitien eût été tué, je jugeai, après de mûres réflexions, qu'il se présentait une grande et belle occasion de poursuivre le crime, de venger le malheur, et d'illustrer son nom. Dans le grand nombre de crimes commis par tant de gens, je n'en voyais pas de plus atroce que celui d'un sénateur, qui, dans le sénat même, avait poursuivi la mort d'un sénateur, qui, après avoir été préteur, s'était attaqué à un consulaire, qui, lors même qu'il était juge, avait porté ses mains sur l'accusé [20].

metu temporum nomen ingens, paresque virtutes secessu tegebat. Fuerat cum Arria et Fannia, quarum altera Helvidii noverca, altera mater novercæ. Sed non ita me jura privata, ut publicum fas, et indignitas facti, et exempli ratio incitabat.

Ac primis quidem diebus redditæ libertatis pro se quisque inimicos suos, duntaxat minores, incondito turbidoque clamore postulaverant simul et oppresserant. Ego et modestius et constantius arbitratus immanissimum reum non communi temporum invidia, sed proprio crimine urgere; quum jam satis primus ille impetus deferbuisset, et languidior in dies ira ad justitiam redisset, quanquam tum maxime tristis, amissa nuper uxore, mitto ad Anteiam (nupta hæc Helvidio fuerat); rogo ut veniat, quia me recens adhuc luctus limine contineret. Ut venit : « Destinatum est, inquam, mihi, maritum tuum non inultum pati : nuntia Arriæ et Fanniæ (ab exsilio redierant) : consule te, consule illas, an velitis ascribi facto, in quo ego comite non egeo : sed non ita gloriæ meæ faverim, ut vobis societatem ejus invideam. »

Perfert Anteia mandata : nec illæ morantur. Opportune senatus intra diem tertium. Omnia ego semper ad

J'avais d'ailleurs été lié avec Helvidius d'une amitié aussi étroite qu'on le pouvait être avec un homme obligé, par la crainte des temps, à cacher dans la retraite un grand nom et de grandes vertus. J'avais toujours été des amis d'Arria et de Fannia[21], dont l'une était la belle-mère d'Helvidius, ayant épousé son père, et dont l'autre était la mère de sa belle-mère. Mais, après tout, les droits de l'amitié me déterminaient beaucoup moins que l'intérêt public, l'indignité du fait et l'utilité de l'exemple.

Dans les premiers jours de la liberté recouvrée, chacun, par des cris tumultueux et confus, s'était empressé d'accuser et d'accabler à la fois ses amis, mais seulement ceux de moindre importance. Pour moi, je crus qu'il y aurait et plus de sagesse et plus de courage à faire succomber un criminel si redoutable sous le poids, non de la haine commune, mais de son propre crime. Lorsque le premier feu se fut un peu ralenti, et que la colère, qui se dissipait de jour en jour, eut fait place à la justice, bien qu'alors la perte de ma femme m'eût depuis quelques jours plongé dans la douleur, j'envoie chez Antéia, veuve d'Helvidius, et je la supplie de vouloir bien me venir voir, parce que mon deuil, tout récent, ne me permettait pas de sortir. Dès qu'elle fut entrée chez moi : *J'ai résolu,* lui dis-je, *de venger la mort de votre mari; portez-en la nouvelle à Arria et à Fannia* (elles avaient été rappelées de leur exil); *consultez-vous, consultez-les, et voyez si vous voulez vous associer à mon entreprise. Ce n'est pas que j'aie besoin de soutien : mais je ne suis pas assez avide de gloire pour refuser de partager celle-ci avec vous.*

Antéia leur rapporte ce que je lui avais dit, et elles n'hésitent pas. Le sénat devait fort à propos s'assembler

Corellium retuli, quem providentissimum ætatis nostræ sapientissimumque cognovi : in hoc tamen contentus consilio meo fui, veritus, ne vetaret : erat enim cunctantior cautiorque. Sed non sustinui inducere in animum, quominus illi eodem die facturum me indicarem, quod an facerem non deliberabam, expertus usu, de eo, quod destinaveris, non esse consulendos, quibus consultis obsequi debeas. Venio in senatum; jus dicendi peto; dico paulisper maximo assensu. Ubi cœpi crimen attingere, reum destinare, adhuc tamen sine nomine, undique mihi reclamari. Alius : *Sciamus qui sit, de quo extra ordinem referas;* alius : *Quis est ante relationem reus?* alius : *Salvi simus, qui supersumus.* Audio imperturbatus, interritus : tantum susceptæ rei honestas valet, tantumque ad fiduciam vel metum differt, nolint homines quod facias, an non probent!

Longum est omnia, quæ tunc hinc inde jactata sunt, recensere. Novissime consul : *Secunde, sententiæ loco dices, si quid volueris.* — *Permiseris*, inquam, *quod usque adhuc omnibus permisisti.* Resido. Aguntur alia. Interea me quidam ex consularibus amicis secreto ac-

trois jours après. Je ne faisais jamais rien sans consulter Corellius, que j'ai toujours regardé comme l'homme le plus sage[22] et le plus habile de notre siècle. Cependant, en cette occasion, je ne consultai que moi-même, dans la crainte qu'il ne voulût m'empêcher d'agir; car il était lent à se décider, et ne donnait rien au hasard. Mais je ne pus gagner sur moi, le jour même de l'exécution, de ne pas lui communiquer mon dessein, sans lui demander pourtant ce que je devais faire; car je sais par expérience, que, sur ce que vous avez bien résolu, il ne faut point consulter les personnes dont les conseils deviennent pour vous des ordres. Je me rends au sénat. Je demande permission de parler. Mes premières paroles sont bien accueillies; mais à peine ai-je dit un mot de l'accusation, à peine ai-je désigné le coupable, sans pourtant le nommer encore, qu'on s'élève contre moi de tous côtés. L'un s'écrie: *Sachons contre qui vous prétendez faire cette poursuite extraordinaire?* Un autre: *Quel est celui que l'on accuse ainsi, avant que le sénat l'ait permis?* Un autre: *Laissez en sûreté ceux qui ont échappé.* J'écoute sans me troubler, sans m'étonner, tant la justice de l'entreprise a de force pour vous soutenir dans l'exécution! tant il est différent, pour vous donner de la confiance ou de la crainte, que les hommes ne veuillent pas que vous fassiez ce que vous faites, ou qu'ils ne l'approuvent pas!

Il faudrait trop de temps pour vous raconter tout ce qui fut dit, sur ce sujet, de part et d'autre. Enfin, le consul m'adressant la parole: *Pline,* me dit-il, *vous direz ce qu'il vous plaira, quand votre tour d'opiner sera venu.* — *Vous me permettez,* lui répondis-je, *ce que jusqu'ici vous n'avez refusé à personne.* Je m'assieds, et

curatoque sermone, quasi nimis fortiter incauteque progressum, corripit, revocat, monet, ut desistam : adjicit etiam : « Notabilem te futuris principibus fecisti. — Esto, inquam, dum malis. » Vix ille discesserat, rursus alter : « Quid audes? quo ruis? quibus te periculis objicis? Quid præsentibus confidis, incertus futurorum? Lacessis hominem jam præfectum ærarii, et brevi consulem? præterea qua gratia, quibus amicitiis fultum? » Nominat quemdam, qui tunc ad Orientem amplissimum exercitum, non sine magnis dubiisque rumoribus, obtinebat. Ad hæc ego :

Omnia præcepi, atque animo mecum ante peregi.

« Nec recuso, si ita casus attulerit, luere pœnas ob honestissimum factum, dum flagitiosissimum ulciscor. »

Jam censendi tempus. Dicit Domitius Apollinaris, consul designatus; dicit Fabricius Veiento, Fabius Posthumius, Vectius Proculus, collega Publicii Certi, de quo agebatur, uxoris autem meæ, quam amiseram, vitricus : post hos Ammius Flaccus. Omnes Certum, nondum a me nominatum, ut nominatum defendunt, crimenque quasi in medio relictum defensione suscipiunt. Quæ præterea dixerint, non est necesse narrare; in libris habes. Sum enim cuncta ipsorum verbis persecutus. Di-

on traite d'autres affaires. Un consulaire de mes amis m'avertit tout bas, mais en termes fort pressans, que je m'étais exposé avec trop de courage et trop peu de prudence : il s'efforce de me détourner; il me gronde, il me presse de me désister; il ajoute même que je me rendais par-là redoutable aux empereurs à venir [23]. «Tant mieux, lui dis-je, pourvu que ce soit aux méchans empereurs.» A peine celui-là m'a-t-il quitté, qu'un autre revient à la charge. «Qu'osez-vous entreprendre? pourquoi vous perdre? à quels périls vous livrez-vous? incertain de l'avenir, pouvez-vous vous fier au présent? Vous offensez un trésorier de l'épargne, et qui dans peu sera consul. D'ailleurs, de quel crédit, de quels amis n'est-il point appuyé?» Il m'en nomme un, qui alors commandait en Orient une puissante armée, et sur le compte duquel couraient des bruits assez peu favorables. A ces discours, je répondais:

Tout est prévu, tout est pesé d'avance [24].

«Et si la fortune l'ordonne ainsi, en poursuivant la punition d'une action infâme, je suis prêt à porter la peine d'une action toute glorieuse.»

Enfin, on commença à opiner. Domitius Apollinaris [25], consul désigné, prit la parole; après lui, Fabricius Veiento [26], Fabius Posthumius, Vectius Proculus, collègue de Publicius Certus, que l'affaire regardait, et beau-père de l'épouse que je venais de perdre; ensuite Ammius Flaccus. Tous font l'apologie de Certus, comme si je l'avais nommé, quoique je n'eusse point encore prononcé son nom. Tous entreprennent de le justifier d'une accusation générale, et qui ne tombait encore sur personne. Il n'est pas nécessaire de vous raconter ce qu'ils dirent. Vous le trouverez dans mon ouvrage; j'y ai rap-

cunt contra Avidius Quietus, Cornutus Tertullus. Quietus : « Iniquissimum esse, querelas dolentium excludi; ideoque Arriæ et Fanniæ jus querendi non auferendum : nec interesse cujus ordinis quis sit, sed quam causam habeat. » Cornutus : « Datum se a consulibus tutorem Helvidii filiæ, petentibus matre ejus et vitrico : nunc quoque non sustinere deserere officii sui partes; in quo tamen et suo dolori modum imponere, et optimarum feminarum perferre modestissimum affectum : quas contentas esse admonere senatum Publicii Certi cruentæ adulationis; et petere, si pœna flagitii manifestissimi remittatur, nota Certo quasi censoria inuratur. » Tum Satrius Rufus medio ambiguoque sermone : *Puto*, inquit, *injuriam factam Publicio Certo, si non absolvitur : nominatus est ab amicis Arriæ et Fanniæ : nominatus ab amicis suis. Nec debemus solliciti esse. Idem enim nos, qui bene sentimus de homine, judicaturi sumus, si innocens est, sicuti et spero et malo : donec aliquid probetur, credo, poteritis absolvere.*

Hæc illi, quo quisque ordine citabantur. Venitur ad me; consurgo; utor initio, quod in libro est; respondeo singulis. Mirum qua intentione, quibus clamoribus om-

porté leurs propres termes. Avidius Quietus et Tertullus Cornutus furent d'un sentiment contraire. Quietus représenta que rien n'était plus injuste que de ne vouloir pas écouter les plaintes de ceux qui se prétendent offensés ; qu'il ne fallait donc pas priver Arria et Fannia du droit de se plaindre, ni s'embarrasser du rang de la personne, mais examiner la cause. Cornutus rappela que les consuls l'avaient donné pour tuteur à la fille d'Helvidius, sur la demande que leur en firent sa mère et le mari de sa mère ; qu'il ne pouvait, en cette occasion, manquer aux devoirs de sa charge ; mais qu'en les remplissant il saurait modérer sa douleur, et se conformer aux nobles sentimens de ces femmes vertueuses, qui se contentaient de rappeler au sénat les sanglantes adulations de Publicius Certus, et de demander que, si on lui remettrait la peine due à son crime, il demeurât au moins noté par le sénat, comme s'il l'avait été par le censeur [27]. Alors Satrius Rufus, prenant, en mots obscurs, je ne sais quel terme moyen : *Sénateurs*, dit-il, *nous serions injustes envers Publicius Certus, si nous ne le regardions pas comme innocent : il n'a encore été nommé que par les amis d'Arria, de Fannia, et par ses propres amis. Cette présomption favorable n'a rien qui doive effrayer notre justice ; car, ce qui n'est encore qu'une prévention avantageuse, sera bientôt un jugement, si Certus est en effet innocent, comme je l'espère et le désire. Mais jusqu'à ce qu'il y ait quelque chose de prouvé contre lui, vous pourrez, ce me semble, le déclarer innocent* [28].

Chacun parla de cette sorte à son tour. Le mien arrive. J'entre en matière ainsi que je l'ai dit dans mon livre. Je réponds à tout ce qu'on avait avancé. Il n'est pas con-

nia exceperint, qui modo reclamabant : tanta conversio vel negotii dignitatem, vel proventum orationis, vel actoris constantiam subsecuta est. Finio. Incipit respondere Veiento : nemo patitur; obturbatur, obstrepitur, adeo quidem, ut diceret : *Rogo, P. C., ne me cogatis implorare auxilium tribunorum.* Et statim Murena tribunus : *Permitto tibi, vir clarissime Veiento, dicere.* Tunc quoque reclamatur. Inter moras consul, citatis nominibus, et peracta discessione, mittit senatum; ac pæne adhuc stantem tentantemque dicere Veientonem relinquit. Multum ille de hac (ita vocitabat) contumelia, questus est Homerico versu :

Ὦ γέρον, ἦ μάλα δή σε νέοι τείρουσι μαχηταί.

Non fere quisquam in senatu fuit, qui non me complecteretur, exoscularetur, certatimque laude cumularet, quod intermissum tamdiu morem in publicum consulendi, susceptis propriis simultatibus, reduxissem ; quod denique senatum invidia liberassem, qua flagrabat apud ordines alios, quod severus in ceteros, senatoribus solis, dissimulatione quasi mutua, parceret.

Hæc acta sunt absente Certo. Abfuit enim, seu tale aliquid suspicatus, sive, ut excusabatur, infirmus. Et relationem quidem de eo Cæsar ad senatum non remisit :

cevable avec quelle attention, avec quels applaudissemens ceux mêmes qui peu auparavant s'élevaient contre moi, reçurent tout ce que je dis; tant fut subit le changement que produisit, ou l'importance de la cause, ou la force du discours, ou le courage de l'accusateur! Je finis. Veiento commence à répondre. Personne ne le veut souffrir; on le trouble; on l'interrompt, au point qu'il s'écria : *Je vous supplie, pères conscrits, de ne me pas forcer à implorer le secours des tribuns.* Aussitôt Muréna, tribun, reprenant la parole, dit : *Je vous permets de parler, illustre Veiento* : mais on ne s'en éleva pas moins contre lui. Cependant le consul ayant achevé d'appeler chacun par son nom, et de prendre les voix, congédie le sénat : il laisse Veiento debout et s'efforçant toujours de parler. Veiento se plaignit amèrement de ce traitement, qu'il appelait une injure, et s'appliquait, à cette occasion, ce vers d'Homère :

Ces jeunes combattans insultent ta vieillesse [29].

Il n'y eut presque personne dans le sénat qui ne vînt m'embrasser, me baiser, et me louer à l'envi, de ce que, à mes risques et périls, j'avais eu la fermeté de rétablir la coutume, si long-temps interrompue, de délibérer en commun sur les intérêts publics, et de laver le sénat du reproche que lui faisaient les autres ordres, de réserver pour eux toute sa sévérité, tandis que les sénateurs s'épargnaient seuls entre eux, et s'accordaient mutuellement un silence indulgent.

Tout cela se passa en l'absence de Certus. Car, soit qu'il se défiât de quelque chose, soit, comme on le disait pour l'excuser, qu'il fût indisposé, il ne se trouva pas au sénat. L'empereur n'ordonna point que le sénat achevât

obtinui tamen quod intenderam. Nam collega Certi consulatum, successorem Certus accepit; planeque factum est quod dixeram in fine : *Reddat præmium sub optimo principe, quod a pessimo accepit.* Postea actionem meam, utcunque potui, recollegi : addidi multa. Accidit fortuitum, sed non tanquam fortuitum, quod, editis libris, Certus intra paucissimos dies implicitus morbo decessit. Audivi referentes hanc imaginem menti ejus, hanc oculis oberrasse, tanquam videret me sibi cum ferro imminere. Verane hæc, affirmare non ausim: interest tamen exempli, ut vera videantur. Habes epistolam, si modum epistolæ cogites, libris quos legisti non minorem. Sed imputabis tibi, qui contentus libris non fuisti. Vale.

XIV.

Plinius Tacito suo s.

Nec ipse tibi plaudis, et ego nihil magis ex fide, quam de te scribo. Posteris an aliqua cura nostri, nescio : nos certe meremur, ut sit aliqua, non dico ingenio (id enim superbum), sed studio, et labore, et reverentia posterorum. Pergamus modo itinere instituto, quod ut

l'instruction du procès; j'obtins cependant ce que je m'étais proposé. Le collègue de Certus parvint au consulat auquel il avait été destiné; mais un autre fut nommé à la place de Certus. Ainsi fut accompli le vœu par lequel j'avais fini mon discours : *Qu'il rende sous le meilleur des princes la récompense qu'il a reçue du prince le plus méchant!* Depuis, j'ai recueilli dans mes livres, le mieux que j'ai pu, tout ce que j'avais dit, et j'y ai ajouté beaucoup de choses nouvelles. Il est survenu, par hasard, un évènement qui semble cependant ne rien tenir du hasard : peu de jours après que cet ouvrage fut devenu public, Certus tomba malade, et mourut. J'ai ouï dire que, pendant sa maladie, son imagination me représentait sans cesse à lui; sans cesse il croyait me voir le poursuivre l'épée à la main. Je n'ose pas assurer que cela soit vrai; mais il importe, pour l'exemple, que cela le paraisse. Voilà une lettre qui, pour une lettre, n'est pas moins longue que l'ouvrage que vous avez lu. Mais vous ne vous en prendrez qu'à vous-même, qui ne vous êtes pas contenté de l'ouvrage. Adieu.

XIV.

Pline à Tacite.

Vous n'êtes pas homme à vous flatter, et moi je n'écris rien avec tant de sincérité que ce que j'écris sur vous. Je ne sais si la postérité aura pour nous quelque considération; mais, en vérité, nous en méritons un peu; je ne dis pas par notre esprit (il y aurait vanité à le prétendre), mais par notre application, par notre travail,

paucos in lucem famamque provexit, ita multos e tenebris et silentio protulit. Vale.

XV.

Plinius Falconi suo s.

REFUGERAM in Tuscos, ut omnia ad arbitrium meum facerem : at hoc ne in Tuscis quidem : tam multis undique rusticorum libellis, et tam querulis inquietor; quos aliquanto magis invitus quam meos lego : nam et meos invitus. Retracto enim actiunculas quasdam, quod post intercapedinem temporis et frigidum et acerbum est. Rationes, quasi absente me, negliguntur. Interdum tamen equum conscendo, et patrem familiæ hactenus ago, quod aliquam partem prædiorum, sed pro gestatione, percurro. Tu consuetudinem serva, nobisque sic rusticis urbana acta perscribe. Vale.

par notre respect pour elle. Continuons notre route. Si par-là peu de gens sont arrivés au comble de la gloire et à l'immortalité, par-là du moins beaucoup sont parvenus à se tirer de l'obscurité et de l'oubli. Adieu.

XV.

Pline à Falcon [30].

Je m'étais réfugié dans ma terre de Toscane pour être en liberté; mais point de liberté pour moi, même en Toscane, tant je suis persécuté, de tous côtés, par les plaintes et les requêtes des paysans, que je lis avec plus de répugnance encore que mes ouvrages; et cependant ce n'est pas volontiers que je lis mes ouvrages. Je retouche quelques petits plaidoyers; travail qui, après un certain temps, est froid et désagréable. Cependant on ne se presse pas plus de me rendre compte, que si j'étais absent. Je monte pourtant quelquefois à cheval; et tout ce que je fais du rôle de propriétaire, c'est de parcourir quelque partie de mes terres, mais seulement pour me promener. Vous, conservez, je vous prie, votre bonne coutume, et daignez informer un pauvre campagnard de ce qui se passe à la ville. Adieu.

XVI.

Plinius Mamiliano suo s.

Summam te voluptatem percepisse ex isto copiosissimo genere venandi non miror, quum historicorum more scribas numerum iniri non potuisse. Nobis venari nec vacat, nec libet : vacat, quia vindemiæ in manibus; non libet, quia exiguæ. Devehemus tamen pro novo musto novos versiculos, tibique jucundissime exigenti, ut primum videbuntur defervisse, mittemus. Vale.

XVII.

Plinius Genitori suo s.

Accepi tuas litteras, quibus quereris tædio tibi fuisse quamvis lautissimam cœnam, quia scurræ, cinædi, moriones mensis inerrabant. Vis tu remittere aliquid ex rugis? Equidem nihil tale habeo, habentes tamen fero. Cur ergo non habeo? quia nequaquam me ut inexspectatum festivumve delectat, si quid molle a cinædo, petulans a scurra, stultum a morione profertur. Non rationem, sed stomachum tibi narro. Atque adeo quam

XVI.

Pline à Mamilien.

Je ne suis pas surpris que vous ayez trouvé un plaisir infini à une chasse si abondante, où, comme vous me le mandez en style d'historien, il est impossible de compter les morts. Pour moi, je n'ai ni le loisir, ni l'envie de chasser; le loisir, parce que nous faisons vendanges; l'envie, parce que ces vendanges sont trop modiques. Mais je vous ferai porter, en guise de vin nouveau, de petits vers nouveaux de ma façon. Vous me les demandez de si bonne grâce, que je n'attendrai, pour vous les envoyer, que le moment où la première fermentation sera calmée. Adieu.

XVII.

Pline à Genitor [31].

J'ai reçu la lettre où vous vous plaignez du mortel ennui que vous avez eu à un repas, d'ailleurs excellent, parce que des bouffons, des fous, et des hommes voués à la débauche, voltigeaient sans cesse autour des tables. Ne voulez-vous donc jamais vous dérider le front? Je n'ai point de ces sortes de gens à mon service; mais je tolère ceux qui en ont. Pourquoi donc n'en ai-je point? C'est que s'il échappe à un débauché quelque équivoque grossière, à un bouffon quelque mauvaise plaisanterie, à un fou quelque extravagance, cela ne me fait

multos putas esse, quos æque ea, quibus ego et tu capimur et ducimur, partim ut inepta, partim ut molestissima offendant? Quam multi, quum lector aut lyristes aut comœdus inductus est, calceos poscunt, aut non minore cum tædio recubant, quam tu ista (sic enim appellas) prodigia perpessus es? Demus igitur alienis oblectationibus veniam, ut nostris impetremus. Vale.

XVIII.

Plinius Sabino suo s.

QUA intentione, quo studio, qua denique memoria legeris libellos meos, epistola tua ostendit. Ipse igitur exhibes negotium tibi, qui elicis et invitas, ut quamplurima communicare tecum velim. Faciam, per partes tamen, et quasi digesta, ne istam ipsam memoriam, cui gratias ago, assiduitate et copia turbem, oneratamque, et quasi oppressam cogam pluribus singula, posterioribus priora dimittere. Vale.

aucun plaisir, parce que cela ne me cause aucune surprise. Je vous dis un goût, et non pas une raison. Aussi combien n'y a-t-il pas de personnes qui regardent comme impertinentes et insupportables beaucoup de choses qui nous plaisent et nous enchantent? Combien ne s'en trouve-t-il pas, qui, dès qu'un lecteur, dès qu'un joueur d'instrumens, ou un comédien paraît, prennent congé de la compagnie; ou qui, si elles demeurent à table, n'ont pas moins d'ennui que vous en ont fait souffrir ces monstres (car c'est le nom que vous leur donnez)? Ayons donc de l'indulgence pour les plaisirs d'autrui, afin que l'on en ait pour les nôtres. Adieu.

XVIII.

Pline à Sabin.

JE comprends par votre lettre, avec quel soin, quelle attention et quelle heureuse mémoire vous avez lu mes ouvrages. C'est donc vous-même qui vous attirez un embarras, lorsque vous m'invitez et m'engagez à vous en communiquer le plus que je pourrai. Je le ferai volontiers, mais successivement et avec ordre : j'ai à craindre de fatiguer, et par un travail trop assidu, et par la multitude des choses, une mémoire à laquelle je dois déjà tant : je ne veux point la surcharger, l'accabler, la forcer à laisser échapper chaque ouvrage, en cherchant à les embrasser tous, et à quitter les premiers pour courir après les derniers. Adieu.

XIX.

Plinius Rufoni suo s.

Significas legisse te in quadam epistola mea, jussisse Virginium Rufum inscribi sepulcro suo:

>Hic situs est Rufus, pulso qui Vindice quondam
>Imperium asseruit non sibi, sed patriae.

Reprehendis, quod jusserit: addis etiam melius rectiusque Frontinum, quod vetuerit omnino monumentum sibi fieri; meque ad extremum quid de utroque sentiam consulis. Utrumque dilexi; miratus sum magis, quem tu reprehendis, atque ita miratus, ut non putarem satis unquam laudari posse, cujus nunc mihi subeunda defensio est. Omnes ego, qui magnum aliquod memorandumque fecerunt, non modo venia, verum etiam laude dignissimos judico, si immortalitatem, quam meruere, sectantur, victurique nominis famam supremis etiam titulis prorogare nituntur. Nec facile quemquam nisi Virginium invenio, cujus tanta in praedicando verecundia, quanta gloria ex facto. Ipse sum testis, familiariter ab eo dilectus probatusque, semel omnino, me audiente, provectum, ut de rebus suis hoc unum referret, ita se-

XIX.

Pline à Rufon [32].

Vous me mandez que, dans une de mes lettres [33], vous avez lu que Virginius Rufus ordonna qu'on gravât ces vers sur son tombeau :

> Ci-gît Rufus, dont la victoire
> De Vindex punit l'attentat,
> Et qui ne voulut d'autre gloire
> Que la liberté de l'état.

Vous le blâmez de l'avoir ordonné. Vous ajoutez que Frontinus [34] fit bien mieux, lorsqu'il défendit qu'on lui élevât aucun tombeau. Vous finissez par me prier de vous dire ce que je pense de tous les deux. J'ai tendrement aimé l'un et l'autre, et celui que vous blâmez est celui que j'admirais le plus : je l'admirais au point de ne pas croire qu'on pût jamais le louer assez ; et me voilà réduit à prendre sa défense ! Je vous avoue que tous ceux qui ont fait quelque chose de grand et de mémorable, me paraissent dignes, non-seulement d'excuse, mais d'éloges, lorsqu'ils recherchent l'immortalité, et qu'ils s'efforcent d'éterniser par des inscriptions un nom qui ne doit jamais périr. Peut-être aurait-on peine à trouver un autre homme qui, comme Virginius, après avoir tout fait pour la gloire, ait parlé si peu de ce qu'il avait fait. Je puis en servir de témoin, quoiqu'il m'accordât sans réserve son amitié et sa confiance, je ne l'ai jamais entendu parler de lui-même qu'une seule fois. Il racontait que Cluvius lui avait un jour tenu ce discours : *Vous savez,*

historiæ fides debeatur : proinde si quid in historiis meis legis aliter ac velles, rogo ignoscas. » Ad hoc ille : « Tune, Cluvi, ignoras, ideo me fecisse quod feci, ut esset liberum vobis scribere, quæ libuisset? » Agedum, hunc ipsum Frontinum in hoc ipso, in quo tibi parcior videtur et pressior, comparemus. Vetuit exstrui monumentum : sed quibus verbis? « Impensa monumenti supervacua est : memoria nostri durabit, si vita meruimus. » An restrictius arbitraris per orbem terrarum legendum dare, duraturam memoriam sui, quam uno in loco duobus versiculis signare quod feceris? Quanquam non habeo propositum illum reprehendendi, sed hunc tuendi ; cujus quæ potest apud te justior esse defensio, quam ex collatione ejus quem prætulisti? Meo quidem judicio neuter culpandus, quorum uterque ad gloriam pari cupiditate, diverso itinere contendit; alter, dum expetit debitos titulos; alter, dum mavult videri contempsisse. Vale.

XX.

Plinius Venatori suo s.

TUA vero epistola tanto mihi jucundior fuit, quanto longior erat, præsertim quum de libellis meis tota locum aliquando Cluvium locutum : « Scis, Virgini, quæ

Virginius, *quelle fidélité l'on doit à l'histoire. Pardonnez-moi donc, je vous en supplie, si vous lisez, dans celle que j'écris, quelque chose que vous ne voudriez pas y lire.* A cela, Virginius répondit : *Vous ne savez donc pas, Cluvius, que dans tout ce que j'ai fait, je n'ai eu qu'un but ; c'était de vous assurer, à vous autres historiens, la liberté d'écrire tout ce qu'il vous plairait.* Maintenant, comparons-lui Frontinus, en cela même où ce dernier vous paraît plus modeste et plus retenu. Il a défendu qu'on lui élevât un tombeau ; mais en quels termes a-t-il fait cette défense? *La dépense d'un tombeau est inutile; mon nom ne périra point, si ma vie est digne de mémoire.* Donner à lire à tout l'univers que la mémoire de notre nom durera, est-ce donc plus modeste que de marquer par deux vers, dans un coin du monde, une action que l'on a faite[35]? Ce n'est pourtant pas mon dessein de blâmer le premier, mais de défendre le second ; et comment le faire avec plus d'avantage qu'en lui comparant celui que vous lui avez préféré? Si l'on s'en rapporte à moi, aucun des deux ne mérite de reproches. Tous deux, avec une égale ardeur, et par des routes différentes, sont parvenus à la gloire ; l'un en réclamant les titres qui lui sont dus, l'autre en aimant mieux montrer qu'il les a méprisés. Adieu.

XX.

Pline à Venator.

Plus votre lettre était longue, plus elle m'a fait plaisir, surtout roulant tout entière sur mes ouvrages. Je ne

queretur; quos tibi voluptati esse non miror, quum omnia nostra perinde ac nos ames. Ipse quum maxime vindemias, graciles quidem, uberiores tamen quam exspectaveram, colligo, si colligere est, nonnunquam decerpere uvam, torculum invisere, gustare de lacu mustum, obrepere urbanis, qui nunc rusticis praesunt, meque notariis et lectoribus reliquerunt. Vale.

XXI.

Plinius Sabiniano suo s.

LIBERTUS tuus, cui succensere te dixeras, venit ad me, advolutusque pedibus meis, tanquam tuis, haesit. Flevit multum, multumque rogavit, multum etiam tacuit: in summa, fecit mihi fidem poenitentiae. Vere credo emendatum, quia deliquisse se sentit. Irasceris, scio; et irasceris merito, id quoque scio: sed tunc praecipua mansuetudinis laus, quum irae causa justissima est. Amasti hominem, et, spero, amabis: interim sufficit, ut exorari te sinas. Licebit rursus irasci, si meruerit; quod exoratus excusatius facies. Remitte aliquid adolescentiae ipsius, remitte lacrymis, remitte indulgentiae tuae: ne torseris illum, ne torseris etiam te. Torqueris enim,

suis point surpris qu'ils vous plaisent, puisque vous n'aimez pas moins tout ce qui vient de moi, que vous ne m'aimez moi-même. Je suis ici principalement occupé à faire mes vendanges : elles sont assez peu abondantes, mais plus abondantes encore que je ne l'espérais : si toutefois c'est faire vendange, que de s'amuser à cueillir une grappe de raisin, que de faire un tour à mon pressoir, de goûter le vin doux dans la cuve, et d'embarrasser mes domestiques de ville, qui, pour avoir l'œil sur nos campagnards, m'abandonnent à mes lecteurs et à mes secrétaires. Adieu.

XXI.

Pline à Sabinien.

Votre affranchi, contre lequel vous m'aviez dit que vous étiez en colère, est venu me trouver : il s'est jeté à mes pieds, et il y est resté attaché, comme si c'eût été aux vôtres. Il a beaucoup pleuré, beaucoup prié; longtemps aussi il a gardé le silence; en un mot, il m'a persuadé de son repentir. Je le crois véritablement corrigé, parce qu'il reconnaît sa faute. Je sais que vous êtes irrité; je sais que vous l'êtes avec raison : mais jamais la modération n'est plus louable que quand la colère est plus juste[36]. Vous avez aimé cet homme, et j'espère que vous lui rendrez un jour votre bienveillance; en attendant, il me suffit que vous m'accordiez son pardon. Vous pourrez, s'il le mérite encore, reprendre votre colère. Après s'être laissé désarmer une fois, elle sera bien plus excusable. Donnez quelque chose à sa jeunesse, à ses larmes,

quum tam lenis irasceris. Vereor ne videar non rogare, sed cogere, si precibus ejus meas junxero. Jungam tamen tanto plenius et effusius, quanto ipsum acrius severiusque corripui, districte minatus nunquam me postea rogaturum. Hoc illi, quem terreri oportebat; tibi non idem. Nam fortasse iterum rogabo, iterum impetrabo : sit modo tale, ut rogare me, ut praestare te deceat. Vale.

XXII.

Plinius Severo suo s.

Magna me sollicitudine affecit Passieni Pauli valetudo, et quidem plurimis justissimisque de causis. Vir est optimus, honestissimus, nostri amantissimus : praeterea in litteris veteres aemulatur, exprimit, reddit; Propertium in primis, a quo genus ducit, vera soboles, eoque simillima illi, in quo ille praecipuus. Si elegos ejus in manus sumpseris, leges opus tersum, molle, jucundum, et plane in Propertii domo scriptum. Nuper ad lyrica deflexit, in quibus ita Horatium, ut in illis illum alterum, effingit. Putes, si quid in studiis cogna-

à votre douceur naturelle. Ne le tourmentez pas davantage, ne vous tourmentez plus vous-même; car doux et humain comme vous êtes, c'est vous tourmenter que de vous fâcher. Je crains de ne pas avoir l'air de prier, mais d'exiger, si je joins mes supplications aux siennes. Je les joindrai pourtant, avec d'autant plus d'instance, que les réprimandes qu'il a reçues de moi ont été plus sévères. Je l'ai menacé très-positivement de ne jamais intercéder en sa faveur; mais cette menace n'était que pour lui, qu'il fallait intimider, et non pour vous. Car peut-être serai-je encore une autre fois obligé de vous demander grâce, et vous de me l'accorder, si la faute est telle que nous puissions honnêtement, moi intercéder, et vous pardonner. Adieu.

XXII.

Pline à Sévère.

La maladie de Passienus Paulus m'a donné de grandes alarmes, et par plus d'une raison. C'est un excellent homme, plein de probité et d'amitié pour moi. D'ailleurs, dans ses écrits, il imite les anciens, il prend leur physionomie, et nous rend leurs beautés, surtout celles de Properce, dont il descend. Il est vraiment de sa famille, et lui ressemble surtout dans ce qu'il a de mieux. Si ses vers élégiaques vous tombent dans les mains, vous lirez des vers polis, tendres, agréables, et qui sortent réellement de la maison de Properce. Depuis peu, il s'est livré à la poésie lyrique, et il a, dans ce genre, copié Horace aussi heureusement qu'il a rendu parfaitement

tio valet, et hujus propinquum. Magna varietas, magna mobilitas. Amat ut qui verissime, dolet ut qui impatientissime, laudat ut qui benignissime, ludit ut qui facetissime : omnia denique, tanquam singula, absolvit. Pro hoc ego amico, pro hoc ego ingenio, non minus æger animo, quam corpore ille, tandem illum, tandem me recepi. Gratulare mihi; gratulare etiam litteris ipsis, quæ ex periculo ejus tantum discrimen adierunt, quantum ex salute gloriæ consequentur. Vale.

XXIII.

Plinius Maximo suo s.

Frequenter agenti mihi evenit, ut centumviri, quum diu se intra judicum auctoritatem gravitatemque tenuissent, omnes repente quasi victi coactique consurgerent laudarentque. Frequenter e senatu famam, qualem maxime optaveram, retuli : nunquam tamen majorem cepi voluptatem, quam nuper ex sermone Cornelii Taciti. Narrabat sedisse se cum quodam Circensibus proximis : hunc post varios eruditosque sermones requisisse, « Italicus es, an provincialis? » se respondisse, « Nosti me, et quidem ex studiis. » Ad hoc illum : « Tacitus es,

Properce dans l'autre [37]. On peut donc le croire aussi parent d'Horace, si la parenté est de quelque influence dans les lettres. Ses écrits sont pleins de grâces légères et de variété. Il parle d'amour comme s'il aimait; il se plaint en homme désolé; il loue avec une bonté charmante; il badine avec l'enjouement le plus délicat; en un mot, il est aussi parfait dans tous les genres, que s'il n'excellait que dans un seul. Un tel ami, d'un si rare génie, ne m'avait pas moins rendu malade d'esprit, qu'il l'était de corps. Enfin, nous sommes guéris tous deux. Félicitez-moi, félicitez les lettres mêmes, qui ont couru autant de péril pendant sa maladie qu'elles tireront de gloire de sa santé. Adieu.

XXIII.

Pline à Maxime.

IL m'est souvent arrivé, quand j'ai plaidé, que les centumvirs, après avoir gardé long-temps cet air de gravité et d'autorité qui convient aux juges, se sont subitement levés tous ensemble, comme transportés et forcés de me louer. J'ai souvent remporté du sénat toute la gloire que je pouvais désirer. Mais jamais rien ne m'a tant fait de plaisir, que ce que me dit Cornelius Tacite ces jours passés. Il me contait qu'il s'était trouvé aux spectacles du Cirque, assis près d'un chevalier romain. Après une conversation savante et variée, le chevalier lui demanda : *Êtes-vous d'Italie ou de quelqu'autre province ? — Vous me connaissez*, lui répondit Tacite; *c'est*

an Plinius?» Exprimere non possum, quam sit jucundum mihi, quod nomina nostra, quasi litterarum propria, non hominum, litteris redduntur; quod uterque nostrum his etiam ex studiis notus, quibus aliter ignotus est.

Accidit aliud ante pauculos dies simile. Recumbebat mecum, vir egregius, Fabius Rufinus, super eum municeps ipsius, qui illo die primum in urbem venerat : cui Rufinus, demonstrans me : « Vides hunc? » Multa deinde de studiis nostris. Et ille : «Plinius est, inquit.» Verum fatebor, capio magnum laboris mei fructum. An si Demosthenes jure lætatus est, quod illum anus Attica ita noscitavit, Οὗτός ἐςι Δημοσθένης, ego celebritate nominis mei gaudere non debeo? Ego vero et gaudeo, et gaudere me dico. Neque enim vereor, ne jactantior videar, quum de me aliorum judicium, non meum profero; præsertim apud te, qui nec ullius invides laudibus, et faves nostris. Vale.

XXIV.

Plinius Sabiniano suo s.

Bene fecisti, quod libertum aliquando tibi carum, reducentibus epistolis meis, in domum, in animum re-

un avantage que je dois aux lettres. — *Seriez-vous*, reprit celui-ci, *ou Tacite ou Pline?* Je ne puis vous exprimer combien je suis touché que les lettres rappellent le souvenir de son nom et du mien, comme si ce n'étaient pas des noms d'hommes, mais les noms des lettres mêmes : je suis touché que, grâce à elles, nous soyons tous deux connus de gens qui d'ailleurs ne nous connaissent point.

Il m'arriva dernièrement quelque chose d'assez semblable. J'étais à table auprès de Fabius Rufinus, très-distingué par son mérite. Au dessus de lui était un de ses compatriotes, qui venait d'arriver à Rome pour la première fois. Rufinus me montrant du doigt, lui dit : *Voyez-vous cet homme ?* Et ensuite il l'entretint de mon goût pour la littérature. — *C'est Pline*, dit l'autre. Voilà, je vous l'avoue, la plus douce récompense de mes travaux. Si Démosthène a pu à bon droit se réjouir qu'une vieille femme d'Athènes l'ait montré du doigt, en disant : *Voilà Démosthène*, ne dois-je pas aussi être flatté que mon nom soit connu? Je m'en applaudis donc, et je ne le cache pas : car je ne crains point de paraître vain, en racontant, non ce que je pense de moi, mais ce qu'en pensent les autres, surtout à vous, qui ne portez envie à la gloire de personne, et qui êtes zélé pour la mienne. Adieu.

XXIV.

Pline à Sabinien.

JE vous remercie d'avoir, à ma recommandation [38], reçu dans votre maison un affranchi que vous aimiez au-

cepisti. Juvabit hoc te : me certe juvat; primum quod te tam tractabilem video, ut in ira regi possis; deinde quod tantum mihi tribuis, ut vel auctoritati meæ pareas, vel precibus indulgeas. Igitur et laudo et gratias ago. Simul in posterum moneo, ut te erroribus tuorum, etsi non fuerit qui deprecetur, placabilem præstes. Vale.

XXV.

Plinius Mamiliano suo s.

Quereris de turba castrensium negotiorum, et, tanquam summo otio perfruare, lusus et ineptias nostras legis, amas, flagitas; meque ad similia condenda non mediocriter incitas. Incipio enim ex hoc genere studiorum non solum oblectationem, verum etiam gloriam petere, post judicium tuum, viri gravissimi, eruditissimi, ac super ista verissimi. Nunc me rerum actus modice, sed tamen distringit : quo finito aliquid earumdem camoenarum in istum benignissimum sinum mittam. Tu passerculis et columbulis nostris inter aquilas vestras dabis pennas, si tamen et sibi et tibi placebunt; si tantum sibi, continendos cavea nidove curabis. Vale.

trefois, et de lui avoir rendu vos bonnes grâces. Vous aurez à vous en féliciter. Pour moi, je suis charmé de vous voir traitable dans la colère, et de reconnaître que vous avez, ou tant de déférence pour mes sentimens, ou tant d'égards pour mes prières. Je vous loue donc et je vous rends grâce; mais en même temps je vous conseille d'avoir, à l'avenir, de l'indulgence pour les fautes de vos gens, quand même ils manqueraient d'intercesseur auprès de vous. Adieu.

XXV.

Pline à Mamilien.

Vous vous plaignez d'être accablé de vos occupations à l'armée; et comme si vous jouissiez d'un profond loisir, vous lisez les bagatelles que je compose en m'amusant. Vous les aimez, vous les demandez avec instance, et vous m'inspirez une pressante envie de ne m'en pas tenir là. Car depuis que ces petits ouvrages ont l'approbation d'un homme aussi savant, aussi sage, et surtout aussi sincère que vous, je commence à croire qu'outre le plaisir, j'y puis encore trouver quelque gloire. Je suis maintenant chargé de quelques causes, qui, sans me donner beaucoup d'embarras, m'en donnent pourtant un peu. Dès que j'en serai quitte, ma muse ira vous faire encore quelques confidences, puisque vous les accueillez si bien. Vous ferez voler nos moineaux et nos colombes parmi vos aigles [39], si la bonne opinion que vous en avez conçue répond à leur confiance. Que si leur confiance les trompe, vous les renfermerez dans la cage et dans le nid. Adieu.

XXVI.

Plinius Luperco suo s.

Dixi de quodam oratore seculi nostri, recto quidem et sano, sed parum grandi et ornato, ut opinor, apte: « Nihil peccat, nisi quod nihil peccat. » Debet enim orator erigi, attolli, interdum etiam effervescere, efferri, ac sæpe accedere ad præceps. Nam plerumque altis et excelsis adjacent abrupta : tutius per plana, sed humilius et depressius iter : frequentior currentibus quam reptantibus lapsus ; sed his non labentibus nulla, illis nonnulla laus, etiamsi labantur. Nam ut quasdam artes, ita eloquentiam nihil magis, quam ancipitia commendant. Vides, qui per funem in summa nituntur, quantos soleant excitare clamores, quum jam jamque casuri videntur. Sunt enim maxime mirabilia, quæ maxime insperata, maxime periculosa, utque Græci magis exprimunt, παράβολα. Ideo nequaquam par gubernatoris est virtus, quum placido, et quum turbato mari vehitur; tunc admirante nullo illaudatus, inglorius subit portum : at quum stridunt funes, curvatur arbor, gubernacula gemunt, tunc ille clarus et diis maris proximus.

Cur hæc? quia visus es mihi in scriptis meis annotasse quædam ut tumida, quæ ego sublimia, ut improba,

XXVI.

Pline à Lupercus [40].

Je me suis exprimé, je crois, avec justesse, quand j'ai dit d'un orateur de notre temps, qui a beaucoup d'exactitude et de bon sens, mais peu d'élévation et de feu : *Il n'a qu'un défaut, c'est de n'en point avoir.* En effet, l'orateur doit s'élever, prendre l'essor, quelquefois même s'abandonner à sa chaleur, à son audace, et s'avancer jusqu'au précipice. Il n'est guère de hauteur ni de sommité qui ne soit voisine d'un abîme : le chemin est plus sûr à travers la plaine, mais il est plus bas et plus obscur. Ceux qui rampent ne risquent point de tomber comme ceux qui courent, mais il n'y a pour ceux-là nulle gloire à ne pas tomber; ceux-ci en acquièrent même en tombant. Les dangers ont leur prix dans l'éloquence, comme dans les autres arts. Lorsque nos danseurs de corde semblent le plus près de la chute, c'est alors qu'ils excitent les plus vives acclamations. Ce que nous admirons surtout, c'est ce qui passe notre attente, ce qui a été heureusement hasardé, ce qui, dans la langue des Grecs, s'exprime mieux encore par le mot de παράβολον [41]. Voilà pourquoi l'habileté du pilote est moins estimée dans le calme que dans la tempête : dans le calme, il entre au port sans être admiré, sans être loué; point de gloire pour lui; mais, quand les cordages sifflent, que le mât plie, que le gouvernail gémit, c'est alors qu'on proclame son talent et qu'on l'égale presque aux dieux de la mer.

Pourquoi tout ceci [42]? C'est que vous avez noté dans mes écrits quelques endroits où vous trouvez de l'en-

quæ ego audentia; ut nimia, quæ ego plena arbitrabar. Plurimum autem refert, reprehendenda annotes, an insignia. Omnes enim advertit, quod eminet et exstat; sed acri intentione dijudicandum est, immodicum sit an grande, altum an enorme. Atque ut Homerum potissimum attingam, quem tandem alterutram in partem potest fugere,

$$\ldots\ldots\text{Βράχε δ' εὐρεῖα χθὼν,}$$
$$\text{Ἀμφὶ δὲ σάλπιγξεν μέγας οὐρανός}\ldots\ldots$$

et,

$$\ldots\ldots\text{Ἤερι δ' ἔγχος ἐκέκλιτο.}\ldots\ldots$$

et totum illud,

$$\text{Ὡς δ' ὅτε χείμαρροι ποταμοὶ κατ' ὄρεσφι ῥέοντες,}$$
$$\text{Ἐς μισγάγκειαν συμβάλλετον ὄμβριμον ὕδωρ.}$$

Sed opus est examine et libra, incredibilia sint hæc et immania, an magnifica et cœlestia. Nec nunc ego me his similia aut dixisse aut posse dicere puto : non ita insanio. Sed hoc intelligi volo, laxandos esse eloquentiæ frenos, nec angustissimo gyro ingeniorum impetus refringendos.

At enim alia conditio oratorum, alia poetarum. Quasi vero M. Tullius minus audeat. Quanquam hunc omitto ; neque enim ambigi puto. Sed Demosthenes ipse, ille norma oratoris et regula, num se cohibet et comprimit,

flure, et où je ne trouvais, moi, que de l'élévation ; d'autres qui vous paraissent forcés, et qui ne me semblaient que hardis ; d'autres où vous voyez du luxe, et où je ne voyais que de la richesse. Il est beaucoup plus facile à la critique de marquer les endroits saillans que les endroits défectueux. Chacun est frappé de tout ce qui a de la grandeur et de l'éclat : mais il faut un discernement bien fin, pour juger si c'est grandeur ou exagération, hauteur régulière ou hauteur monstrueuse. Et pour parler d'abord d'Homère, qui ne remarquera pas, dans un sens ou dans l'autre[43], les passages suivans?

> La terre s'en ébranle, et l'Olympe en mugit[44].

et,

> Sur un nuage épais sa lance est appuyée[45].

et tout ceci,

> Ainsi que des torrens élancés des montagnes
> Remplissent les vallons, inondent les campagnes[46].

Mais il faut une mesure et une balance bien justes pour décider si c'est là de l'exagéré et du gigantesque, ou bien du magnifique et du divin. Ce n'est pas que je m'imagine avoir dit, ou pouvoir jamais dire quelque chose de semblable : je ne suis pas assez fou pour le croire. Je veux seulement faire entendre qu'il faut quelquefois laisser un libre essor à l'éloquence, et ne pas renfermer dans un cercle trop étroit les mouvemens impétueux du génie.

« Mais, dira-t-on, la différence est grande entre les poètes et les orateurs...... » Comme si, en effet, Cicéron était moins hardi ! Je ne m'arrête pas à ses ouvrages, parce qu'il n'y a pas, je pense, de doute à son égard.

quum dicit illa notissima? Ἄνθρωποι μιαροὶ, καὶ κόλακες, καὶ ἀλάςορες. Et rursus : Οὐ γὰρ λίθοις ἐτείχισα τὴν πόλιν, ἐδὲ πλίνθοις ἐγώ. Et statim : Ταῦτα προὐβαλόμην ἐγὼ πρὸ τῆς Ἀττικῆς, ὅσον ἦν ἀνθρωπίνῳ λογισμῷ δυνατόν. Et alibi: Ἐγὼ δὲ οἶμαι μὲν, ὦ ἄνδρες Ἀθηναῖοι, νὴ τὰς θεὰς, ἐκεῖνον μεθύειν τῷ μεγέθει τῶν πεπραγμένων. Jam quid audentius illo pulcherrimo ac longissimo excessu? Νόσημα γάρ... Quid hæc, breviora superioribus, sed audacia paria? Τότε ἐγὼ μὲν τῷ Πύθωνι θρασυνομένῳ, καὶ πολλῷ ῥέοντι καθ᾽ ὑμῶν. Ex eadem nota : Ὅταν δὲ ἐκ πλεονεξίας καὶ πονηρίας τὶς, ὥσπερ ὗτος, ἰσχύσῃ, ἡ πρώτη πρόφασις, καὶ μικρὸν πταῖσμα ἅπαντα ἀνεχαίτισε καὶ διέλυσε. Simile his : Ἀπεσχοινισμένος ἅπασι τοῖς ἐν τῇ πόλει δικαίοις, γνώσεσι τριῶν δικαςηρίων. Et ibidem : Σὺ τὸν εἰς ταῦτα ἔλεον προὔδωκας, Ἀριςογεῖτον, μᾶλλον δὲ ἀνῄρηκας ὅλως· μὴ δὴ πρὸς ἃς αὐτὸς ἑάλωκας λιμένας, καὶ προσβολῶν ἐνέπλησας, πρὸς τέτους ὁρμίζε. Et dixerat : Δέδοικα, μὴ δόξητέ τισι τὸν ἀεὶ βουλόμενον εἶναι πονηρὸν τῶν ἐν τῇ πόλει παιδοτριβεῖν· ἀσθενὴς μὲν γάρ ἐςι πᾶς ὁ πονηρὸς καθ᾽ ἑαυτόν. Et deinceps : Τούτῳ δ᾽ ἐδένα ὁρῶ τῶν τόπων τούτων βάσιμον ὄντα, ἀλλὰ πάντα ἀπόκρημνα, φάραγγας, βάραθρα. Nec satis : Οὐδὲ γὰρ τὰς προγόνους ὑπολαμβάνω τὰ δικαςήρια ταῦτα οἰκοδομῆσαι, ἵνα τὰς τοιέτους ἐν αὐτοῖς μοσχεύητε, ἀλλὰ τοὐναντίον, ἵν᾽ ἀνείργητε, καὶ κολάζητε, καὶ μηδεὶς ζηλοῖ, μηδ᾽ ἐπιθυμῇ κακίας. Adhuc : Εἰ δὲ κάπηλός ἐςι πονηρίας, καὶ παλιγκάπηλος, καὶ μετα-

Mais Démosthène lui-même, cette règle, ce modèle de l'orateur, songe-t-il à mesurer et à contraindre son essor dans ce passage si connu : *Ames de boue, vils flatteurs, détestables fléaux* [47]! Rappelez-vous encore cet endroit : *Non, ce n'est point avec des briques ni avec des pierres que j'ai fortifié Athènes* [48]. Et bientôt après : *Voilà les remparts dont j'ai couvert et protégé l'Attique, autant que le pouvait la prudence humaine* [49]. Ailleurs : *Pour moi, je crois, Athéniens, oui, je crois qu'il est enivré de ses prospérités* [50]. Est-il rien de plus hardi que cette éloquente et longue digression [51]? *Un mal contagieux* [52].... Le trait suivant est plus court, mais n'est pas moins hardi : *On ne me vit pas alors céder à l'insolence de Python, qui se répandait en invectives contre vous* [53]. Ceci est du même caractère : *Quand un homme s'élève par l'ambition et la perversité, comme Philippe, le moindre prétexte, le moindre revers suffit pour tout dissoudre et tout briser* [54]. Ce qui suit est pareil : *Exclus de tous les droits de citoyen par les décisions de trois tribunaux* [55]. Et dans le même discours : *Vous-même, Aristogiton, les avez frustrés de la compassion due à leur âge : vous-même avez anéanti pour eux ce sentiment dans tous les cœurs. Ne vous réfugiez donc pas dans les ports que vous avez comblés vous-même et dont vous vous êtes fermé l'entrée* [56]. Il avait déjà dit : *Je crains que vous ne paraissiez ouvrir la carrière à tout méchant déterminé : car le méchant est faible par lui-même* [57]. Et plus bas : *Pour celui que j'accuse, je ne vois nulle part d'accès au pardon et à la pitié : tout est fermé pour lui, tout est escarpé, tout est précipice* [58]. Ce n'est pas tout : *Nos ancêtres ne nous ont pas construit des tribunaux, pour que des hommes d'un tel ca-*

βολεύς. Et mille talia, ut præteream quæ ab Æschine θαύματα, non ῥήματα, vocantur. In contrarium incidi. Dices hunc quoque ob ista culpari. Sed vide quanto major sit, qui reprehenditur, ipso reprehendente; et major ob hæc quoque. In aliis enim vis, in his granditas ejus elucet.

Num autem Æschines ipse iis, quæ in Demosthene carpebat, abstinuit? Χρὴ γὰρ, ὦ ἄνδρες Ἀθηναῖοι, τὸ αὐτὸ φθέγγεσθαι τὸν ῥήτορα, καὶ τὸν νόμον· ὅταν δ᾽ ἑτέραν μὲν φωνὴν ἀφιῇ ὁ νόμος, ἑτέραν δὲ ὁ ῥήτωρ, τῷ τȣ νόμȣ δικαίῳ χρὴ διδόναι τὴν ψῆφον, ȣ τῇ τȣ λέγοντος ἀναισχυντίᾳ. Alio loco: Ἔπειτα ἀναφαίνεται περὶ πάντων ἐν τῷ ψηφίσματι πρὸς τῷ κλέμματι γράψας, τὰ πέντε τάλαντα τὰς πρέσβεις ἀξιῶν τȣς Ὠρείτας μὴ ἡμῖν, ἀλλὰ Καλλίᾳ διδόναι. Ὅτι δὲ ἀληθῆ λέγω, ἀφελὼν τὸν κομπόν, καὶ τὰς τριήρεις, καὶ τὴν ἀλαζονείαν ἐκ τȣ ψηφίσματος, ἀνάγνωθι. Iterum alio: Καὶ μὴ ἐᾶτε αὐτὸν εἰς τὰς τȣ παρανόμȣ λόγȣς περιίςασθαι. Quod adeo probavit, ut repetat: Ἀλλὰ ἐγκαθήμενοι καὶ ἐνεδρεύοντες ἐν τῇ ἐκκλησίᾳ εἰσελαύνετε αὐτὸν εἰς τοὺς τȣ παρανόμȣ λόγȣς, καὶ τὰς ἐκτροπὰς αὐτοῦ τῶν λόγων ἐπιτηρεῖτε. An illa custoditius pressiusque? Σὺ δὲ ἑλκο-

ractère s'y maintiennent florissans, mais plutôt pour les réprimer, les punir, et empêcher ainsi que leur exemple n'excite dans les autres une émulation funeste[59]. Il dit encore : *Mais s'il commerce et trafique de méchanceté*[60].... Et mille autres traits pareils, pour ne rien dire de ce qu'Eschine appelait, non des expressions, mais des *monstres d'expressions*[61]. Je parle contre moi, quand je rappelle les reproches qu'Eschine lui adresse[62] : mais voyez, je vous prie, combien l'écrivain critiqué est supérieur à celui qui le critique, et supérieur par les passages même qui sont blâmés; car si sa force est empreinte en d'autres parties de ses ouvrages, c'est en celles-ci qu'éclate la sublimité de son génie.

Et Eschine lui-même est-il exempt des défauts qu'il relève dans Démosthène? *Il faut, Athéniens, que l'orateur parle comme la loi; mais si la loi et l'orateur ont un langage différent, on doit donner son suffrage à l'équité de la loi et non à l'impudence de l'orateur*[63]. Ailleurs : *Ensuite, il fait voir clairement que tout son décret n'a d'autre motif que l'intérêt de sa cupidité, lorsqu'il y exprime que les députés exigeront des Orétains qu'ils paient leurs cinq talens, non à vous, mais à Callias. Pour preuve que je dis vrai, laissant là les armées, les galères, tout ce fastueux appareil de promesses frivoles, lisez*[64]... Et dans un autre endroit : *Ne souffrez pas qu'il s'écarte par des faux-fuyans du sujet de contravention à la loi*[65].... Ce qu'il a si fort approuvé, qu'il ajoute : *Toujours en observation et sur vos gardes, écoutez ses discours, obligez-le de se renfermer dans sa cause, et défiez-vous de ses détours artificieux.* Est-il plus mesuré et plus timide, lorsqu'il dit : *Chaque jour vous nous faites de nouvelles blessures, et vous vous*

ποιεῖς, καὶ μᾶλλόν σοι μέλει τῶν αὐθημέρων λόγων, ἢ τῆς σωτηρίας τῆς πόλεως. Altius illa : Οὐκ ἀποπέμψεσθε τὸν ἄνθρωπον ὡς κοινὴν τῶν Ἑλλήνων συμφορὰν; ἢ συλλαβόντες ὡς λῃστὴν τῶν πραγμάτων διὰ τῆς πολιτείας πλέοντα τιμωρήσεσθε; et alia.

Exspecto, ut quædam ex hac epistola, ut illud, *gubernacula gemunt*, et, *diis maris proximus*, iisdem notis, quibus ea de quibus scribo, confodias. Intelligo enim me, dum veniam prioribus peto, in illa ipsa, quæ annotaveras, incidisse. Sed confodias licet, dummodo jam nunc destines diem, quo et de illis, et de his coram exigere possimus. Aut enim tu me timidum, aut ego te temerarium faciam. Vale.

XXVII.

Plinius Paterno suo s.

QUANTA potestas, quanta dignitas, quanta majestas, quantum denique numen sit historiæ quum frequenter alias, tum proxime sensi. Recitaverat quidam verissimum librum, partemque ejus in alium diem reservaverat. Ecce amici cujusdam orantes obsecrantesque, ne reliqua recitaret : tantus audiendi quæ fecerint pudor, quibus nullus faciendi, quæ audire erubescunt! Et ille

inquiétez plus du succès de vos discours que du salut de l'état[66]. Ce qui suit est encore plus énergique : *Ne chasserez-vous pas ce fléau commun de la Grèce? ou plutôt, ne saisirez-vous point, pour le punir, cet usurpateur du gouvernement, ce tyran de la tribune, qui nous maîtrise avec des paroles*[67]*?* Et beaucoup d'autres.

Je suis sûr que vous allez critiquer certains passages de cette lettre, comme vous avez critiqué ceux de l'ouvrage que je cherche à justifier. Par exemple, vous n'approuverez point *le gouvernail qui gémit; le pilote comparé aux dieux de la mer;* car je m'aperçois qu'en voulant défendre ce que vous blâmez, je suis retombé dans la même faute. Mais critiquez tant qu'il vous plaira, pourvu que vous me donniez un jour, où nous puissions discuter de vive voix et vos anciennes et vos nouvelles critiques. Car, ou vous me rendrez moins téméraire, ou je vous rendrai plus hardi. Adieu.

XXVII.

Pline à Paternus.

J'AI souvent senti, mais jamais tant que ces jours passés, la force, la grandeur, la majesté, la divinité de l'histoire. Quelqu'un avait lu en public une relation très-sincère, et en avait réservé une partie pour un autre jour. Plusieurs de ses amis vinrent le prier, le supplier de ne point lire le reste; tant ceux qui n'avaient pas rougi de faire ce qu'ils entendaient, rougissaient d'entendre ce qu'ils avaient fait! Il leur accorda leur demande, et il le

quidem præstitit quod rogabatur : sinebat fides. Liber tamen, ut factum ipsum, manet, manebit, legeturque semper tanto magis, quia non statim. Incitantur enim homines ad cognoscenda quæ differuntur. Vale.

XXVIII.

Plinius Romano suo s.

Post longum tempus epistolas tuas, sed tres pariter recepi, omnes elegantissimas, amantissimas, et quales a te venire, præsertim desideratas, oportebat : quarum una injungis mihi jucundissimum ministerium, ut ad Plotinam, sanctissimam feminam, litteræ tuæ perferantur : perferentur. Eadem commendas Popilium Artemisium : statim præstiti, quod petebat. Indicas etiam modicas te vindemias collegisse. Communis hæc mihi tecum, quanquam in diversissima parte terrarum, querela est. Altera epistola nuntias multa te nunc dictare, nunc scribere, quibus nos tibi repræsentes. Gratias ago : agerem magis, si me illa ipsa, quæ scribis aut dictas, legere voluisses. Et erat æquum, ut te mea, ita me tua scripta cognoscere, etiamsi ad alium, quam ad me, pertinerent. Polliceris in fine, quum certius de vitæ nostræ ordinatione aliquid audieris, futurum te fugitivum rei familia-

pouvait sans trahir la vérité. Cependant l'histoire demeure aussi bien que l'action, et elle demeurera, et elle sera lue avec d'autant plus d'empressement qu'elle le sera plus tard. Car rien n'excite la curiosité des hommes, comme une longue attente. Adieu.

XXVIII.

Pline à Romanus.

Enfin j'ai reçu trois de vos lettres à la fois, toutes les trois des plus élégantes, toutes les trois pleines de tendresse, telles enfin que je les devais espérer de vous, surtout après les avoir si long-temps attendues. Par l'une, vous me chargez d'une fort agréable commission, de faire porter vos lettres à Plotine, cette femme si respectable par ses vertus. Vous serez obéi[68]. Ensuite vous me recommandez Popilius Artémisius. J'ai satisfait dans le moment à ce qu'il souhaitait. Vous me marquez aussi que vos vendanges n'ont pas été heureuses. En cela, nous avons eu même fortune, quoique nos climats soient fort différens. Par la seconde, vous me mandez que tantôt vous dictez, tantôt vous écrivez beaucoup de choses qui me rendent présent à votre esprit. Je vous en remercie, et je vous en remercierais davantage, si vous aviez bien voulu me communiquer ce que vous dictez, ou ce que vous écrivez. Et il était juste qu'ayant eu communication de mes écrits, vous me fissiez part des vôtres, quand même ils seraient destinés à d'autres qu'à moi[69]. Vous me promettez, en finissant, qu'aussitôt que vous aurez ap-

ris, statimque ad nos evolaturum, qui jam tibi compedes nectimus, quas perfringere nullo modo possis. Tertia epistola continebat, esse tibi redditam orationem pro Clario, eamque visam uberiorem, quam dicente me, audiente te, fuerit. Est uberior; multa enim postea inserui. Adjicis, alias te litteras curiosius scriptas misisse: an acceperim, quæris. Non accepi et accipere gestio. Proinde prima quaque occasione mitte, appositis quidem usuris, quas ego (num parcius possum?) centesimas computabo. Vale.

XXIX.

Plinius Rustico suo s.

Ut satius, unum aliquid insigniter, quam facere plurima mediocriter, ita plurima mediocriter, si non possis unum aliquid insigniter. Quod intuens ego, variis me studiorum generibus, nulli satis confisus, experior. Proinde quum hoc vel illud leges, ita singulis veniam, ut non singulis, dabis. An ceteris artibus excusatio in numero, litteris durior lex, in quibus difficilior effectus est? Quid autem ego de venia quasi ingratus? Nam si ea facilitate

pris le plan de vie que je me suis proposé, vous vous
déroberez à toutes vos affaires domestiques pour vous
rendre ici. Regardez-vous donc déjà comme engagé et
comme lié avec des nœuds qu'il ne sera pas possible de
rompre. Enfin, dans la dernière, vous m'écrivez que vous
avez reçu mon plaidoyer pour Clarius, et qu'il vous a
paru plus étendu que quand vous me l'avez entendu
prononcer. Il est vrai qu'il est plus étendu; car j'y ai
intercalé beaucoup de choses. Vous ajoutez que vous
m'avez écrit d'autres lettres un peu plus travaillées. Vous
demandez si je les ai reçues : non, et je meurs d'envie
de les recevoir. Ne manquez donc pas de me les envoyer,
à la première occasion, avec les intérêts du retard. Je
vous les compterai (et je ne le puis à moins) sur le pied
de douze pour cent[70]. Adieu.

XXIX.

Pline à Rusticus.

S'IL vaut mieux exceller en une chose, que d'être médiocre en plusieurs, du moins vaut-il mieux être médiocre en plusieurs, quand on ne peut exceller en une seule.
C'est pour cette raison que je m'exerce à différens genres
d'étude, n'osant me fier à mes talens dans un genre unique. Quand donc vous lirez divers ouvrages de ma façon,
ayez pour chacun l'indulgence que leur nombre vous demande. Est-il juste que, dans les autres arts, le nombre
des ouvrages soit un titre à l'indulgence, et que dans les
lettres, où il est bien plus difficile d'arriver à la perfec-

hæc proxima acceperis, qua priora, laus potius speranda, quam venia obsecranda est. Mihi tamen venia sufficit. Vale.

XXX.

Plinius Geminio suo s.

LAUDAS mihi, et frequenter præsens, et nunc per epistolas, Nonium tuum, quod sit liberalis in quosdam: et ipse laudo, si tamen non in hos solos. Volo enim eum, qui sit vere liberalis, tribuere patriæ, propinquis, affinibus, amicis, sed amicis dico pauperibus; non ut isti, qui iis potissimum donant, qui donare maxime possunt. Hos ego viscatis hamatisque muneribus non sua promere puto, sed aliena corripere. Sunt ingenio simili, qui quod huic donant, auferunt illi, famamque liberalitatis avaritia petunt. Primum est autem, suo esse contentum; deinde quos præcipue scias indigere, sustentantem foventemque, orbe quodam societatis ambire. Quæ cuncta si facit iste, usquequaque laudandus est: si unum aliquod, minus quidem, laudandus tamen : tam rarum est etiam imperfectæ liberalitatis exemplar. Ea invasit ho-

tion, on subisse une loi plus dure? Mais ne dois-je point vous paraître ingrat, lorsque je vous demande de l'indulgence? Car si vous recevez les derniers ouvrages avec la même bonté que les premiers, je dois attendre des éloges, plutôt que de demander grâce. Il me suffit pourtant qu'on me fasse grâce. Adieu.

XXX.

Pline à Géminius.

Vous louez souvent dans vos conversations, et aujourd'hui dans vos lettres, votre ami Nonius, pour sa libéralité envers certaines personnes. Je le loue aussi, pourvu qu'il ne la borne pas à ces personnes. Je veux qu'un homme vraiment libéral donne à sa patrie, à ses parens, à ses alliés, à ses amis; mais à ses amis qui sont dans le besoin, et non comme ces gens qui ne donnent jamais tant qu'à ceux qui peuvent donner le plus. Ce n'est pas là, selon moi, donner son bien; c'est, avec des présens trompeurs qui cachent l'hameçon et la glu, dérober le bien d'autrui. Il y a des personnes d'un caractère semblable, qui ne donnent à l'un que ce qu'ils enlèvent à l'autre, et qui obtiennent la réputation de générosité à force d'avarice. La première règle, c'est de se contenter de ce que l'on a; après cela, d'embrasser, comme dans un cercle, selon l'ordre que la société prescrit, tous ceux qui ont besoin de protection et d'assistance. Si votre ami suit ces règles, on ne peut trop le louer. S'il en observe seulement quelques-unes, il mérite moins d'éloges; mais

mines habendi cupido, ut possideri magis, quam possidere, videantur. Vale.

XXXI.

Plinius Sardo suo s.

Postquam a te recessi, non minus tecum, quam quum apud te, fui. Legi enim librum tuum, identidem repetens maxime (non enim mentiar) quæ de me scripsisti; in quibus quidem percopiosus fuisti. Quam multa, quam varia, quam non eadem de eodem, nec tamen diversa, dixisti! Laudem pariter et gratias agam? Neutrum satis possum, et, si possem, timerem ne arrogans esset, ob ea laudare, ob quæ gratias agerem. Unum illud addam, omnia mihi tanto laudabiliora visa, quanto jucundiora, et tanto jucundiora, quanto laudabiliora erant. Vale.

XXXII.

Plinius Titiano suo s.

Quid agis? quid acturus es? Ipse vitam jucundissimam, id est otiosissimam, vivo : quo fit ut scribere

il en mérite toujours. Un modèle de libéralité, même imparfait, est aujourd'hui si rare[71], la fureur d'amasser a tellement saisi les hommes, qu'on dirait qu'ils ne possèdent pas leurs richesses, mais qu'ils en sont possédés[72]. Adieu.

XXXI.

Pline à Sardus.

Depuis que je vous ai quitté, je n'en ai pas moins été avec vous. J'ai lu votre livre; et pour ne vous point mentir, j'ai lu particulièrement les endroits où vous parlez de moi, et où vous vous êtes si longuement étendu. Quelle abondance! quelle variété! Combien, sur un même sujet, de choses qui, sans être les mêmes, ne sont pourtant pas différentes? Mêlerai-je mes éloges à mes remercîmens? Je ne puis m'acquitter dignement et des uns et des autres; et si je le pouvais, je craindrais encore qu'il n'y eût de la vanité à vous louer d'un ouvrage dont je vous remercîrais. J'ajouterai seulement que toutes les parties de votre ouvrage m'ont paru d'autant plus parfaites, qu'elles m'étaient plus agréables, et qu'elles m'ont été d'autant plus agréables, qu'elles étaient plus parfaites. Adieu.

XXXII.

Pline à Titien.

Que faites-vous? qu'avez-vous dessein de faire? Pour moi, je mène la vie la plus délicieuse, c'est-à-dire la plus

longiores epistolas nolim, velim legere; illud, tanquam delicatus, hoc, tanquam otiosus. Nihil est enim aut pigrius delicatis, aut curiosius otiosis. Vale.

XXXIII.

Plinius Caninio suo s.

Incidi in materiam veram, sed simillimam fictæ, dignamque isto lætissimo, altissimo, planeque poetico ingenio. Incidi autem, dum super cœnam varia miracula hinc inde referuntur. Magna auctoris fides (tametsi quid poetæ cum fide?) : is tamen auctor, cui bene vel historiam scripturus credidisses.

Est in Africa Hipponensis colonia, mari proxima : adjacet navigabile stagnum; ex hoc, in modum fluminis, æstuarium emergit, quod vice alterna, prout æstus aut repressit, aut impulit, nunc infertur mari, nunc redditur stagno. Omnis hic ætas piscandi, navigandi, atque etiam natandi studio tenetur; maxime pueri, quos otium ludusque sollicitat. His gloria et virtus altissime provehi : victor ille qui longissime, ut litus, ita simul nantes, reliquit. Hoc certamine puer quidam audentior ceteris in ulteriora tendebat : delphinus occurrit, et nunc sequi,

oisive. De là vient que je ne veux point écrire de longues lettres, mais que j'aime fort à en lire. L'un convient à mon indolence, l'autre à mon oisiveté. Car rien n'est si paresseux qu'un homme indolent, et rien de si curieux qu'un homme oisif. Adieu.

XXXIII.

Pline à Caninius [73].

J'AI trouvé un sujet, où le fait est vrai, quoiqu'il ait tout l'air d'une fable : il mérite d'être traité par un génie aussi fertile, aussi élevé, aussi poétique que le vôtre. J'en ai fait la découverte à table, où chacun contait à l'envi son prodige. L'auteur [74] passe pour très-véridique; et, après tout, qu'importe la vérité à un poète? Cependant, c'est un auteur auquel vous ne refuseriez pas d'ajouter foi, si vous écriviez l'histoire.

Près de la colonie d'Hippone [75], en Afrique, sur le bord de la mer, on voit un étang navigable, d'où sort, comme un fleuve, un large canal, tour-à-tour entraîné dans la mer et repoussé dans l'étang par le flux et le reflux. Tous les âges viennent y prendre le plaisir de la pêche, de la navigation, du bain; les enfans surtout, qui en ont le goût et le temps. Ils mettent leur gloire et leur courage à s'avancer le plus loin qu'ils peuvent du rivage : celui qui s'en éloigne le plus, et qui laisse derrière lui tous les autres, est le vainqueur. Dans cette sorte de combat, un enfant plus hardi que ses compagnons, s'étant avancé fort loin, un dauphin se présente, le suit [76],

nunc circuire, postremo subire, deponere, iterum subire, trepidantemque perferre primum in altum : mox flectit ad litus, redditque terræ et æqualibus.

Serpit per coloniam fama : concurrere omnes, ipsum puerum tanquam miraculum aspicere, interrogare, audire, narrare. Postero die obsident litus, prospectant mare, et si quid est mari simile. Natant pueri : inter hos ille, sed cautius. Delphinus rursus ad tempus, rursus ad puerum venit. Fugit ille cum ceteris. Delphinus, quasi invitet et revocet, exsilit, mergitur, variosque orbes implicat expeditque. Hoc altero die, hoc tertio, hoc pluribus, donec homines innutritos mari subiret timendi pudor : accedunt, et alludunt, et appellant : tangunt etiam, pertrectantque præbentem. Crescit audacia experimento. Maxime puer, qui primus expertus est, adnatat natanti, insilit tergo; fertur refecturque; agnosci se, amari putat, amat ipse : neuter timet, neuter timetur : hujus fiducia, mansuetudo illius augetur. Nec non alii pueri dextra lævaque simul eunt hortantes monentesque. Ibat una (id quoque mirum) delphinus alius, tantum spectator et comes. Nihil enim simile aut faciebat, aut patiebatur : sed alterum illum ducebat, reducebat, ut puerum ceteri pueri.

tourne autour de lui, se glisse sous son corps [77], le laisse, le reprend et l'emporte tout tremblant, d'abord en pleine mer ; mais bientôt après, il revient à terre, et le rend au rivage et à ses camarades.

Le bruit s'en répand dans la colonie. On accourt en foule : cet enfant est une merveille qu'on ne peut trop regarder : chacun de l'interroger, de l'écouter, de raconter son aventure. Le lendemain, on assiège le rivage. Tous les yeux sont fixés sur la mer, ou sur ce qui lui ressemble [78] : les enfans se mettent à la nage, et parmi eux celui dont je vous parle, mais avec plus de précaution. Le dauphin revient à la même heure, et s'adresse au même enfant. Celui-ci prend la fuite avec les autres. Le dauphin, comme s'il voulait le rappeler et l'attirer, saute, plonge, et fait cent tours différens. Même scène le lendemain, le jour suivant, et plusieurs jours de suite, jusqu'à ce que ces jeunes gens, presque élevés sur la mer, rougissent de leur crainte. Ils approchent du dauphin, ils l'appellent [79], ils jouent avec lui, ils le touchent, et il semble s'offrir à leurs mains. Cette épreuve les encourage : l'enfant surtout qui en avait fait le premier essai, ose nager auprès du dauphin, et sauter sur son dos. Il est porté et rapporté : reconnu, aimé de son compagnon, il l'aime à son tour : ils n'éprouvent plus, ils n'inspirent plus de crainte : la confiance de l'un s'augmente avec la docilité de l'autre ; les enfans même nagent autour de lui, et l'animent par leurs cris et par leurs discours. Notre dauphin était accompagné d'un autre (et ceci n'est pas moins merveilleux), qui se contentait de le suivre et de le regarder. Il ne partageait point ses jeux, il ne souffrait pas qu'on l'y melât : il

Incredibile (tam verum tamen quam priora) delphinum gestatorem collusoremque puerorum in terram quoque extrahi solitum, arenisque siccatum, ubi incaluisset, in mare revolvi. Constat Octavium Avitum, legatum proconsulis, in litus educto religione prava superfudisse unguentum; cujus illum novitatem odoremque in altum refugisse, nec nisi post multos dies visum languidum et mœstum; mox, redditis viribus, priorem lasciviam et solita ministeria repetisse. Confluebant ad spectaculum omnes magistratus, quorum adventu, et mora, modica respublica novis sumptibus atterebatur. Postremo locus ipse quietem suam secretumque perdebat. Placuit occulte interfici, ad quod coibatur.

Hæc tu qua miseratione, qua copia deflebis, ornabis, attolles! Quanquam non est opus affingas aliquid, aut adstruas: sufficit, ne ea, quæ sunt vera, minuantur. Vale.

le conduisait et le ramenait, comme les enfans conduisaient et ramenaient leur camarade.

On aura peine à le croire (et pourtant ceci n'est pas moins vrai que ce qui précède), le dauphin, en portant cet enfant et en jouant avec lui, s'avançait ordinairement jusque sur le rivage; après s'être séché sur le sable, dès qu'il sentait la chaleur, il se rejetait à la mer. Il est certain qu'Octavius Avitus, lieutenant du proconsul, cédant à une vaine superstition[80], profita du moment où le dauphin était sur le rivage pour faire répandre sur lui des parfums, dont l'odeur inconnue le chassa en pleine mer. Plusieurs jours s'écoulèrent sans qu'il parût. Enfin il revint, d'abord languissant et triste : bientôt après, avec ses forces, il reprit sa première gaîté, et recommença ses jeux ordinaires. Tous les magistrats des lieux voisins accouraient à ce spectacle. Leur arrivée et leur séjour engageaient cette ville, assez pauvre, à de nouvelles dépenses, qui achevaient de l'épuiser. Enfin, elle y perdait les douceurs de la tranquillité et de l'isolement. On prit donc le parti de tuer secrètement l'objet de cette curiosité générale.

Quelle compassion sa mort n'excitera-t-elle pas dans vos vers! Avec quelle force, avec quelle grâce n'embellirez-vous pas cette histoire! quoiqu'elle n'ait pas besoin d'art ni d'inventions nouvelles, et qu'il suffise de ne rien ôter à la vérité. Adieu.

XXXIV.

Plinius Tranquillo suo s.

EXPLICA æstum meum. Audio me male legere, duntaxat versus : orationes enim commodius, sed tanto minus versus. Cogito ergo recitaturus familiaribus amicis, experiri libertum meum. Hoc quoque familiare, quod elegi, non bene, sed melius lecturum; si tamen non fuerit perturbatus. Est enim tam novus lector, quam ego poeta. Ipse nescio quid illo legente interim faciam; sedeam defixus, et mutus et similis otioso, an, ut quidam, quæ pronuntiabit, murmure, oculis, manu prosequar. Sed puto me non minus male saltare, quam legere. Iterum dicam, explica æstum meum, vereque rescribe, num sit melius pessime legere, quam ista vel non facere, vel facere. Vale.

XXXV.

Plinius Appio suo s.

LIBRUM quem misisti recepi, et gratias ago : sum tamen hoc tempore occupatissimus. Ideo nondum eum legi,

XXXIV.

Pline à Tranquille.

Tirez-moi d'un embarras. On me dit que je lis mal les vers : les vers seulement; car pour les harangues, je les lis assez bien, et c'est précisément pour cela que je réussis moins à la lecture des vers. Je songe donc à en faire lire quelques pièces à mes amis par mon affranchi, dont j'essaierai le talent en cette occasion. C'est agir, je le sens, avec la liberté d'un ami[81], que de choisir un lecteur qui n'est pas excellent : mais il lira toujours mieux que moi, pourvu qu'il ne se trouble pas; car il est aussi nouveau lecteur, que moi nouveau poète. Ce qui m'embarrasse, c'est le personnage qu'il me faudra faire pendant qu'il lira. Dois-je demeurer assis, les yeux baissés, muet, et comme un homme qui n'est là que pour entendre? ou bien dois-je, comme on fait quelquefois, accompagner sa lecture de l'œil, du geste ou de la voix? Mais je ne sais pas mieux gesticuler, que je ne sais lire. Je vous le répète donc, tirez-moi d'embarras, et écrivez-moi sincèrement s'il vaut encore mieux lire très-mal, que de faire ou ne pas faire ce que je vous dis. Adieu.

XXXV.

Pline à Appius.

J'ai reçu le livre que vous m'avez envoyé : je vous en remercie. Il m'a trouvé fort occupé, et par cette raison,

quum alioqui validissime cupiam : sed eam reverentiam quum litteris ipsis, tum scriptis tuis debeo, ut sumere illa, nisi vacuo animo, irreligiosum putem. Diligentiam tuam in retractandis operibus valde probo. Est tamen aliquis modus, primum, quod nimia cura deterit magis, quam emendat; deinde, quod nos a recentioribus revocat, simulque nec absolvit priora, et inchoare posteriora non patitur. Vale.

XXXVI.

Plinius Fusco suo s.

Quæris quemadmodum in Tuscis diem æstate disponam. Evigilo quum libuit, plerumque circa horam primam, sæpe ante, tardius raro. Clausæ fenestræ manent: mire enim silentio et tenebris animus alitur. Ab iis quæ avocant abductus, et liber, et mihi relictus, non oculos animo, sed animum oculis sequor, qui eadem quæ mens vident, quoties non vident alia. Cogito si quid in manibus, cogito ad verbum scribenti emendantique similis, nunc pauciora, nunc plura, ut vel difficile, vel facile componi tenerive potuerunt. Notarium voco, et, die admisso, quæ formaveram, dicto : abit, rursusque revocatur, rursusque remittitur. Ubi hora quarta vel quinta

je ne l'ai pas encore lu, quelque d'ailleurs j'en aie le plus vif désir. Mais je dois ce respect aux belles-lettres et à vos écrits, de croire que je ne pourrais, sans une espèce d'irréligion, en approcher avec un esprit qui ne serait pas entièrement libre. J'approuve votre zèle à retoucher vos écrits : il faut cependant qu'il ait des bornes. On affaiblit un ouvrage à force de le polir; et puis ce travail ne permet pas d'en entreprendre un autre. Ainsi, cette délicatesse excessive ne rend pas meilleurs nos anciens ouvrages, et nous empêche d'en commencer de nouveaux. Adieu.

XXXVI.

Pline à Fuscus [82].

Vous demandez comment je règle ma journée en été dans ma terre de Toscane? Je m'éveille quand je puis, ordinairement vers la première heure, quelquefois avant, rarement plus tard. Je tiens mes fenêtres fermées; car le silence et les ténèbres laissent à l'esprit toute sa force : n'étant pas distrait par les objets extérieurs, il demeure libre et maître de lui-même. Je ne veux pas assujétir mon esprit à mes yeux; j'assujettis mes yeux à mon esprit; car ils ne voient que ce qu'il voit, tant qu'ils ne sont pas distraits par autre chose. Si j'ai quelque ouvrage commencé, je m'en occupe; je dispose jusqu'aux paroles, comme si j'écrivais et corrigeais : je travaille, tantôt plus, tantôt moins, selon que je me trouve plus ou moins de facilité à composer et à retenir. J'appelle un secrétaire, je fais ouvrir les fenêtres, et je dicte ce que j'ai

(neque enim certum dimensumque tempus), ut dies suasit, in xystum me, vel cryptoporticum confero; reliqua meditor et dicto. Vehiculum ascendo : ibi quoque idem, quod ambulans aut jacens. Durat intentio, mutatione ipsa refecta : paulum redormio, dein ambulo, mox orationem græcam latinamve clare et intente, non tam vocis causa, quam stomachi, lego : pariter tamen et illa firmatur. Iterum ambulo, ungor, exerceor, lavor. Cœnanti mihi, si cum uxore vel paucis, liber legitur : post cœnam, comœdus aut lyristes : mox cum meis ambulo, quorum in numero sunt eruditi. Ita variis sermonibus vespera extenditur, et, quanquam longissimus, dies cito conditur.

Nonnunquam ex hoc ordine aliqua mutantur. Nam si diu jacui, vel ambulavi, post somnum demum lectionemque, non vehiculo, sed, quod brevius, quia velocius, equo gestor. Interveniunt amici ex proximis oppidis, partemque diei ad se trahunt, interdumque lassato mihi opportuna interpellatione subveniunt. Venor aliquando, sed non sine pugillaribus, ut, quamvis nihil ceperim, nonnihil referam. Datur et colonis, ut videtur ipsis, non

composé. Il me quitte; je le rappelle encore une fois, et je le renvoie. A la quatrième ou cinquième heure (car mes momens ne sont pas si régulièrement distribués), selon le temps qu'il fait, je vais me promener ou dans une allée ou dans une galerie : je continue de composer et de dicter. Ensuite je monte en voiture; et là, mon attention étant ranimée par le changement, je reprends l'ouvrage entrepris pendant que j'étais couché ou que je me promenais. Ensuite je dors un peu, puis je me promène : après, je lis à haute voix quelque harangue grecque ou latine, non pas tant pour me fortifier la voix que la poitrine; mais la voix elle-même en profite. Je me promène encore une fois; on me frotte d'huile; je fais quelque exercice; je me baigne. Pendant le repas, si je mange avec ma femme, ou avec un petit nombre d'amis, on fait une lecture. Au sortir de table vient quelque comédien, ou quelque joueur de lyre. Après quoi je me promène avec les hommes employés dans ma maison, parmi lesquels il y en a de fort instruits. La soirée se prolonge ainsi par une conversation variée, et le jour, quoique fort long[83], s'est assez rapidement écoulé.

Quelquefois je dérange un peu cet ordre. Car si je suis resté au lit, ou si je me suis promené long-temps après mon sommeil et ma lecture, je ne monte pas en voiture, mais à cheval; je vais plus vite, et reviens plus tôt. Mes amis me viennent voir des villes voisines, et m'occupent une partie de la journée : ils me délassent quelquefois par une utile diversion. Je chasse de temps à autre, mais jamais sans mes tablettes, afin que si je ne prends rien, je n'en rapporte pas moins quelque chose. Je donne aussi quelques heures à mes fermiers, trop peu à leur

satis temporis, quorum mihi agrestes querelæ litteras nostras et isthæc urbana opera commendant. Vale.

XXXVII.

Plinius Paulino suo s.

Nec tuæ naturæ est, translatitia hæc et quasi publica officia a familiaribus amicis contra ipsorum commodum exigere; et ego te constantius amo, quam ut verear, ne aliter ac velim accipias, nisi te calendis statim consulem videro: præsertim quum me necessitas locandorum prædiorum plures annos ordinatura detineat: in qua mihi nova consilia sumenda sunt. Nam priore lustro, quanquam post magnas remissiones, reliqua creverunt: inde plerisque nulla jam cura minuendi æris alieni, quod desperant posse persolvi: rapiunt etiam, consumuntque quod natum est, ut qui jam putent se non sibi parcere. Occurrendum ergo augescentibus vitiis, et medendum est. Medendi una ratio, si non nummo, sed partibus locem, ac deinde ex meis aliquos exactores operi, custodes fructibus ponam: et alioqui nullum justius genus reditus, quam quod terra, cœlum, annus refert: at hoc magnam fidem, acres oculos, numerosas manus poscit. Experiendum tamen, et, quasi in veteri morbo, quæli-

avis; mais leurs plaintes rustiques ne servent qu'à me donner plus de goût pour les lettres et pour les occupations de la ville. Adieu.

XXXVII.

Pline à Paulin.

Vous n'êtes pas homme à exiger de vos amis, et contre leurs intérêts, les devoirs de convention, de pure cérémonie, et je vous aime trop pour craindre que vous ne jugiez mal de moi, si je manque à vous féliciter sur votre consulat le jour même des calendes[84]. Je suis retenu ici par la nécessité de trouver des fermiers; il s'agit de mettre des terres en valeur pour long-temps, et de changer tout le plan de leur régie. Car les cinq dernières années, mes fermiers sont demeurés fort en reste, malgré les grandes remises que je leur ai faites. De là vient que la plupart négligent de diminuer leur dette, désespérant de pouvoir l'acquitter entièrement. Ils arrachent même et consument tout ce qui est déjà sur terre, persuadés que ce ne serait pas pour eux qu'ils épargneraient. Il faut donc aller au devant d'un désordre qui augmente tous les jours, et y remédier. Le seul moyen de le faire, c'est de ne point afferrmer en argent, mais en nature à partager dans la récolte avec le fermier, et de préposer quelques-uns de mes gens pour avoir l'œil sur la culture des terres, pour exiger ma part dans les fruits, et pour les garder. D'ailleurs[85], il n'est pas de revenu plus juste et plus agréable, que celui qui nous vient de la fertilité de la terre, de la température de l'air et de l'or-

bet mutationis auxilia tentanda sunt. Vides quam non delicata me causa obire primum consulatus tui diem non sinat; quem tamen hic, ut præsens, votis, gaudio, gratulatione celebrabo. Vale.

XXXVIII.

Plinius Saturnino suo s.

Ego vero Rufum nostrum laudo : non quia tu, ut ita facerem, petiisti, sed quia est ille dignissimus. Legi enim librum omnibus numeris absolutum, cui multum apud me gratiæ amor ipsius adjecit. Judicavi tamen : neque enim soli judicant, qui maligne legunt. Vale.

XXXIX.

Plinius Mustio suo s.

Aruspicum monitu reficienda est mihi ædes Cereris in prædiis in melius, et in majus. Vetus sane et angusta, quum sit alioqui stato die frequentissima. Nam

dre des saisons : mais il faut pour se l'assurer des yeux vigilans et des bras en grand nombre. Je veux pourtant essayer et tenter, comme dans une maladie invétérée, tous les secours que le changement des remèdes nous pourra donner. Vous voyez que ce n'est pas pour mon plaisir, que je m'abstiens d'assister à votre installation dans le consulat. Je vous promets pourtant d'en célébrer le jour par mes vœux, par ma joie, par tous les sentimens que je vous dois, comme si j'étais présent. Adieu.

XXXVIII.

Pline à Saturnin [86].

Si je loue notre ami Rufus, ce n'est point parce que vous m'en avez prié, mais parce qu'il en est très-digne. J'ai lu son livre, qui m'a paru excellent et achevé : mon amitié pour l'auteur lui prêtait encore un intérêt particulier. Cependant je l'ai bien jugé : car il ne faut pas croire que ceux-là seuls jugent bien, qui ne lisent qu'avec des intentions malignes. Adieu.

XXXIX.

Pline à Mustius.

Je me vois obligé, par l'avis des aruspices, de rétablir et d'agrandir un temple de Cérès qui se trouve dans mes terres. Quoique vieux et petit, il est très-fréquenté

idibus septembribus magnus e regione tota coit populus; multæ res aguntur, multa vota suscipiuntur, multa redduntur; sed nullum in proximo suffugium aut imbris aut solis. Videor ergo munifice simul religioseque facturus, si ædem quam pulcherrimam exstruxero, addidero porticus ædi; illam ad usum deæ, has ad hominum. Velim ergo emas quatuor marmoreas columnas, cujus tibi videbitur generis; emas marmora, quibus solum, quibus parietes excolantur. Erit etiam vel faciendum vel emendum ipsius deæ signum; quia antiquum illud e ligno quibusdam sui partibus vetustate truncatum est. Quantum ad porticus, nihil interim occurrit, quod videatur istinc esse repetendum; nisi tamen ut formam secundum rationem loci scribas : neque enim possunt circumdari templo; nam solum templi hinc flumine et abruptissimis ripis, hinc via cingitur. Est ultra viam latissimum pratum, in quo satis apte contra templum ipsum porticus explicabuntur; nisi quid tu melius inveneris, qui soles locorum difficultates arte superare. Vale.

XL.

Plinius Fusco suo s.

Scribis pergratas tibi fuisse litteras meas, quibus cognovisti quemadmodum in Tuscis otium æstatis exige-

un certain jour de l'année : aux ides de septembre, le peuple s'y rassemble de tous les pays d'alentour. On y traite beaucoup d'affaires; on y fait, et on y acquitte nombre de vœux. Mais, près de là, l'on ne trouve aucun abri contre le soleil ou contre la pluie. J'imagine donc qu'il y aura tout à la fois piété et munificence à élever un temple somptueux, et à joindre au temple un vaste portique; l'un pour la déesse, l'autre pour les hommes. Je vous prie donc de m'acheter quatre colonnes de marbre, de telle espèce qu'il vous plaira, et tout le marbre qui peut être nécessaire pour paver le temple et en incruster les murs. Il faut avoir aussi une statue de la déesse. Le temps a mutilé la statue de bois que l'on y avait anciennement placée. Quant au portique, je crois ne devoir rien faire venir du pays où vous êtes. Je vous prie seulement de m'en tracer la forme. Il n'est pas possible de le construire autour du temple, environné d'un côté par le fleuve, dont les rives sont fort escarpées, de l'autre par le grand chemin. Au delà du chemin, est une vaste prairie, où il me semble qu'on pourrait fort bien élever le portique, en face du temple; à moins que vous n'ayez à me proposer quelque chose de mieux, vous dont l'art sait si bien surmonter les obstacles que lui oppose la nature. Adieu.

XL.

Pline à Fuscus [87].

La lettre où je vous écris de quelle manière je règle ma journée en été dans ma maison de Toscane, vous a

rem : requiris quid ex hoc in Laurentino hieme permutem. Nihil, nisi quod meridianus somnus eximitur, multumque de nocte vel ante vel post diem sumitur : et, si agendi necessitas instat, quæ frequens hieme, non jam comœdo vel lyristæ post cœnam locus ; sed illa quæ dictavi, identidem retractantur, ac simul memoriæ frequenti emendatione proficitur. Habes æstate, hieme consuetudinem ; addas huc licet ver et autumnum, quæ inter hiemem æstatemque media, ut nihil de die perdunt, ita de nocte parvulum acquirunt. Vale.

fait, dites-vous, beaucoup de plaisir. Vous désirez savoir ce que je change à cet ordre en hiver, quand je suis à ma campagne du Laurentin. Rien, si ce n'est que je me retranche le sommeil de la mi-journée, et que je prends beaucoup sur la nuit, soit avant que le jour commence, soit après qu'il est fini. S'il survient quelque affaire pressante, ce qui est fréquent en hiver, je congédie après le repas le comédien et le joueur de lyre : je revois ce que j'ai dicté, et en corrigeant, souvent sans rien écrire, j'exerce d'autant ma mémoire. Vous voilà instruit de mon régime d'hiver et d'été, vous pouvez ajouter encore de l'automne et du printemps. Dans ces saisons moyennes, comme je ne perds rien du jour, je ne gagne presque rien sur la nuit. Adieu.

NOTES.

Les notes, en petit nombre, suivies des lettres D. S. sont de De Sacy, ou ont été empruntées du moins aux précédentes éditions de sa traduction. Toutes les autres sont nouvelles et appartiennent à l'édition que nous publions.

LIVRE VI.

1. *Je songe quelquefois à Regulus. Voyez* sur Regulus liv. II, lett. 20; liv. IV, lett. 2 et 7.

2. *C'est qu'il rendait hommage*, etc. De Sacy avait altéré tout ce passage : *Il estimait les lettres*, traduisait-il; *il savait craindre et pâlir; il composait.* Ce n'est pas là le sens de *habebat studiis honorem*, ni celui de *scribebat*. Pline veut dire que Regulus, par ses craintes et ses précautions, rendait hommage à l'importance de son ministère; il éprouvait une véritable terreur en se préparant à le remplir, et ne voulant pas s'abandonner aux chances de l'improvisation, il écrivait ses plaidoyers, avant de les prononcer à l'audience. C'est un éloge ironique.

3. *Comme de se couvrir,* etc. De Sacy avait trouvé tous ces détails *peu agréables* (c'est son expression), et il les avait relégués dans une note. Nous n'avons pas cru devoir être plus difficiles que Pline le Jeune, qu'il s'agit d'ailleurs de traduire, et non de corriger. Et puis, s'il faut juger la phrase de notre auteur, pourquoi n'aurait-il pas rapporté toutes ces petites pratiques qui caractérisent si bien le charlatanisme de Regulus? L'enduit et le bandeau ont pour but de persuader au client que l'avocat a travaillé avec une ardeur dont ses yeux ont souffert, et pour que le ban-

deau soit bien vu de la partie dont Regulus soutient les intérêts, il a soin de le placer du côté où il sera le mieux aperçu par elle.

4. *Parler avec faveur*, etc. Je pense qu'il est ici question de ceux qui plaidaient conjointement avec Regulus et pour la même partie : s'il s'agissait des adversaires de Regulus, on expliquerait moins facilement *commode dicere*. Je vois deux idées distinctes développées depuis *Jam illa perquam jucunda, etc.*, l'avantage de parler à loisir sans en solliciter la faveur, et celui d'avoir un auditoire favorablement disposé sans s'être donné la peine de le composer. S'il fallait croire qu'il est ici question des adversaires de Regulus, comment serait-ce un avantage pour eux qu'il eut rassemblé l'auditoire, et pourquoi seraient-ils alors écoutés avec faveur? Nous voyons par quelques passages de Pline (l. IV, 9 ; III, 9) que plusieurs avocats se chargeaient à la fois de plaider la même cause. Notre auteur dit positivement, 1, 20, qu'il lui était arrivé de s'unir à Regulus pour la défense du même client.

5. *Car aujourd'hui*. Le latin dit avec raison *nunc enim* : c'est la liaison qui convient; je ne sais pas pourquoi De Sacy a traduit *toutefois*.

6. *Deux clepsydres*, etc. La traduction portait *deux heures*. La clepsydre ne correspondait pas exactement à une heure. Voyez note 36 *du second livre*, 1er vol., pag. 431.

7. *Pour dépêcher les causes*, etc. Ainsi que le barreau romain, le barreau français a subi la révolution dont Pline s'affligeait. De nos jours l'impatience des magistrats a forcé les avocats d'apprendre à être concis. Maintenant on juge en une audience, à la Cour royale, les causes qui en auraient occupé dix au Parlement de Paris. Avons-nous donc plus d'esprit et de science que nos pères, demanderons-nous avec Pline? ou bien, l'éloquence du barreau serait-elle une de ces illusions dont on se désabuse avec le temps?

8. *L'amour du bien public*, etc. Dans son édition, Schæfer a conservé la correction de Casaubon, *in more communi* : mais dans ses notes, il préfère *amore communium*, qu'il justifie par cet exemple d'Horace, ep. 1, 20, 4 : « Paucis ostendi gemis, et communia

laudas. » Il remarque très-bien qu'à *communium* sont ensuite opposés *nostra, tua, mea*. J'ajoute que les manuscrits portent *a more communium*. *Voyez* les notes de Gesner.

9. *Calpurnie.* Seconde femme de Pline : elle était fille de Pompeia Celerina, petite-fille de Fabatus : on croit que Pline avait trente-six ans lorsqu'il l'épousa.

10. *Je suppose toujours*, etc. Au lieu de *ea maxime abominor, fingo*, je lis, avec Schæfer, *ea maxime mihi, quæ maxime abominor, fingo*.

11. *De vouloir bien demander*, etc. Le texte joint à la traduction de De Sacy portait *ferrent*, que j'ai remplacé par *referrent*, d'après l'édition de Schæfer.

12. *Jubentius Celsus.* Jubentius ou Juventius Celsus, jurisconsulte célèbre, jouit d'une grande considération sous Adrien. Il fut deux fois consul.

13. *Comme si l'on eût été à un spectacle.* Dans les combats de gladiateurs, le peuple demandait quelquefois grâce pour l'un des combattans. (D. S.)

14. *Les a si bien servis.* J'ai rétabli *fuit*, qui était omis dans le texte de la traduction de De Sacy.

15. *Comme s'ils l'eussent d'avance concertée.* C'est un fait assez singulier, que ces injures et ces invectives de tribune communiquées d'avance à l'un et à l'autre des adversaires. Chez nous, où il règne plus de politesse, on ne se communique encore que les complimens d'académie.

16. *Fundanus.* Voyez liv. iv, ep. 15.

17. *A mes alternatives*, etc. J'ai suivi, avec les nouveaux éditeurs, le texte de l'édition romaine d'Heusinger. Le texte joint à la traduction de De Sacy portait : *Pendeo ergo, et exerceor, afficior metu*.

18. *Il le voit.... naître et grandir.* Schæfer a laissé *primus etiam*, sans condamner la leçon de Cortius, *primis etiam*, que j'ai adoptée, comme donnant un sens plus complet.

19. *Priscus.* Heineccius pense que ce Priscus était Nératius Priscus, jurisconsulte célèbre, élevé au consulat sous Trajan, admis plus tard au nombre des conseillers d'Adrien.

20. *Pour le rassurer,* etc. Il y a dans l'édition de M. Lemaire *judicasset mihi*, qui ne s'entend pas : j'ai laissé *indicasset mihi*, qui me paraît la véritable leçon.

21. *Ah! tant que je vivrai*, etc. Homer., *Iliad.* 1, 88.

22. *Virginius Rufus. Voyez*, sur Virginius Rufus, la lettre première du second livre.

23. *Une action sublime*, etc. Pour comprendre l'épitaphe de Virginius, il faut se rappeler que les légions de Germanie, dont il avait le commandement, voulurent le forcer à accepter l'empire; que leurs instances devinrent plus vives et plus menaçantes, après la défaite de Vindex, et que Virginius n'y résista qu'au péril de sa vie. (*Voyez* les notes sur la lettre première du second livre.)

24. *A siéger avec lui.* C'est le sens de *adhibitus in consilium*. Le juge, dit Adam (*Antiq. rom.*), surtout s'il n'avait aucun collègue, prenait quelques jurisconsultes pour s'aider de leurs conseils (*sibi advocavit, ut in consilio adessent*, Cic. Quint. 2. *In consilium rogavit*, Gell., xiv, 2); de là on les appelait conseillers, *consiliarii*, Suet., *Tib.* 33; *Claud.* 12.

25. *Une prononciation nette.* De Sacy avait dans son texte *os latinum*, qu'il traduisait par *langage pur*.

26. *Puissé-je toujours désirer*, etc. J'ai préféré à la leçon de Schæfer (*velint*) celle de Gesner (*velim*), qui m'a paru former un plus beau sens.

27. *Car je ne le serai jamais réellement.* Le texte de Schæfer porte seulement, *cessare videbor (nunquam enim cessabo)*. Mais il approuve dans ses notes la leçon de Cortius, *cessare videbor (videbor dico; nunquam enim cessabo)*.

28. *Ce qu'il avait déjà obtenu*, etc. *Voyez* v, 20. Pline continue ici de raconter à Ursus l'affaire des Bithyniens contre Varenus.

29. *Quels assauts j'aurai à soutenir*, etc. Le texte joint à la traduction portait : *Tu tamen æstima quantum prœlium, quanta pugna certamini maneat.*

30. *Mauricus. Voyez* 1, 5.

31. *Javolenus Priscus.* Quelques éditions ont *Jabolenus Priscus.* — Javolenus avait gouverné l'Afrique et la Syrie en qualité de préteur. Sous Trajan, il jouissait de la réputation d'un grand jurisconsulte. On trouve souvent dans les Pandectes l'éloge des ouvrages qu'il a composés. C'est de son école que sortit le fameux Salvius Julianus.

32. *Légalement admise*, etc. « Quum veteres leges regiæ et duodecim tabularum et in sententiis et in verbis obscurissimæ essent et in pluribus deficerent, constitutum est, ut essent qui ea publice interpretarentur : quorum responsiones consulentibus datas responsa prudentum vocaverunt. Multi doctissimi viri, quorum nomina in Digestorum libris leguntur, utilissimum hoc civibus munus Romæ exercuerunt, iique libri his ipsis eorum responsis referti sunt » (Facciolati, au mot *responsum*). Donner un avis sur les matières de droit aux particuliers qui venaient le demander, c'était en latin *respondere de jure, respondere jus civile* : Horace a dit dans ce sens, 1, ep. 3, v. 23 : « Seu linguam causis acuis, seu civica jura Respondere paras. » Donner des avis qui eussent autorité publique et qui servissent à décider les questions soumises aux tribunaux, c'était *publice jus respondere*. Depuis Auguste, il n'y avait en effet qu'un certain nombre de jurisconsultes dont les opinions eussent une autorité légale. De Sacy n'a pas compris ce passage : il traduit : *On le prend pour juge, on le consulte*. Ces deux expressions n'ont pas un sens assez arrêté. *Adhibetur consiliis*, le juge l'admet à siéger avec lui (*voyez* précédemment note 24); *etiam jus civile publice respondet*, il est même du nombre des jurisconsultes dont l'opinion fait autorité dans les débats judiciaires.

33. *Et par les siens.* Sur les ouvrages de Pline l'Ancien, *voyez* III, 5.

34. *Où il commandait la flotte.* D'après une ordonnance d'Au-

guste, une flotte se tenait à Misène et une autre à Ravenne, pour garder les deux mers. *Voyez* SUET., *Aug.*, 49.

35. *Ma mère.* Dans le texte joint à la traduction de De Sacy, il y a seulement *mater indicat.* J'ai suivi le texte de Schæfer.

36. *Son bain d'eau froide.* De Sacy a traduit *usus.... frigida* par *après avoir bu de l'eau froide.* Il ne s'est pas rappelé ce passage de la lettre cinquième du troisième livre, *post solem, plerumque frigida lavabatur. Deinde gustabat*, etc., qui se rapporte on ne peut mieux à celui-ci; *usus sole, mox frigida, gustaverat jacens.*

37. *Que c'était du mont Vésuve.* Ce passage prouve que cette éruption du Vésuve était la première. *Voyez* aussi le témoignage de Dion, dans Xiphilin.

38. *Elle le priait de lui porter secours.* La traduction de De Sacy a été faite sur un texte, qui portait : « Egrediebatur domo, accipit codicillos. Retinæ classiarii imminenti periculo exterriti (nam villa ea subjacebat, nec ulla nisi navibus fuga), ut se tanto discrimini eriperet orabant. » On peut voir dans les notes de l'édition de M. Lemaire les difficultés qu'on a trouvées à expliquer ce texte, et qui ont déterminé les nouveaux éditeurs à adopter les corrections de Gesner et de Gierig. La principale est l'impossibilité de retrouver et de fixer la position géographique du village de *Retine*.

39. *Il change de but.* De Sacy avait suivi dans la traduction de ce passage une leçon fautive, en admettant *non vertit* au lieu de *vertit*. Pline l'Ancien change réellement de dessein : d'abord il n'avait demandé qu'un léger bâtiment (*liburnica*); sur l'avis qu'on vient lui donner, il demande plusieurs galères à quatre rangs de rames : d'abord, il allait seulement pour observer; à présent, il va porter secours.

40. *Volait une cendre*, etc. Au lieu de *incidebat* et de *accederent*, j'ai lu, avec Schæfer, *inciderat* et *accederet*.

41. *La mer abaissée tout à coup*, etc. La même circonstance est encore exprimée, ep. 20 : *Præterea mare in se resorberi*, etc.

42. *Stabie.* Ville de Campanie, tellement ruinée dans la guerre sociale, qu'il n'en restait plus que des habitations isolées.

43. *Mange avec gaîté.* La leçon *cœnatque hilaris* est une conjecture de Schæfer : avant lui, on lisait *cœnat, atque, hilaris....* qui n'est pas trop intelligible.

44. *Abandonnés au feu,* etc. Plusieurs éditions, et entre autres celle dont on a joint le texte à la traduction de De Sacy, portent *ignes relictos*, qui ne vaut pas à beaucoup près la leçon *igni relictas*.

45. *Que la grosseur de son corps*, etc. De Sacy avait ainsi traduit ce passage : *Car, comme il était puissant, on l'entendait ronfler de l'antichambre.*

46. *Éclairée cependant par l'embrasement*, etc. Le traducteur avait pensé que *faces* et *lumina* étaient des flambeaux allumés à dessein d'éclairer les ténèbres de cette nuit épaisse. Il me semble que ce détail, ainsi compris, aurait bien peu d'intérêt. J'aime mieux croire qu'il s'agit de la lumière produite par l'embrasement. Je trouve quelque chose de pareil dans la lettre 20ᵉ, où Pline achève la description commencée dans celle-ci : *Paulum reluxit, quod non dies nobis, sed adventantis ignis indicium videbatur.*

47. *Bientôt des flammes.* De Sacy avait traduit, je ne sais pourquoi, *des flammes qui parurent plus grandes.*

48. *Il tombe mort.* Suétone raconte autrement la mort de Pline l'Ancien : « Quum Misenensi classi præesset, et, flagrante Vesuvio, ad explorandas propius causas liburnica pertendisset, neque adversantibus ventis remeare posset, vi pulveris ac favillæ oppressus est : vel, ut quidam existimant, a servo suo occisus, quem deficiens æstu, ut necem sibi maturaret, oraverat. »

49. *Restitutus. Voyez* III, 9 (vol. 1ᵉʳ, p. 203).

50. *En témoignage d'intime amitié.* J'ai trouvé dans l'édition jointe à la traduction de De Sacy, *tanquam amicissimum,* et je l'ai préféré, pour la justesse de l'opposition, à *tanquam amicissimus,* admis dans la plupart des éditions. *Amicissimum* est d'ail-

leurs la leçon des éditions de Cortius et de Gierig : elle se trouve aussi dans l'édition de Rome, consultée par Heusinger.

51. *Semble y dédaigner*, etc. L'édition de Rome porte *a quibus contemnitur, invicem contemnat*. Mais les éditions ordinaires ont, *a quibus contemnitur, dedignatur*. J'ai conservé cette leçon, fort claire et fort plausible, en changeant, d'après Schæfer, *dedignatur* en *dedignetur*.

52. *Sabinus. Voyez* IV, 10.

53. *La cause des Firmiens*. Habitans de Firmum, dans le Picenum.

54. *Nepos. Voyez* II, 3.

55. *Avait provoqué une décision du sénat*, etc. J'ai admis *senatui* comme plus élégant que *senatus* : c'est d'ailleurs la leçon des éditions modernes.

56. *Je vous ai donné les détails*, etc. *Voyez* la lettre 16e du même livre.

57. *On y est habitué en Campanie*. Quoique le texte joint à la traduction de De Sacy soit conforme au nôtre, il est clair que le traducteur avait eu sous les yeux une édition différente : *Un tremblement de terre s'était fait sentir, et nous avait d'autant moins étonnés, que les bourgades et même les villes de la Campanie y sont fort sujettes*. Je vois en effet que plusieurs textes contiennent en cet endroit des détails que les derniers éditeurs ont supprimés, les regardant sans doute comme ajoutés par les glossateurs et les copistes. Heinsius, dans ses notes sur Ovide (*Metam.*, VII, 492), présente ainsi le passage de Pline : « Illa vero nocte ita invaluit, ut non solum castella, verum etiam oppida omnia non moveri, sed everti crederentur. » Cortius ne s'éloigne pas trop de cette leçon, et c'est probablement celle que De Sacy avait adoptée.

58. *La mer semblait*, etc. Il y avait *videbamus* dans le texte de la traduction : j'ai trouvé dans Schæfer *videbatur*, qui me paraît préférable.

59. *A peine nous étions-nous arrêtés.* J'ai lu, d'après les derniers textes, *consederamus*, au lieu de *consideramus*, qui peut-être n'est qu'une faute d'impression.

60. *Qu'il n'y avait plus de dieux.* Les dieux des payens, dont l'existence était attachée à la nature des choses corporelles et physiques, pouvaient être anéantis et retourner dans le chaos en même temps qu'elles. C'est l'idée exprimée par Sénèque, dans la tragédie de Thyeste, v. 828 :

> Trepidant, trepidant pectora magno
> Percussa metu, ne fatali
> Cuncta ruina quassata labent,
> Iterumque deos hominesque premat
> Deforme chaos.

61. *Engloutis et étouffés*, etc. Ceci paraîtrait exagéré, si l'on ne savait que des villes entières furent ensevelies sous ces cendres brûlantes.

62. *La comédie ancienne.* On sait que dans les premiers temps de la comédie, chez les Athéniens, les poètes comiques livraient au ridicule et les particuliers et les chefs de l'état, et le peuple lui-même. Aucun citoyen n'était à l'abri de leurs coups : rarement ils se réduisaient aux allusions; ceux qu'ils poursuivaient de leurs sarcasmes étaient ordinairement désignés soit par leurs noms, soit par les traits de leurs visages, empreints sur les masques des acteurs. C'est là ce qu'on a depuis appelé la *comédie ancienne*. Son caractère distinctif consistait, pour le fond, dans une hardiesse excessive, et, pour la forme, dans l'emploi des chœurs et des parabases (*Voyez* Schoell, *Hist. de la littér. grecque*). Les Romains, élèves des Grecs dans la comédie comme dans bien d'autres parties de la littérature, imitèrent moins Aristophane que Ménandre. La licence de la comédie ancienne convenait peu à la sévérité de leur caractère.

63. *Des mimiambes.* « Les mimes des Romains, dit Schœll, tenaient à la fois du ballet ou plutôt du jeu mimique (car la danse même en était exclue), et de la poésie dramatique : ils ne renfermaient pas une fable ou une action complète, mais de simples scènes détachées. Les auteurs de ces pièces produisaient sur le théâtre un

caractère, qui, placé dans différentes situations, était tourné en ridicule : ce rôle était rempli par celui qu'on nommait préférablement l'*acteur*. Souvent il récitait un monologue; quand il y avait plusieurs interlocuteurs, ils ne paraissaient que pour faire ressortir le rôle principal. Le caractère qu'on jouait ainsi, était pris dans les dernières classes de la société; il était peint en traits forts et énergiques, qui devaient exciter le rire des spectateurs plutôt que charmer leur esprit. Le poëte ne fournissait que les principaux traits du tableau ou le canevas du rôle; les détails étaient ajoutés par les acteurs, qui en improvisant s'abandonnaient à leur gaîté naturelle. L'auteur même de la pièce y jouait ordinairement le principal rôle : c'est cette circonstance qui est cause qu'un si petit nombre de citoyens libres se sont occupés à composer des mimes. Ces farces grossières, après avoir fait les délices de la populace, prirent une forme un peu plus régulière, peu avant le temps de Jules César. Les auteurs des mimes mêlèrent dans leurs folies des vérités utiles et de belles maximes. » Les mimes de Cn. Mattius, ami de César, reçurent le nom de *mimiambes*, sans doute parce qu'ils étaient écrits en vers iambiques. On appela depuis du même nom les vers de cette mesure écrits dans le style des mimes.

64. *Les chefs et les argumens principaux*. Les rhéteurs appelaient κεφάλαια le sommaire des argumens et les moyens sur lesquels une cause s'appuyait. Défendre une cause κατὰ κεφάλαια, c'était exposer sommairement les moyens de défense.

65. *Récrimina*, etc. Les textes de Pline portent généralement *se gessit* ou *recessit*. J'ai suivi l'édition de Schæfer.

66. *Il a montré autant de vigueur*, etc. De Sacy traduisait, *en montrant beaucoup de force, il a fait voir sa franchise et sa bonté*. Ce n'est pas tout à fait le sens : cette phrase est une suite et un complément de celle qui précède, *defensus expeditissime, accusavit vehementer*. Il s'était montré *loyal et franc* dans sa défense; il se montra *énergique* dans l'accusation.

67. *A être vengé*. J'ai admis avec Schæfer *vindicare*; au lieu de *vidicari*.

68. *Ocriculum*. Aujourd'hui Otricoli, petite ville de l'Ombrie.

69. *Lorsque vous prendrez possession du consulat.* J'ai conservé la traduction de De Sacy, peut-être à tort; je crois y voir maintenant une inexactitude de sens assez grave. Il ne s'agit pas du moment où le consul entrait en charge, mais de la première séance du sénat, après son élection. Les consuls, depuis l'an 600 de Rome, étaient nommés vers la fin de juillet ou au commencement d'août, et ils n'entraient en charge qu'au premier janvier suivant. Pendant cet intervalle de cinq mois, ils avaient le titre de *consules designati.* Dans l'assemblée du sénat qui suivait leur nomination, ils adressaient leurs remercîmens à l'empereur et demandaient pour lui quelque nouveau titre d'honneur : c'est ce qu'on appelait *in honorem principis censere*, parce qu'ils prononçaient ce discours, lorsqu'en qualité de consuls élus ils étaient les premiers à opiner (c'est en effet le sens propre de *censere*, ouvrir un avis). Le Panégyrique de Trajan est un discours de cette espèce. Seulement, il ne fut pas prononcé immédiatement après l'élection de Pline, mais lorsqu'il entra en charge. On a fait cette distinction essentielle, entre les discours prononcés après l'élection, dans lesquels le consul désigné demandait que l'on décernât quelque nouvel honneur au prince (c'est sur un discours de cette sorte que Pline était consulté par Sévère), et les actions de grâces, solennellement prononcées, au nom et sous l'autorité du sénat, par le consul qui entrait en fonctions (tel paraît avoir été le panégyrique de Pline).

70. *Les derniers exploits de notre prince.* Ces nouveaux exploits devaient être dans la guerre contre les Daces, commencée l'année 102 de J.-C., et heureusement terminée par Trajan l'an 106.

71. *Celle que j'ai tenue moi-même.* Au lieu de *quid ipse fecissem*, j'ai adopté la leçon de Schæfer, *quod ipse fecissem*, qui est plus naturelle.

72. *Qui peuvent fournir*, etc. D'autres éditions portent *qua urbanarum, qua rusticarum*, ce qui offre le même sens.

73. *Des causes abandonnées.* Non parce qu'elles sont mauvaises, mais parce qu'elles sont dangereuses et difficiles.

74. *C'étaient de celles*, etc. Il y avait dans le texte joint à la traduction de De Sacy, *quo tamen in numero :* je n'ai pas trouvé *tamen* dans mes autres textes.

75. *J'ai soutenu les peuples*, etc. Voyez III, 4, et VII, 33.

76. *Dans l'accusation*, etc. Voyez III, 4.

77. *Marius Priscus.* Voyez II, 11.

78. *Julius Bassus.* Voyez IV, 9.

79. *Pour Varénus.* Voyez V, 20.

80. *Puisse-t-on toujours ainsi*, etc. J'ai entendu cette phrase autrement que De Sacy, qui traduisait : « Je souhaite que, dans la suite, on ne m'ordonne plus de plaider que des causes dont il me conviendrait de m'être volontairement chargé. » Ceci donnerait à entendre que les causes que Pline a entreprises par ordre du sénat ne lui convenaient pas, et qu'il ne les aurait pas acceptées, s'il n'eût consulté que son inclination. Cependant il a dit plus haut le contraire : ces mêmes causes, il les a rangées parmi celles qui sont importantes pour l'exemple et qu'il est honorable d'entreprendre. La contradiction est manifeste. Il accuse Priscus et défend les peuples de Bétique, pour déférer au vœu du sénat : mais il se trouve que ces affaires, dont il est chargé d'*office*, ne sont pas sans utilité pour l'exemple. La seule réflexion que peut inspirer à Pline cette double circonstance, c'est qu'il est à désirer pour lui que toutes les causes dont le sénat le chargera désormais soient aussi honorables et puissent être aussi noblement acceptées. Tel est, à mon gré, le sens de la dernière phrase de cette lettre.

81. *Fabatus.* Voyez IV, 1.

82. *Puisqu'il a été l'ami*, etc. De Sacy n'avait pas compris cet endroit : « Vous faites justice à Rufus, disait-il, de songer à lui. Il était ami de votre fils; j'ignore quels services, etc. » Ces phrases ne sont pas liées, et présentent à peine un sens. « C'est fort bien de votre part (*honestissime*), dit Pline, de songer à Rufus, qui se recommande auprès de vous par l'amitié que votre fils avait pour lui : mais, à dire vrai, je ne vois pas trop quel service il pourra nous rendre en cette occasion. »

83. *Je crois seulement*, etc. L'édition de Schæfer porte *credo*, au lieu de *scio*, adopté par Cortius.

84. *Palais des Cent-Chambres.* On croit que cette résidence se trouvait où est maintenant *Civita-Vecchia.*

85. *Aux peines portées par la loi Julia.* Par cette loi, la femme convaincue d'adultère perdait la moitié de sa dot, le tiers de son bien, et était reléguée dans une île.

86. *Pour ne pas paraître évoquer*, etc. Le prince s'était surtout réservé, à l'exemple d'Auguste, le soin de l'administration militaire : le reste était sous la juridiction spéciale du sénat. Une cause ordinaire d'adultère n'eut pas dû être portée devant l'empereur, si la discipline militaire n'y eût été intéressée.

87. *Qui avait occupé*, etc. J'ai changé, d'après Schæfer, le texte, qui portait *multis sermonibus et vario rumore jactatis Julii Tironis codicillis.*

88. *Il n'est point Polyclète*, etc. Polyclète était un affranchi de Néron, et les affranchis de Néron commettaient impunément tous les crimes.

89. *D'avoir eu le droit*, etc. J'ai suivi un autre sens que De Sacy. Deux des héritiers demandent que tous ayant accusé, tous soient forcés de soutenir l'accusation : « Ils se plaignent, dit l'empereur, d'avoir eu le droit de ne pas accuser. » Le mot me paraît naturel et plein de sens. De Sacy traduisait : « Ces gens-ci demandent qu'on examine s'il ne leur est pas permis de ne point accuser. » Ce qui s'entend à peine et se lie assez mal avec ce qui précède. — Le texte du traducteur portait sans doute *quæri volunt*, et je ne serais pas éloigné d'adopter cette leçon : car *queri volunt* est une expression impropre. Avec *quæri*, on traduirait : *Ces gens-ci veulent qu'on examine s'ils ont eu le droit de ne pas accuser.*

90. *Des scènes fort piquantes.* Le mot grec ἀκροάματα ne signifie pas tout à fait des *comédies*, comme l'a rendu le traducteur. Ce sont plutôt des contes et des récits plaisans, des scènes détachées, qui auraient quelque rapport avec nos proverbes.

91. *Où un port se construit en ce moment.* Le traducteur avait un autre texte sous les yeux, *quam maximus portus veluti amphitheatrum.* Cortius a rétabli *quum maxime*, qui s'emploie souvent

dans le sens de *nunc, præsenti tempore.* Cic., *de Arusp. resp.*, c. 15 : *Antiqua negligimus ; etiamne ea negligemus, quæ fiunt quum maxime ?* Senec., *de Benef.*, iii, 3 : *Nemo nostrum novit, nisi id tempus, quod quum maxime transit : ad præterita rari animum retorquent.*

92. *Jetées sans cesse l'une sur l'autre.* Le texte joint à la traduction de De Sacy avait *contra, hæc alia super alia.* C'est Gesner qui a ouvert l'avis de supprimer le premier mot.

93. *Des constructions.* Voyez Vitruve (v, 12) sur la nature de ces constructions, dont le fond était formé de ciment, de chaux et d'une terre particulière, composée d'alun, de bitume et de soufre : cette terre avait la propriété de se durcir par l'action de l'eau, et finissait par se changer en une masse pierreuse.

94. *S'appellera du nom*, etc. Il a porté quelque temps le nom de Trajan, et puis il a repris son nom de *Centum cellæ.* C'est ainsi que le temps et le hasard trompent souvent l'espérance des fondateurs.

95. *Vous l'êtes peu*, etc. Quintilien n'était cependant pas trop pauvre, pour un rhéteur. *Voyez* dans Juvénal, sat. vii, v. 188 :

> . . . . Unde igitur tot
> Quintilianus habet saltus ?. . . . .

96. *Romanus.* Ou Voconius Romanus, auquel Pline a envoyé son Panégyrique (iii, 13), ou Romanus Firmus, qu'il nous a fait connaître, i, 19. — Le vers qui commence la lettre est de Virgile, *Æn.* viii, 439.

97. *Du meilleur de mes plaidoyers.* Pline, dit Sidonius Apollinaris dans sa lettre à Rusticus, remporta plus de gloire de ce plaidoyer que de son Panégyrique de Trajan.   (D. S.)

98. *C'est tout ce qu'en renferment*, etc. Le mot *conscribuntur*, adopté par Schæfer, m'a paru plus naturel et plus juste que *colliguntur*, porté par d'autres éditions.

99. *Ce fut un effet du hasard*, etc. J'ai suivi le texte de Schæfer. L'autre leçon est irrégulière et à peine intelligible, *tanta diversitas accidit casu, quod non casus videtur.*

100. *Suberinus.* Sans doute le beau-fils du vieillard octogénaire, le fils de la femme qu'il avait donnée pour belle-mère à Variola.

101. *En tribunal domestique.* C'est-à-dire que ses calculs ressemblaient à ceux d'un fermier rendant ses comptes au propriétaire.

102. *Pour Ctésiphon.* Harangue de Démosthène, estimée la plus belle. D. S.

103. *Nos chers habitans de Vérone.* Vérone est voisine de Côme, patrie de Pline, et plusieurs écrivains prétendent que Pline l'Ancien, oncle de notre auteur, était de Vérone. De là, *nostris Veronensibus.*

104. *Les panthères d'Afrique.* Les auteurs latins désignent souvent les panthères par le seul nom d'*Africanæ,* parce qu'elles abondent en Afrique, et que ce fut de cette contrée qu'on en amena d'abord à Rome. *Voyez* PLINE L'ANCIEN, VIII, 17; TITE-LIVE, XLIV, 18; SUÉTONE, *Calig.* 18 et *Claud.* 21.

LIVRE VII.

1. *Restitutus.* Il y avait *Geminius* dans De Sacy.

2. *La tempérance est à la fois,* etc. De Sacy a traduit sans doute sur un texte ainsi ponctué, *hoc laudabile, hoc salutare admittit humana natura. Quod suadeo ipse certe,* etc. Gesner et, avant lui, Cortius ont adopté une autre ponctuation, plus favorable au sens.

3. *Dans un moment où mon corps,* etc. Le traducteur prétendait, dans une note, que *unctus* ne forme aucun sens, et en conséquence il y substituait *udus,* qui en forme un parfait. Mais toutes les éditions portent *unctus,* et il me semble que *unctus* peut signifier *humide de sueur,* aussi bien que *udus.* Horace n'a-t-il pas dit (od. II, 1, v. 5) *uncta arma cruore?*

4. *Justus. Voyez* I, 5, 11.

SUR LE LIVRE VII.

5. *Présens.* On croit que c'est Brutius Présens, dont la fille fut mariée à Commode, fils d'Antonin le philosophe.

6. *La chaussure de la ville et la toge.* La chaussure de ville, celle qui accompagnait la toge et avec laquelle on paraissait en public, s'appelait *calcei. Solea* était la chaussure de campagne et de voyage. — *Feriata toga.* C'était jour de repos pour la toge, que celui qu'on passait à la campagne ; car on n'y portait guère que la tunique.

7. *Jouir de votre liberté*, etc. De Sacy a traduit, *les jours entiers sur un livre* : il suivait l'ancienne leçon *liber totos dies*, qu'il interprétait comme Gronovius.

8. *Vous rappeler.* J'ai substitué, d'après mes textes, *revocare* à *evocare*; et, un peu plus bas, *magis ac magis* au seul mot *magis*.

9. *Pontius. Voyez* v, 15.

10. *L'île d'Icarie.* Une des Sporades, voisine de Samos.

11. *D'Asinius Gallus.* Fils d'Asinius Pollion, il était lui-même orateur distingué. Il écrivit un parallèle de son père et de Cicéron, où il donnait la palme au premier (QUINT., XII, 1, 22). Il paraît que dans cet ouvrage, il accusait Cicéron d'un attachement coupable pour son affranchi Tiron : c'était comme preuve à l'appui qu'il citait l'épigramme rappelée par Pline.

12. *Ose bien préférer*, etc. J'ai admis, d'après l'autorité de mes textes, *dare est*, au lieu de *daret*.

13. *Que nous savons*, etc. Nous avons conservé, à quelques corrections près, les vers de De Sacy, qui sont une imitation assez libre des vers latins.

14. *Calpurnie.* Femme de Pline. *Voyez* VI, 4.

15. *Viennent m'assaillir et m'accabler.* De Sacy changeait ici le texte, et disait dans une note : « Je crois que le texte en cet endroit a été altéré, et qu'il faut *quod in foro et amicorum litibus contero*, au lieu de *quo in foro et amicorum litibus conteror*. Le premier est très-latin ; le second ne l'est pas. » Je crois qu'on peut

dire *conteri in foro et in litibus amicorum*, comme Cicéron a dit, *de Leg.*, I, c. 20, *conterere œtatem in litibus*, et *de Orat.*, 1, c. 58, *conteri in causis, in negotiis, in foro.*

16. *L'affaire de Varénus. Voyez* v, 20; vi, 13.

17. *Je puis l'être aussi*, etc. Tout ce passage avait été ainsi traduit : « Lorsque Nigrinus eut fini, les consuls ayant tourné les yeux sur moi : *Messieurs*, dis-je, *vous saurez que j'ai raison de garder le silence, quand il vous aura plu d'entendre contre Nigrinus les véritables députés que les Bithyniens lui ont envoyés. J'ai moi-même entre les mains un décret que la province m'adresse.* — *Vous pouvez*, répartit Nigrinus, *être éclairci.* — *Si vous avez*, lui répliquai-je, *des instructions contraires, je puis bien m'en tenir, moi, à celles qui paraissent mieux convenir à ma cause.* D'après le texte de Schæfer, j'ai changé la ponctuation de la phrase *Ad me quoque*, etc., et j'ai ajouté vers la fin de la dernière phrase *in causa*, changement qui du reste n'influe pas sur le sens.

18. *Mais pourquoi si bien?* Ce Julius était un orateur célèbre, contemporain de Domitius Afer. La cause qu'il avait si bien et si éloquemment plaidée devant Passienus Crispus ne demandait pas sans doute tant de frais d'éloquence : de là le mot de Crispus, *quo tam bene?*

19. *Son petit-fils.* Dans plusieurs éditions, on trouve *Julius* au lieu de *hujus.* Cortius a préféré *hujus*, et je crois comme lui l'expression aussi claire et plus naturelle.

20. *Quelques mots.* J'ai rétabli, d'après mes textes, *versum*, qu'on avait remplacé par *verbum.* Le premier sens de *versus* correspond en français à celui de *ligne* (*A vertendo*, dit Forcellini ; *cujus ratio ex agricultura optime intelligitur. Quemadmodum enim agricolæ vomere vertunt terram, ac sulcum faciunt; ita in ceris quoque stilo sulcabant scribentes : ac ut ille in terra, sulco uno absoluto, vertit aratrum, aliumque sulcum efficit; sic qui scribit, stilo sinistrorsum verso prolatoque, novum in cera sulcum ducit.*) Pline a déjà employé *versus* dans ce sens, IV, 11 : « Non paginas tantum, sed etiam versus syllabasque numerabo. » *Voyez* Cic., *ad Attic.*, II, 16; Nep., *in Epamin.*, c. 4.

SUR LE LIVRE VII.

21. *Tous les yeux*, etc. Pour comprendre la liaison des deux idées, il faut supposer que Servianus a refusé à Julius la faculté d'ajouter *quelques mots*.

22. *Mon silence*, etc. J'ai lu *hactenus non tacui*, et cependant j'ai laissé la traduction de De Sacy, *mon silence*. *Hactenus* a souvent le sens de *tantum*, *duntaxat*. Tacite a dit, *Ann.* XIV, 51, *hactenus respondit*, il répondit seulement. Or, *tantum non* est un latinisme très-connu dont le sens revient exactement à celui de *propemodum*, ou de cette expression, *parum abfuit quin*. Tite-Live, XXXIV, 40 : *Tantum non jam captam Lacedæmonem esse;* et XXXVII, 29 : *Romanos tantum non jam circumiri a dextro cornu.* Le même auteur a dit, IV, 2, *quum hostes tantum non arcessierint*, après avoir presque appelé les ennemis. Ainsi *hactenus non tacui* signifie « je me suis presque tû, j'ai presque gardé le silence. » Cette interprétation s'accorde fort bien avec ce qui précède : car Pline a dit quelques mots, mais seulement quelques mots dans l'affaire de Varénus.

23. *Se croient mutuellement engagés*. De Sacy traduisait *Qu'ils croient tous deux m'avoir de très-grandes obligations de ce qu'ils sont unis*. Le sens que j'ai adopté se lie mieux avec ce qui suit, et il semble d'ailleurs commandé par le latin, *invicem vos obligari*. C'est entre eux que les obligations sont réciproques.

24. *Vous donner à vos amis*. Ce sens, qu'on peut très-bien trouver dans le texte latin, *deservire studiis (s'occuper de ses liaisons, de ses amitiés)*, est bien plus d'accord avec l'ensemble de la lettre que celui de De Sacy, *vos études n'y gagnent rien*.

25. *Fuscus*. Probablement Fuscus Salinator, VI, 11.

26. *Que de s'échauffer*, etc. Le traducteur, en coupant la phrase, altérait le sens : *Rien n'est plus pénible, plus ennuyeux : mais cette peine a son utilité. Vous rendez à votre esprit son premier feu*, etc.

27. *Une lettre avec soin*, etc. De Sacy avait traduit sur un texte qui portait, après *diligentius scribas*, ces mots *volo carmina*. Les idées s'enchaînent plus naturellement sans ces deux mots, que

Cortius conseillait de supprimer, et qui ne se trouvent pas dans les derniers textes.

28. *Des descriptions demi-poétiques.* Quelques textes, et entre autres celui qu'on a joint à la traduction de De Sacy, portent, *non historica modo, sed prope poetica descriptionem necessitas incidit.*

29. *Ils sont si universellement connus.* D'autres éditions portent ou *promptumque*, ou *provocatumque*. J'ai adopté la leçon conseillée par Schæfer, quoiqu'il ne l'ait pas introduite dans son texte.

30. *Du procès de Varénus*, etc. Voyez v, 20; vi, 13; vii, 6.

31. *Fabatus.* Voyez iv, 1.

32. *Qui établirait la valeur*, etc. Le traducteur a cru que c'était la portion de Pline qui avait été vendue sept cent mille sesterces. J'ai compris autrement.

33. *Minucius Fuscus.* L'édition de Cortius porte *Minicio Justo*.

34. *Et au prix qu'elle le voudrait.* L'édition de Schæfer avait *et quæri vellet*, que je n'ai pas jugé assez clair pour l'adopter.

35. *D'après les sentimens*, etc. Le latin dit *meis moribus :* pourquoi donc De Sacy avait-il traduit *par mes ordres ?*

36. *Jaloux que vous êtes.* C'est le sens de κακόζηλοι, opposé à εὔζηλοι, animés d'une émulation louable. Schæfer préférait cette dernière leçon, je ne sais pour quel motif : la leçon que j'adopte a pour elle l'autorité des textes les plus estimés et celle d'un sens plus conforme à l'ensemble des idées.

37. *D'un autre style*, etc. Le traducteur disait : « C'est ce que j'attends des endroits que j'ai marqués à la marge, et que j'ai mis en interligne, autrement qu'ils ne le sont dans le corps de l'ouvrage. »

38. *Corellia.* Voyez vii, 11.

39. *Le fisc.* Auguste, par la loi Julia rendue en 759, décida que la vingtième partie des héritages appartiendrait au fisc.

40. *Défendre les intérêts de la patrie.* D'autres éditions, et entre autres celle de Cortius, ont *et reipublicæ suæ negotia curare*, qui offre le même sens.

41. *Calestrius Tiro. Voyez* la première lettre du sixième livre adressée au même Tiro.

42. *Questeurs de l'empereur.* Ils étaient aussi appelés les *candidats du prince :* ils portaient ses ordres au sénat.

43. *Le privilège,* etc. « Les citoyens de Rome qui avaient trois enfans, et ceux qui en avaient cinq dans les provinces, avaient droit à différens privilèges et immunités. De là, ce fameux droit *Jus Trium Liberorum,* dont il est si souvent question dans Pline, dans Martial, etc., et qui fut aussi accordé souvent à des citoyens qui n'avaient pas d'enfans, d'abord par le sénat, et ensuite par les empereurs (PLINE, cp. II, 13; x, 2, 96; MARTIAL, II, 91, 92), non-seulement aux hommes, mais même aux femmes (DIO., LV, 2; SUET., *Claud.* 19; PLIN., epist. II, 13; VII, 16; x, 2, 95, 96). Les privilèges des pères de trois enfans consistaient dans l'affranchissement des soins de tutèle, dans un droit de préférence à la nomination aux emplois : on leur accordait encore une triple portion de blé. Les célibataires ne pouvaient recueillir d'autres héritages que ceux de leurs proches parens, à moins qu'ils ne se mariassent dans un intervalle de cent jours après le décès du testateur, ni recevoir la totalité d'un legs (*legatum omne, vel solidum capere*); et les sommes dont on les privait ainsi, dans certains cas (*caducum*), revenaient au fisc (*fisco*), ou au trésor public du prince, comme un droit casuel. (JUVÉNAL, IX, 88, etc.) » ADAM, *Antiquités romaines.*

44. *Dispense d'un an,* etc. L'âge nécessaire pour remplir telle ou telle charge était réglé par la loi *annale.* Quoique les dispositions de cette loi ne soient pas bien connues, cependant il paraît certain, dit Adam (*Antiq. rom.*), qu'on exerçait ordinairement la charge de préteur deux ans après l'édilité (CIC., *Fam.* x, 25), et que l'âge de quarante-trois ans était exigé pour le consulat (CIC., *Phil.* 5, 17). Si nous en jugeons d'après l'exemple de Cicéron, qui prétend avoir joui de chaque dignité dans l'année même fixée par

la loi, *se suo quemque magistratum anno gessisse*, la loi *Villia* déterminait aussi l'âge nécessaire pour les différentes charges : trente-un ans pour la questure, trente-six pour l'édilité, quarante pour la préture, et quarante-trois pour le consulat. Mais, même du temps de la république, on était dispensé de ces règlemens. Les empereurs accordaient des dispenses d'âge à leur gré, et le sénat lui-même donnait ces privilèges (Dio., LIII, 28). Cependant on reconnaissait encore la loi *annalis* (Plin., ep. III, 20).

45. *Ticinum.* Aujourd'hui Pavie. (D. S.)

46. *Affranchir pleinement*, etc. Le texte dit *avec la baguette* : c'était la manière ordinaire d'affranchir un esclave; on lui donnait un coup de baguette en présence du magistrat. (D. S.)

(J'ai changé la ponctuation de ce passage. Le texte joint à la traduction de De Sacy se présentait ainsi : *spero, imo confido, facile me impetraturum, ut ex itinere deflectat ad te, si voles vindicta liberare, quos proxime inter amicos manumisisti. Nihil est quod verearis,* etc. Le sens est le même avec les deux leçons; mais je crois la disposition que j'ai adoptée plus naturelle et plus favorable à la liaison des idées.)

47. *Que votre bon plaisir.* De Sacy traduisait, je ne sais par quelle distraction, *ne consultez pas ce qui vous plaira le plus.* Le texte dit le contraire.

48. *Si vous lisiez*, etc. J'ai conservé *si eadem omnia, si iisdem omnibus* : le second *si* ne se trouve pas dans l'édition de Schæfer, quoique d'ailleurs il approuve cette leçon dans ses notes.

49. *Les plus vils et les plus grossiers.* Il y a dans le texte *sordidos pullatosque*, sales et couverts d'une étoffe brune. C'était le vêtement des hommes du peuple à Rome.

50. *Du travail écrit.* Cic., de Orat. I, 33 : *Stylus optimus et præstantissimus dicendi effector et magister.*

51. *Je fis à l'agent du fisc*, etc. La traduction disait *au procureur de la république.* A Rome, *actor publicus* était ordinairement un esclave, qui ne faisait que prêter son nom, et qui agissait sous l'influence d'un fonctionnaire supérieur appelé *procurator.* Quant

SUR LE LIVRE VII.

au mot de *République*, il n'était pas exact, en parlant de Côme, ville municipale, patrie de Pline et de Caninius.

52. *D'une rente annuelle*, etc. C'était l'intérêt du prix principal pour lequel la vente avait été faite. (D. S.)

53. *Priscus. Voyez* 11, 13; VI, 8.

54. *A sortir du temple de Vesta*. Les Vestales habitaient, non le temple même de Vesta, mais un bâtiment qui lui servait de portique (*atrium Vestæ*) : ce portique était l'ancien palais de Numa, qui touchait au temple.

55. *Elle y a été envoyée*, etc. Le latin dit *relegata*, qu'on ne peut traduire, comme De Sacy, par cette phrase, *elle a été en exil une troisième fois pour l'amour de son mari*.

56. *Metius Carus. Voyez* 1, 5.

57. *Des mémoires*. Mémoires écrits par Helvidius pour se rappeler les principaux évènemens de sa vie.

58. *La mort de l'une*, etc. C'est Fénelon qui traduit ici Pline le Jeune (Voyez *Télém.* XX, paroles de Nestor sur le corps de Pisistrate, et après la mort d'Antiloque).

59. *Ne voulaient pas de distinction*. La phrase du traducteur formait un autre sens : *Je ne sais pour laquelle j'avais plus de tendresse, et elles ne voulaient pas que je le susse*.

60. *Loin de vous, mais*, etc. VIRG., *Æn.* v, 320.

61. *Venir après vous*, etc. C'est évidemment le sens. De Sacy paraît avoir traduit d'après un autre texte. Je ne transcrirai pas sa longue phrase, où l'on ne reconnaît rien du tour délicat que Pline donnait à ses idées.

62. *Mon cher collègue*. Dans le consulat, ou l'intendance du trésor. *Voyez* v, 15.

63. *Falcon. Voyez* 1, 23.

64. *Geminius*. Le dernier éditeur de Pline renvoie à la lettre 1re du 7e livre, oubliant que dans son édition, comme dans la nôtre, le nom de Restitutus avait été substitué à celui de Géminius.

65. *Pantomimes.* C'est-à-dire, dont l'art consiste à tout imiter et à tout contrefaire.

66. *Jeux sacrés.* On nommait *sacerdotales ludi* les jeux donnés par les pontifes, lorsqu'ils entraient en fonctions. Suétone (*Aug.* 44) les appelle *pontificales ludi.*

67. *Répéter devant elle,* etc. Louer et imiter les bouffons de Quadratilla, c'était un moyen de la flatter et de lui plaire. Lucien parle aussi (*de Merc. conduct.*) du crime de ne pas applaudir l'esclave qui dansait. Ce genre de flagornerie ne s'est pas perdu : seulement il a pris d'autres formes. Ça été quelquefois un crime parmi nous de ne pas vanter le cheval, le château, le cuisinier d'un homme riche.

68. *Je vous écris ceci.* Cortius a lu plus brièvement, *Hæc, quia soles,* etc. C'est la leçon adoptée dans l'édition jointe à la traduction de De Sacy.

69. *La maison de Caius Cassius.* C. Cassius Longinus, consul sous Tibère, gouverneur d'Asie sous Caligula, et de Syrie sous Claude, fut exilé par Néron, et rappelé par Vespasien (*Voyez* Tacite, *Ann.* xii, 12; xv, 52; xvi, 9). Sous Auguste, il se forma plusieurs écoles de jurisconsultes, qui avaient pour chefs *M. Antistius Labeo* et *C. Ateius Capito.* Cassius fut le successeur de ce dernier, et donna son nom à l'école dont il accrut la gloire.

70. *Rufus. Voyez* v, 21.

71. *Celle qu'il sait le mieux.* J'ai suivi l'édition de Schæfer en substituant *quam.... loquitur* à *qua.... loquitur.*

72. *Maximus. Voyez* ii, 14.

73. *Sura. Voyez* iv, 30.

74. *Soient quelque chose de réel.* J'ai trouvé dans mes textes *esse aliquid phantasmata,* et non *esse phantasmata.* — Nous avons déjà vu (1, 18) que Pline croyait aux songes : nous allons voir maintenant qu'il croit aux revenans. Au surplus, c'est moins ici la crédulité de Pline que celle de son siècle.

75. *Curtius Rufus.* Tacite, en parlant de Rufus, n'a pas oublié l'histoire de cette apparition (*Ann.* xi, 21).

76. *Une autre histoire*, etc. On trouve dans Lucien (*Philopseud.*, c. 35) une aventure toute pareille à celle que Pline va raconter. La scène est à Corinthe, au lieu d'être à Athènes : le héros est un certain Arignotus, pythagoricien; et le fantôme est une espèce de protée qui prend mille formes différentes.

77. *Et la terreur durait encore*, etc. Le texte que j'ai suivi porte seulement *longiorque causis timor erat*, et non *longiorque causis timoris timor erat*. Gesner a proposé le premier de supprimer *timoris* qui ne se trouve pas dans les meilleurs textes, et qu'on peut très-bien sous-entendre.

78. *Athénodore.* Philosophe stoïcien, né à Tarse. Il a été précepteur d'Auguste.

79. *Marcus.* Ce nom propre était supprimé dans le texte joint à la traduction. Il est dans tous mes textes.

80. *Dont Carus était l'auteur. Voyez* I, 5; VII, 19.

81. *Que pour m'en délivrer.* La lettre de Pline est curieuse : ce qui pourrait être plus curieux encore, c'est la réponse de l'oracle qu'il consulte.

82. *Septicius. Voyez* I, 1, et les notes.

83. *Montanus. Voyez* sur le même sujet VIII, 6.

84. *Pallas.* Affranchi de Claude (*Voyez* SUETON., *Claud.* 28; TACIT., *Ann.* XI et suiv.).

85. *Génitor. Voyez* III, 3.

86. *Helvidius. Voyez* IX, 13.

87. *Contre Midias.* Démosthène avait été frappé et souffleté par Midias en plein théâtre, pendant la fête des Bacchanales. La harangue qu'il prononça à ce sujet est une des plus belles de l'orateur athénien.

88. *La différence des sujets.* Démosthène vengeait ses propres injures, et Pline celles d'autrui.

89. *Cornutus. Voyez* V, 15.

90. *Claudius Pollion.* C'est peut-être le même que celui dont parle Suétone dans la vie de Domitien, c. 1.

91. *Vraiment digne d'estime.* De Sacy semble avoir traduit *pulchrum istud* par *cet ouvrage est excellent*, expression qui est jetée à la fin de la phrase précédente et ne peut se rapporter à aucun autre mot du texte. *Pulchrum* a le même sens que *probandum*, c'est un beau trait, d'autant plus louable qu'il est plus rare de nos jours.

92. *Tiron.* Voyez VII, 16.

93. *Xénophon*, etc. Il appelle la louange, τὸ πάντων ἥδιστον ἄκουσμα (*in fabula Prodicia Mem. Socr.* II, 1), et ἥδιστον ἀκρόαμα (*in principio Hieronis*).

94. *D'autant mieux, qu'elle n'était pas sans péril.* De Sacy, traduisant sans doute d'après une autre leçon, avait dit, *d'autant plus périlleuse qu'elle fut plus favorablement regardée*. Le sens que nous donnons nous paraît plus juste et plus satisfaisant.

95. *Contre Bebius Massa.* Voyez III, 4.

96. *Ne souffrent pas*, etc. Le latin ne dit pas, comme le ferait croire la traduction de De Sacy, *que les biens des accusés ne fussent pas dissipés par ceux à qui la garde en était commise*; il dit seulement, *que ceux à qui la garde des biens est commise ne souffrent pas qu'ils soient dissipés*; et c'est la seule expression dont Pline pouvait se servir; car c'étaient les consuls et l'empereur lui-même qui étaient chargés de la surveillance.

97. *Il l'accuse d'impiété.* Sans doute parce qu'en accusant la vigilance de ceux qui étaient préposés à la garde des biens, il accusait le prince lui-même. De Sacy paraît n'avoir pas compris ce passage. Il traduit, *l'accuse de cruauté*. Plus haut, il rendait *publice bona ejus custodirentur*, par *ses biens furent mis à la garde des officiers préposés à ces emplois*. On voit que De Sacy n'admettait pas que les biens des accusés eussent pour surveillans les consuls et le prince : ce qui est cependant indispensable pour entendre cette lettre de Pline.

98. *La vérité honore assez les bonnes actions.* Pour comparer l'amour-propre de Pline et celui de Cicéron, on peut, après cette lettre de notre auteur, relire celle de l'orateur romain à l'historien Lucceius (*Ep. Famil.*, v, 12). On retrouvera les mêmes idées, les mêmes prétentions à la gloire, les mêmes délicatesses de vanité. Cicéron met plus d'ardeur et d'audace dans ses instances : mais il faut convenir aussi qu'il avait plus de titres pour les appuyer. Ce n'est pas seulement une noble parole, un trait de courage qu'il recommande au panégyriste : il demande quelques pages à l'histoire pour récompense d'avoir sauvé Rome.

LIVRE VIII.

1. *Septicius.* C'est à lui que Pline a dédié le recueil de ses lettres (1, 1).

2. *L'extrême chaleur.* J'ai changé, d'après mes textes, *ferventibus* en *fervescentibus.*

3. *Calvisius. Voyez* II, 20.

4. *Toutes fautes sont égales.* Allusion à la doctrine des stoïciens, que Cicéron a défendue dans ses Paradoxes (c. 2) et attaquée dans le plaidoyer *pro Murena*, 29.

5. *Qui avaient placé en achats*, etc. Le traducteur disait *qui m'avaient avancé de très-grandes sommes :* je crois m'être rapproché du texte et pour le sens et pour l'exactitude de l'expression.

6. *Au delà de dix mille sesterces.* J'ai adopté la leçon de mes textes, *quæ decem millia excesserat,* au lieu de *qua decem millia excesserant.*

7. *Le méchant et le bon*, etc. HOMER., *Iliad.*, IX, 319.

8. *Parce que j'aime à me flatter.* J'ai trouvé *tam blandior* dans le texte joint à la traduction : d'après Schæfer, j'y ai substitué, *tantum blandior.*

9. *Contre les Daces.* Les Daces habitaient le pays qu'on nomme aujourd'hui Transylvanie.

10. *Où l'exacte vérité ressemblât plus à la fable.* Boileau a dit, dans l'épitre sur le passage du Rhin :

> Car puisqu'en cet exploit tout paraît incroyable,
> Que la vérité pure y ressemble à la fable, etc.

11. *Les fleuves nouveaux*, etc. Pour cacher des trésors dans le lit du fleuve Sargetia, aujourd'hui *Syul*, Décebale en avait d'abord détourné les eaux, puis les y avait ramenées. Trajan les détourna une seconde fois pour s'emparer des trésors de son ennemi. Ces faits sont rapportés par Xiphilin qui les a tirés du livre LVIII de l'Histoire de Dion. Xiphilin parle aussi du pont construit par Trajan, et fait entendre que c'était un admirable ouvrage.

12. *Un roi,.... chassé de son palais*, etc. De Sacy traduisait, *chassé de sa capitale*.

13. *Ma dernière lettre. Voyez* VII, 29.

14. *Des Achaïques.* Le surnom d'Africain appartient, comme on sait, à deux Scipions : celui d'Achaïque désigne L. Mummius, et celui de Numantin, Scipion le jeune.

15. *La médiation de l'empereur.* Le texte portait, d'après Cortius et Gierig, *Cæsar ipse advocatus esset.* Je l'ai changé, en suivant l'opinion de Schæfer, qui pensait que *advocatus esset* n'était que la glose de la leçon ancienne, *patronus advocaretur*.

16. *C'était le seul parti*, etc. J'ai conservé le texte joint à la traduction de De Sacy et approuvé par Schæfer, quoique son édition porte : *Sprevit quod solum potuit, tantis opibus publice oblatis : arrogantius fecit, quam si accepisset.* De Sacy avait traduit sur ce dernier texte.

17. *Qu'il est permis*, etc. J'ai lu *in illa re repugnare*. Le texte portait *in ulla re pugnare*.

18. *De prendre quinze millions.* Le texte de Schæfer a *referret*, et non *ferret*, qui se trouve dans d'autres éditions.

SUR LE LIVRE VIII.

19. *Le divin Jules*, etc. Pline l'Ancien parle de cette statue, *statua loricata*, XXXIV, 5, et il dit que chez les Grecs, c'était la coutume de ne point habiller les statues, tandis que les Romains les couvraient souvent d'un vêtement guerrier.

20. *L'empereur, le sénat*, etc. La phrase de De Sacy m'a paru inintelligible.

21. *Se font jour*, etc. J'ai suivi la leçon de Schæfer : d'autres textes portent, *eluctatusque quem facit gurgitem*, *lato gremio patescit purus*.

22. *Ses eaux sont si fortes*. Le traducteur avait omis cette idée, *adeo validus*, ce qui altérait sensiblement l'idée.

23. *Chacune a son dieu*. N'est-ce pas là le sens de *totidemque dei*, plutôt que, *chacune a une statue du dieu?* De Sacy traduisait vraisemblablement d'après un autre texte; car je vois que Cortius a allégué plusieurs autorités pour supprimer de cette phrase le mot *simulacra*. Les détails qui suivent semblent indiquer qu'il est question de plusieurs dieux, puisque les *noms* et les *cultes* sont différens.

24. *On peut se baigner*. Il était défendu de se baigner dans les eaux d'un fleuve consacré : souvent même il était défendu d'y naviguer (*Voyez* VIII, 20).

25. *Les Hispellates*. Hispellum était une colonie de l'Ombrie.

26. *Ursus*. Voyez IV, 9.

27. *De n'être rien*. C'est-à-dire, comme l'interprète Gesner, de n'être ni préteur, ni avocat, ni juge, ni solliciteur, ni convive.

28. *Bonheur d'indolence*. De Sacy traduisait, *bonheur peut-être trop uni*, phrase qui a besoin d'être traduite à son tour.

29. *Qu'elle a bien expiée*, etc. J'ai changé la leçon *magnis detrimentis*, que Schæfer regarde comme une glose de celle que nous adoptons. *Magnis documentis expiavit*, elle a reçu une grande leçon.

30. *Hispulla*. Voyez I, 12; III, 3; IV, 19.

31. *En remontant la route*, etc. J'ai adopté, d'après les derniers textes, *remetiri* au lieu de *metiri*. C'est d'ailleurs un mot plus conforme à la pensée de Pline. On a trouvé un peu de recherche dans cette expression, *transmissum discrimen convalescendo remetiri*, qui n'a pas d'autre sens que celui des deux mots *sensim reficitur*.

32. *Minucianus. Voyez* III, 9.

33. *C'est un homme*, etc. *Voyez* l'éloge de Titinius Capiton, I, 17.

34. *Votre modèle*, etc. Je trouvais *unum* dans le texte joint à la traduction. J'ai adopté, avec Gesner, la correction de Gronovius.

35. *Auquel la nature*, etc. Ernesti ne comprenait point ce passage, et il pensait que Pline n'avait ajouté ces derniers mots de la lettre, que pour arrondir sa phrase (*ut rotundius et concinnius epistola finiret*). Schæfer a cru pouvoir expliquer ainsi cet endroit: « Heureux, que vous ayez à imiter, comme votre père, un homme qu'il faudrait d'ailleurs imiter comme un parfait modèle. » J'ai adopté un autre sens plus conforme au latin et, si je ne me trompe, à la manière ordinaire de Pline. Il finit par un double compliment pour le père et pour le fils. Que celui-ci est heureux d'avoir à imiter un père, auquel il ressemble tant par son caractère et son génie!

36. *Ce que vous devriez savoir*. Au lieu de *debeas*, on trouve dans les dernières éditions *debebas*.

37. *Comment on devait parler*. J'ai adopté le sens de De Sacy. Les commentateurs en préfèrent un autre, *quelles bornes on doit donner à ses discours*: mais cette idée est déjà exprimée, et la traduction que je propose prépare mieux à ce qui suit, *quæ distinctio pugnantium sententiarum*.

38. (Cette note se trouve indiquée, par une erreur typographique, sous le n° 39.) *Du côté opposé*, etc. C'est le sens de *hanc* et *illam*. De Sacy avait traduit vaguement, *du côté de celui dont vous suivez l'avis*.

39. *Le consul*. Le traducteur disait, *Ne la voyez-vous pas* (la loi) *montrer*, etc. Son texte ne portait pas *non consul etiam*, mais seulement *non etiam*.

40. *Comme dans certains spectacles.* J'ai pensé que cette phrase appartenait à l'objection. Le traducteur avait entendu tout autrement, *Sera-ce donc comme dans certains spectacles*, etc. Ces spectacles, auxquels Pline fait allusion, étaient des combats de gladiateurs. Si le nombre des gladiateurs était impair, s'ils étaient cinq, par exemple, on jetait dans une urne deux lettres A, deux lettres B, et une lettre C : les gladiateurs qui tiraient les deux lettres A combattaient ensemble; ceux auxquels le sort assignait les deux lettres B étaient aussi opposés l'un à l'autre : celui qui tirait la lettre C attendait l'évènement de ces combats, pour se mesurer avec le vainqueur. (*Voyez* LUCIEN, *in Hermot.*)

41. *Dans un seul avis*, etc. De Sacy, dit l'éditeur de sa traduction, a lu *potest esse unus atque idem.* D'autres lisent, *potest esse non unus atque idem.*

42. *Si j'ai eu raison ou non.* Dans quelques éditions, on a supprimé *an abstinere*, qui cependant ne gêne pas le sens.

43. *Et comment l'ai-je obtenu?* De Sacy paraît avoir traduit sur un autre texte.

44. *N'ayant pu*, etc. J'ai laissé *superare*, qui m'a semblé utile pour l'intelligence de la phrase. Schæfer porte, *quum ambas non posset :* il sous-entend *vincere.*

45. *Comme on dit*, etc. Selon Gesner, le proverbe latin tiendrait au double sens de *legere*, cueillir et lire : « Librum una ferendum esse in vindemiam, ut, si uvæ non sint, sit tamen liber qui *legi* possit. »

46. *S'effaceront sans nécessité.* Sur un papier spongieux l'écriture disparaît et s'efface à mesure qu'elle est tracée. — J'ai lu, avec les derniers éditeurs, *non necessario*, au lieu de *necessario.*

47. *Paternus. Voyez* 1, 21.

48. *Macrinus. Voyez* 1, 14.

49. *L'Anio.* Aujourd'hui le Téverone. (D. S.)

50. *Et des toits.* Les mots *atque culmina* ne sont pas dans quelques manuscrits. (D. S.)

51. *Et je mesure ma crainte*, etc. Je fais rapporter *pro mensura periculi* à *vereor*. Cette interprétation me paraît plus naturelle que celle de Gesner : « Si hic circa Anienis ac Tiberis confluentes, hoc est, in Latio, tanta diluvia, quanta istic, ubi tu es, Macrine; locis humilioribus, diluvio magis alias obnoxiis, etc., forte in Transpadanis, ad Larium lacum, ubi prædia habuisse Nostrum constat. » De Sacy entend encore autrement : *Plus ce malheur est grand, plus je crains que vous en ayez essuyé quelque semblable où vous êtes.*

52. *Ils oublient*, etc. Le traducteur, d'après un autre texte, disait : *Ils se plaignent d'avoir été déshérités par cet homme, comme s'il était leur père, leur aïeul ou leur bisaïeul.*

53. *Curtilius Mancia.* Dans la traduction, il y avait *Curtius Mantia*; mais le traducteur ajoutait cette note :

« Casaubon, sur la foi de Tacite, veut qu'on le nomme Curtilius Mantia. »   (D. S.)

L'éditeur ajoutait que ce sentiment est aussi celui de Lallemand, de Gesner, etc.

54. *Avait institué.* J'ai trouvé dans mes textes *instituerat*, au lieu de *effecerat*.

55. *Voulait ménager l'appui*, etc. Nous croyons avoir rétabli le sens de ce membre de phrase, *ut conciliaretur*. Le traducteur en avait appliqué l'idée au testament du dernier des deux frères, qui, selon lui, aurait voulu en mourant *se réconcilier* avec sa nièce, tandis que c'est au contraire le premier qui avait voulu *concilier* à sa fille la bienveillance de son frère.

56. *Par la plus humiliante*, etc. De Sacy traduisait, *ce qui est aussi triste à souffrir que désagréable à dire.* Je ne trouve pas cette distinction dans le texte; car *dictu* me semble lié à *fœdum* aussi bien qu'à *miserandum.*

57. *Je ne trouve d'autre remède*, etc. J'ai préféré *confugio* à *confugi.* C'est la leçon des meilleurs textes.

58. *D'Amérie.* Cellarius avertit que cette terre tirait son nom d'un château situé dans la Toscane, en deçà du Tibre, entre Fale-

SUR LE LIVRE VIII.

rie et le confluent du Nar. Il ne veut pas, ce qui paraîtrait plus simple, qu'elle ait emprunté son nom d'*Amérie*, ville d'Ombrie, située au delà du Tibre, mais assez près de Falerie et du Nar.

59. *La couleur de ses eaux*, etc. Je n'ai pas adopté le texte de Schæfer : « Color cæruleo albidior : viridior et pressior sulphuris : odor saporque medicatus, etc. » Ce tour, *pressior sulphuris* pour *pressior colore sulphuris*, m'a semblé forcé. Toutefois, en conservant le texte d'après lequel De Sacy paraît avoir traduit, j'ai compris autrement que lui quelques détails de la phrase. *Cæruleus* est la couleur ordinaire des eaux; *albidior cæruleo*, c'est cette même couleur d'une teinte un peu plus pâle.

60. *Sa grandeur*. Le traducteur voulait qu'on lût *motus*, comme dans l'édition d'Elzévir, et non *modus*, comme dans *quelques éditions moins correctes*, disait-il. Il est pourtant certain que *modus* se trouve dans presque toutes les bonnes éditions. *Motus* est seulement une conjecture de Lectius, approuvée par Casaubon.

61. *Plongées sous les eaux*, etc. J'ai suivi la leçon de Schæfer. C'est Cortius qui a introduit *eademque pariter*.

62. *Au sein du calme*. Le traducteur lisait *restituta tranquillitate*, sans quoi, disait-il, il n'y aurait pas de sens. Les commentateurs ont pensé autrement, et ont été d'avis de laisser, *destitutæ, tranquillitate, singulæ fluitant* : abandonnées par les vents, livrées à elles-mêmes, au sein du calme, elles flottent séparément.

63. *Arrien*. Voyez 1, 2.

64. *L'un ne dégénère*. Au lieu d'*excedat*, j'ai trouvé dans Schæfer et adopté *procedat*.

65. *Afin de les accoutumer*, etc. Les commentateurs ne parlent pas de variations de texte, et cependant De Sacy semble avoir traduit d'après une leçon toute différente : *Pour accoutumer*, dit-il, *les gens oisifs à les entendre à table*, etc.

66. *Sur des siéges*, etc. Suivant Gesner, *cathedris* désignerait des pupitres placés devant les lits, pour qu'on pût lire ou écrire plus facilement : « Posita tu scribe cathedra Quidlibet, » dit Pro-

perce, IV, 5, 37. Schæfer a fort bien remarqué que ces pupitres ou bureaux étaient construits de manière à servir à la fois de sièges et de pupitres. Pline paraît n'employer ici *cathedra* que dans le sens restreint de siège.

67. *Et j'en avertis*, etc. Le texte joint à la traduction avait *non præterire me dico*.

68. *Plus d'amitié*. Le traducteur disait, *plus de confiance en leur amitié* : ce n'est pas le sens d'*amantius*.

68. *Poursuivre, blâmer, rappeler*. J'ai rétabli, d'après le texte de Schæfer, *sectari, carpere, fere huic*, etc., en *insectari, carpere, referre, huic*. La correction était inutile, et la phrase s'entend fort bien avec la leçon commune.

69. *Sans s'applaudir*, etc. De Sacy traduisait : *Il s'en retournait toujours plus honnête homme d'auprès de vous*. Le texte dit, non pas *melior factus*, mais *ut melior factus*.

70. *Servianus*. Voyez III, 17.

71. *Comprit si bien*, etc. Cette phrase n'a été entendue, à mon gré, ni par De Sacy, ni par les commentateurs.

72. *Quel avantage*. J'ai suivi les textes qui portent *usui*. Le tour est latin et n'a pas besoin de correction.

73. *Quel changement*, etc. J'ai substitué, d'après les dernières éditions, *diversa* à *adversa*.

74. *A le savoir encore mieux*. Le texte joint à la traduction de De Sacy, portait *aut scias melius*, quoique De Sacy ait évidemment traduit d'après un texte conforme au nôtre.

75. *L'Achaïe*. Le nom d'Achaïe s'étendait à l'Attique, au Péloponnèse, et même à quelques îles voisines.

76. *Et les noms mêmes*, etc. De Sacy a lu *numina deorum* : les meilleures éditions portent *nomina deorum* : c'est une allusion aux noms de plusieurs villes, *Athènes, Apollonie, Héraclée*, etc.

77. *Quand ce seraient*, etc. La leçon que j'ai suivie me paraît bien préférable à celle du texte joint à la traduction de De Sacy, *me admonentur, non præcipientem quoque.* Nous n'avons fait d'ailleurs que rétablir le texte que De Sacy avait adopté.

LIVRE IX.

1. *C'est une impiété*, etc. Homer., *Odyss.* XXII, 412.

2. *Sabin. Voyez* IV, 10; VI, 18; IX, 18.

3. *Paulin. Voyez* II, 2; V, 19; X, 105.

4. *Le mépris d'eux-mêmes.* C'est le sens de *vilitas sui.* Senec., *de Clem.* I, 4, *ad med.*, et ep. 121, *ad extrem.* « *In nullo (animali) deprehendes vilitatem sui, ne negligentiam quidem.* » Curt., V, 9, *circa med.* « *Sæpe tædio laboris ad vilitatem sui compelluntur ignavi.* »

5. *Macrin. Voyez* II, 7; III, 4; VII, 6, 10.

6. *Tiron. Voyez* VII, 16.

7. *Et je vous engage à persévérer.* De Sacy avait suivi la leçon de Boxhorn (*inquiro enim, et persevere*); c'est celle que Schæfer avait adoptée. J'ai préféré la leçon de Cortius, qui m'a semblé plus latine et plus énergique.

8. *Calvisius. Voyez* I, 12; II, 20.

9. *Le moindre attrait.* L'une des lettres de Sénèque commence à peu près comme celle de Pline : *Hodierno die, non tantum meo beneficio mihi vaco, sed spectaculi, quod omnes molestos ad sphæromachiam avocavit.*

10. *La couleur des combattans.* Il y avait dans le cirque différens partis appelés *factiones*, qui se distinguaient par les couleurs; le bleu, le vert, le rouge et le blanc.

11. *Romanus. Voyez* III, 13; IV, 29; VI, 15, 33.

12. *Mais.* Au lieu de *sed*, j'ai trouvé *etsi* dans l'édition de Schæfer.

13. *Augurinus.* Pour l'intelligence de cette lettre, il faut se rappeler la lettre 27ᵉ du livre IV.

14. *Colon.* C'est la seule lettre qui lui soit adressée.

15. *Avec la tendresse*, etc. Dans l'édition jointe à la traduction, il y avait *juvenem*, et non *viventem*. Cette dernière leçon, adoptée par Schæfer, est plus juste et plus naturelle.

16. *Pline à Tacite.* « Cette lettre, dit De Sacy dans une note, est une réponse de Tacite à la lettre 6ᵉ du livre I. » Cette opinion, fondée sur la première phrase de la lettre, a trouvé beaucoup de contradicteurs. En effet, il est difficile de concevoir pourquoi Pline aurait adopté et inséré dans son recueil cette seule lettre d'une main étrangère.

17. *Junior.* Voyez VIII, 15.

18. *Quadratus.* Voyez VII, 24.

19. *Mon ouvrage sur la vengeance*, etc. Voyez, sur cet ouvrage, la lettre 30 du VIIᵉ livre.

20. *Avait porté ses mains*, etc. Tacite a dit (*Agricol.*, c. 45) : *Nostræ duxere Helvidium in carcerem manus.*

21. *D'Arria et de Fannia.* Voyez sur l'une et l'autre III, 11.

22. *Le plus sage.* J'ai admis, d'après les derniers textes, *providentissimum* au lieu de *prudentissimum.*

23. *Que je me rendais par-là redoutable*, etc. J'ai suivi le texte de Schæfer : d'autres portaient : *Adjicit etiam notabilem me futuris principibus.*

24. *Tout est prévu*, etc. VIRG., *Æn.* VI, 105.

25. *Domitius Apollinaris.* Voyez II, 9.

25. *Fabricius Veiento.* Voyez IV, 22.

27. *Il demeurât au moins noté*, etc. Dans plusieurs éditions, on trouve *nota certe*, au lieu de *nota Certo*. Le sens est le même avec ces deux leçons.

28. *Vous pourrez, ce me semble*, etc. J'ai entendu ce passage, depuis *Puto*, inquit, *injuriam factum*, tout autrement que De Sacy. « Certus n'ayant été encore nommé que par ses amis et par les amis de ses adversaires, dit Rufus, nous ne pouvons encore avoir une opinion bien arrêtée sur sa conduite; jusqu'au jugement, qui sera porté par des esprits libres de toute prévention, nous ne devons pas le croire coupable. » Il faut convenir que cette idée est exprimée en style obscur et entortillé : mais elle doit avoir ce caractère; Pline le dit lui-même, *medio ambiguoque sermone*.

29. *Ces jeunes combattans*, etc. HOMER., *Iliad*. VIII, 102.

30. *Falcon. Voyez* I, 23.

31. *Genitor. Voyez* III, 3.

32. *Rufon.* C'est la seule lettre que Pline lui ait adressée, et la seule fois que son nom se rencontre dans tout l'ouvrage.

33. *Dans une de mes lettres. Voyez* VI, 10.

34. *Frontinus. Voyez* IV, 8.

35. *Est-ce donc plus modeste*, etc. Il faut remarquer que Frontinus ne dit pas seulement *mon nom ne périra point*; il ajoute, *si ma vie est digne de mémoire*, ce qui donne un tout autre sens à sa défense. Je ne puis m'empêcher, contre l'opinion de Pline, de trouver beaucoup plus de modestie dans cette réponse, que dans l'inscription de Virginius.

36. *Que quand la colère*, etc. Dans d'autres textes, il y a *causæ justissimæ sunt*.

37. *Il a, dans ce genre*, etc. La leçon que nous avons suivie a été introduite par Boxhorn et Thomasius, et successivement adoptée par Cellarius, Gesner et Schæfer, comme plus naturelle que celle-ci, *in quibus ita Horatium, ut in illis illum alterum, effingi putes; si quid in studiis cognatio valet, et hujus propinquus*, qui

se trouve dans plusieurs éditions et dans le texte, entre autres, joint à la traduction de De Sacy.

38. *A ma recommandation.* Voyez IX, 21.

39. *Parmi vos aigles.* Les aigles étaient les enseignes des armées romaines. (D. S.)

(Pline désigne par les mots de *passerculi* et *columbuli* les bagatelles poétiques qu'il a composées, soit qu'il fasse allusion au *moineau* de Catulle, ou à la *colombe* de Stella (*Voyez* MARTIAL., I, 8; VII, 13; et STACE, silv. I, 2), soit que ces noms, souvent liés aux idées de tendresse et d'amour, désignent ici, par une figure qu'amènent naturellement les mots *inter vestras aquilas*, des pièces de vers sur des sujets érotiques).

40. *Lupercus. Voyez* II, 5.

41. *Ce qui, dans la langue des Grecs*, etc. J'ai laissé le mot grec dans la traduction : il n'a pas, en français, d'analogue assez expressif. La version de De Sacy, *ce qui étonne et est accompagné de grandes difficultés*, n'en est qu'une paraphrase très-faible.

42. *Pourquoi tout ceci?* Le texte joint à la traduction avait seulement *Hæc, quia visus es*, etc., qui offrait le même sens.

43. *Dans un sens ou dans l'autre.* Je crois devoir rendre ainsi *alterutram in partem*, qui se rapporte, selon moi, à la distinction établie par la phrase précédente *immodicum, an grande*, et continuée dans tout ce qui suit, *incredibilia, an magnifica; immania, an cælestia*. Le traducteur disait, *qui peut ignorer comment Homère sait prendre un style, tantôt noble, tantôt simple?*

44. *La terre s'en ébranle*, etc. HOMER., *Iliad.* XXI, 387.

45. *Sur un nuage épais*, etc. HOMER., *Iliad.* V, 356.

46. *Ainsi que des torrens*, etc. HOMER., *Iliad.* IV, 452.

47. *Ames de boue*, etc. DEMOSTH., *de Coron.*, pag. 324, 20, de l'édition de Reiske.

SUR LE LIVRE IX.

48. *Non, ce n'est point*, etc. DEMOSTH., *de Coron.*, pag. 325, 22, de l'édition de Reiske.

49. *Voilà les remparts*, etc. Même auteur, même page.

50. *Pour moi, je crois*, etc. Même auteur, même endroit. Toutes les éditions de Pline ne s'accordent pas sur ce passage : quelques-unes le présentent ainsi : Οὐκ ἐκ μὲν θαλάττης τὴν Εὔ-
Ϭοιαν προὐϐαλόμην, etc. Mais ces premiers mots ne se trouvent dans Démosthène que dix lignes plus bas, attachés à une autre phrase.

51. *Cette éloquente et longue digression*. De Sacy traduisait, *cet emportement si beau et si long*. Ce n'est pas le sens d'*excessus*. Forcellini entend comme nous, et confirme cette interprétation par une phrase de Quintilien, III, 9 : « Egressio vero, vel quod usitatius esse cœpit, excessus, sive est extra causam, etc. »

52. *Un mal contagieux*. DEMOSTH., *sur les prévarications de l'ambassade*, pag. 424, 3, de l'édition de Reiske.

53. *On ne me vit pas alors*, etc. DEMOSTH., *de Coron.*, pag. 272, 19, même édition.

54. *Quand un homme*, etc. DEMOSTH., *première Olynth.*, p. 20, 25, même édition.

55. *Exclus de tous les droits*, etc. DEMOSTH., *contre Aristogit.*, pag. 778, 16, même édition.

56. *Vous-même*, etc. DEMOSTH., même discours, pag. 795, 12.

57. *Je crains que vous ne paraissiez*, etc. DEMOSTH., même discours, pag. 771, 25.

58. *Pour celui que j'accuse*, etc. DEMOSTH., même discours, pag. 793, 4.

59. *Nos ancêtres ne nous ont pas*, etc. DEMOSTH., même disc., pag. 785, 2.

60. *Mais s'il commerce*, etc. DEMOSTH., même discours, pag. 784, 7.

61. *Non des expressions*, etc. Æschin., *contre Ctésiph.*, p. 557 de l'édition de Reiske.

62. *Quand je rappelle*, etc. Dans le texte joint à la traduction de De Sacy, il y avait *ab isto culpari*.

63. *Il faut, Athéniens*, etc. Æschin., *contre Ctésiph.*, p. 404 de l'édition de Reiske.

64. *Ensuite il fait voir*, etc. Æschin., *contre Ctésiph.*, p. 492, même édition.

65. *Ne souffrez pas*, etc. Æschin., même ouvrage, même édition, pag. 595.

66. *Chaque jour*, etc. Æschin., même ouvrage, même édition, pag. 596.

67. *Ne chasserez-vous pas*, Æschin., même ouvrage, même édition, pag. 599.

68. *Vous serez obéi*. J'ai laissé le texte tel que je l'ai trouvé dans l'édition de la traduction de De Sacy. Schæfer n'admet point *perferentur* : ce mot, du moins, n'existe pas dans l'édition de M. Lemaire. Il m'a semblé utile pour le sens et la symétrie de la phrase : je l'ai conservé.

69. *Destinés à d'autres*, etc. De Sacy traduit, *quand même d'autres que moi en seraient le sujet*. Le latin dit seulement *ad alium pertinerent*. Pline demande communication de tous les écrits de Romanus : celui-ci n'écrivait-il que sur Pline ou sur ses amis?

70. *De douze pour cent*. Il y a dans le texte *un pour cent* : l'intérêt se comptait par mois; ainsi il faut entendre douze pour cent par an. « L'intérêt d'un pour cent par mois, dit Adam (*Antiq. rom.*), s'appelait *usura centesima*, parce que dans l'espace de cent mois la somme des intérêts devenait égale au principal. »

71. *Un modèle*, etc. J'ai adopté le texte de Schæfer : d'autres éditions portent, *tam rara etiam imperfectæ liberalitatis exempla*.

72. *Qu'ils ne possèdent pas*, etc. Le texte joint à la traduction de De Sacy avait *ut possidere magis videantur*. Sans doute quel-

ques mots ont été passés par inadvertence : car ainsi présentée la phrase n'a pas de sens.

73. *Caninius. Voyez* i, 3, et viii, 4.

74. *L'auteur.* Cet auteur est Pline l'Ancien, qui raconte la même histoire (ix, 8).

75. *La colonie d'Hippone.* Il y avait en Afrique deux villes de ce nom, *Hippo regius*, et *Hippo Diarrhytus*. Il s'agit ici de cette dernière qui devait son surnom aux eaux qui l'arrosaient. On en voit encore aujourd'hui les ruines près du royaume de Tunis.

76. *Le suit.* D'autres éditions portent, *et nunc præcedere puerum, nunc sequi.*

77. *Se glisse sous son corps.* C'est le sens de *subire*. De Sacy traduisait, *charge l'enfant sur son dos.*

78. *Ou sur ce qui lui ressemble.* Pline désigne ainsi l'étang et le canal qui le joignait à la mer.

79. *L'appellent.* Pline l'Ancien (ix, 8) dit que les dauphins répondent au nom de *Simon :* « Rostrum delphinis simum : qua de causa nomen Simonis omnes miro modo agnoscunt, maluntque ita appellari. » Pour admettre le fait, il fallait supposer aux dauphins une parfaite conscience de leurs formes et une grande connaissance de la langue latine.

80. *Cédant à une vaine superstition.* Le lieutenant du proconsul croyait voir une divinité cachée sous les formes d'un dauphin.

81. *C'est agir, je le sens*, etc. De Sacy traduisait, sans doute d'après un texte corrompu, *Ce que j'ai choisi lui est même familier. Je sais qu'il ne lira pas parfaitement*, etc.

82. *Fuscus. Voyez* vii, 9.

83. *Quoique fort long.* Je n'ai pas conservé la traduction de De Sacy, *on passe ainsi, jusqu'au soir, à parler de choses différentes, et le jour le plus long se trouve tout d'un coup fini.* Le

jour dont parle Pline est *long*, parce que la soirée a été prolongée, *vespera extenditur*.

84. *Le jour même des calendes.* C'était le premier jour du mois que les consuls entraient en charge.

85. *D'ailleurs.* D'autres éditions ont *est alioquin*.

86. *Saturnin. Voyez* I, 16.

87. *Fuscus. Voyez* IX, 36.

FIN DU SECOND VOLUME.

TABLE

DES

LETTRES CONTENUES DANS CE VOLUME.

LIVRE SIXIÈME.

Lettres	Pages	Lettres	Pages
I. A Tiron.	3	XVIII. A Sabinus.	47
II. A Arrien.	5	XIX. A Nepos.	49
III. A Verus.	9	XX. A Tacite.	51
IV. A Calpurnie.	Ib.	XXI. A Caninius.	59
V. A Ursus.	11	XXII. A Tiron.	61
VI. A Fundanus.	15	XXIII. A Triarius.	65
VII. A Calpurnie.	19	XXIV. A Macer.	67
VIII. A Priscus.	Ib.	XXV. A Hispanus.	69
IX. A Tacite.	23	XXVI. A Servianus.	71
X. A Albin.	25	XXVII. A Sévère.	Ib.
XI. A Maxime.	27	XXVIII. A Pontius.	75
XII. A Fabatus.	29	XXIX. A Quadratus.	Ib.
XIII. A Ursus.	31	XXX. A Fabatus.	79
XIV. A Mauricus.	33	XXXI. A Cornélien.	81
XV. A Romanus.	Ib.	XXXII. A Quintilien.	87
XVI. A Tacite.	35	XXXIII. A Romanus.	89
XVII. A Restitutus.	45	XXXIV. A Maxime.	93

TABLE DES LETTRES.

LIVRE SEPTIÈME.

Lettres	Pages	Lettres	Pages
I. A Restitutus.	97	XVIII. A Caninius.	139
II. A Justus.	99	XIX. A Priscus.	141
III. A Présens.	101	XX. A Tacite.	145
IV. A Pontius.	103	XXI. A Cornutus.	147
V. A Calpurnie.	107	XXII. A Falcon.	149
VI. A Macrinus.	Ib.	XXIII. A Fabatus.	151
VII. A Saturninus.	113	XXIV. A Geminius.	Ib.
VIII. A Priscus.	115	XXV. A Rufus.	155
IX. A Fuscus.	Ib.	XXVI. A Maximus.	159
X. A Macrinus.	121	XXVII. A Sura.	Ib.
XI. A Fabatus.	123	XXVIII. A Septicius.	167
XII. A Minucius.	125	XXIX. A Montanus.	169
XIII. A Ferox.	129	XXX. A Génitor.	171
XIV. A Corellia.	Ib.	XXXI. A Cornutus.	173
XV. A Saturninus.	131	XXXII. A Fabatus.	175
XVI. A Fabatus.	Ib.	XXXIII. A Tacite.	177
XVII. A Celer.	133		

LIVRE HUITIÈME.

Lettres	Pages	Lettres	Pages
I. A Septicius.	183	XIII. A Genialis.	217
II. A Calvisius.	185	XIV. A Ariston.	Ib.
III. A Sparsus.	187	XV. A Junior.	231
IV. A Caninius.	189	XVI. A Paternus.	233
V. A Geminius.	193	XVII. A Macrinus.	235
VI. A Montanus.	195	XVIII. A Rufin.	239
VII. A Tacite.	205	XIX. A Maxime.	245
VIII. A Romanus.	Ib.	XX. A Gallus.	Ib.
IX. A Ursus.	209	XXI. A Arrien.	251
X. A Fabatus.	211	XXII. A Geminius.	255
XI. A Hispulla.	213	XXIII. A Marcellin.	257
XII. A Minutianus.	215	XXIV. A Maxime.	261

TABLE DES LETTRES.

LIVRE NEUVIÈME.

Lettres	Pages	Lettres	Pages
I. A Maxime.	267	XXI. A Sabinien.	311
II. A Sabin.	269	XXII. A Sévère.	313
III. A Paulin.	271	XXIII. A Maxime.	315
IV. A Macrin.	273	XXIV. A Sabinien.	317
V. A Tiron.	Ib.	XXV. A Mamilien.	319
VI. A Calvisius.	275	XXVI. A Lupercus.	321
VII. A Romanus.	277	XXVII. A Paternus.	329
VIII. A Augurinus.	279	XXVIII. A Romanus.	331
IX. A Colon.	281	XXIX. A Rusticus.	333
X. A Tacite.	283	XXX. A Geminius.	335
XI. A Geminus.	285	XXXI. A Sardus.	337
XII. A Junior.	Ib.	XXXII. A Titien.	Ib.
XIII. A Quadratus.	287	XXXIII. A Caninius.	339
XIV. A Tacite.	299	XXXIV. A Tranquille.	345
XV. A Falcon.	301	XXXV. A Appius.	Ib.
XVI. A Mamilien.	303	XXXVI. A Fuscus.	347
XVII. A Génitor.	Ib.	XXXVII. A Paulin.	351
XVIII. A Sabin.	305	XXXVIII. A Saturnin.	353
XIX. A Rufon.	307	XXXIX. A Mustius.	Ib.
XX. A Venator	309	XL. A Fuscus.	355

Notes sur le livre VI.	358	Notes sur le livre VIII.	383
— sur le livre VII.	372	— sur le livre IX.	391

...ute l'édition est imprimée in-octavo *sur papier fin des Vosges, avec des caractères neufs de Firmin Didot.*

VOLUMES PUBLIÉS

VELLEIUS PATERCULUS, 1 vol.; *traduct. nouv.* par M. Després, ancien conseiller de l'Université. — **SATIRES DE JUVÉNAL**, 2 vol.; traduction de Dusaulx, revue par M. Jules Pierrot. (Près des deux ti... cet ouvrage ont été traduits de nouveau.) — **LETTRES DE P... LE JEUNE**, 3 volumes; traduction de De Sacy, revue et corrig... M. Jules Pierrot. — **FLORUS**, 1 vol.; *traduct. nouv.* par M. Ragon, professeur d'histoire au collège royal de Bourbon, avec une Notice par M. Villemain. — **CORNELIUS NEPOS**, 1 vol.; *trad. nouv.* par MM. de Calonne et Pommier. — **JUSTIN**, 1er vol.; *trad. nouv.* par MM. Jules Pierrot et Boitard, avec une Notice par M. Laya. — **VALÈRE MAXIME**, 3 volumes; *traduct. nouv.* par M. Frémion, professeur au collège royal de Charlemagne. — **CÉSAR**, 3 vol.; *tr. nouv.* par M. Artaud, profess. au collège royal de Louis-le-Grand, avec une Notice par M. Laya. — **QUINTE-CURCE**, 3 vol.; *tr. nouv.* par MM. Auguste et Alph. Trognon. — **VALERIUS FLACCUS**, 1 vol.; *traduit pour la première fois en prose* par M. Caussin de Perceval, membre de l'Institut. — **HISTOIRE NATURELLE DE PLINE**, 1er vol.; *tr. nouv.* par M. Ajasson de Grandsagne, annotée par MM. les professeurs du jardin du Roi et des membres de l'Institut. — **STACE**, 1er volume; *traduction nouvelle* par MM. Rinn, professeur à Sainte-Barbe, et Achaintre. — **SALLUSTE**, 1er vol.; *trad. nouv.* par M. Ch. Du Rozoir. — **CICÉRON**, tome 10 (*Oraisons*), *traduct. nouv.* par Guéroult jeune. (Cette traduction inédite a été l'occupation de toute la vie de ce professeur; elle n'appartiendra qu'à notre édition.) — **LUCRÈCE**, tome 1er; *trad. nouv. en prose* par M. de Pongerville.

SOUS PRESSE

HORACE, par MM. Andrieux, Daru, Amar, Du Rozoir, Léon Halevy, de Pongerville, etc. — **PLAUTE**, par M. Naudet, membre de l'Institut. — **OVIDE**, *traduction nouvelle* sous la direction de M. de Pongerville, par MM. Amar, de Pongerville, de Golbery, Léon Halevy. — **TÉRENCE**, *traduct. nouv.* par M. Amar, Conservateur de la bibliothèque Mazarine. — **CLAUDIEN**, par M. Heguin-Deguerle. — **SILIUS ITALICUS**, par M. Clachet, professeur au collège de Henri IV. — **PROPERCE**, par M. Denn-Baron. — **CICÉRON**, *trad. nouv.* sous la direction de MM. Champollion aîné et de Golbery, par MM. Andrieux, Guéroult, de Golbery, Delcasso, Pierrot, Matter, Stievenart, etc., etc. — **DE ORATORE**, par M. Andrieux, membre de l'Institut. — **SUÉTONE**, *trad. nouv.* par M. de Golbery, correspondant de l'Institut. — **QUINTILIEN**, *traduct. nouv.* par M. Ouizille. — **TITE-LIVE**, par MM. Liez, Verger et Dubois, professeurs. — **TACITE**, *traduct. nouv.* par M. C. L. F. Panckoucke.

Le prix de chaque volume est de SEPT FRANCS.

www.ingramcontent.com/pod-product-compliance
Lightning Source LLC
Chambersburg PA
CBHW052138230426
43671CB00009B/1293